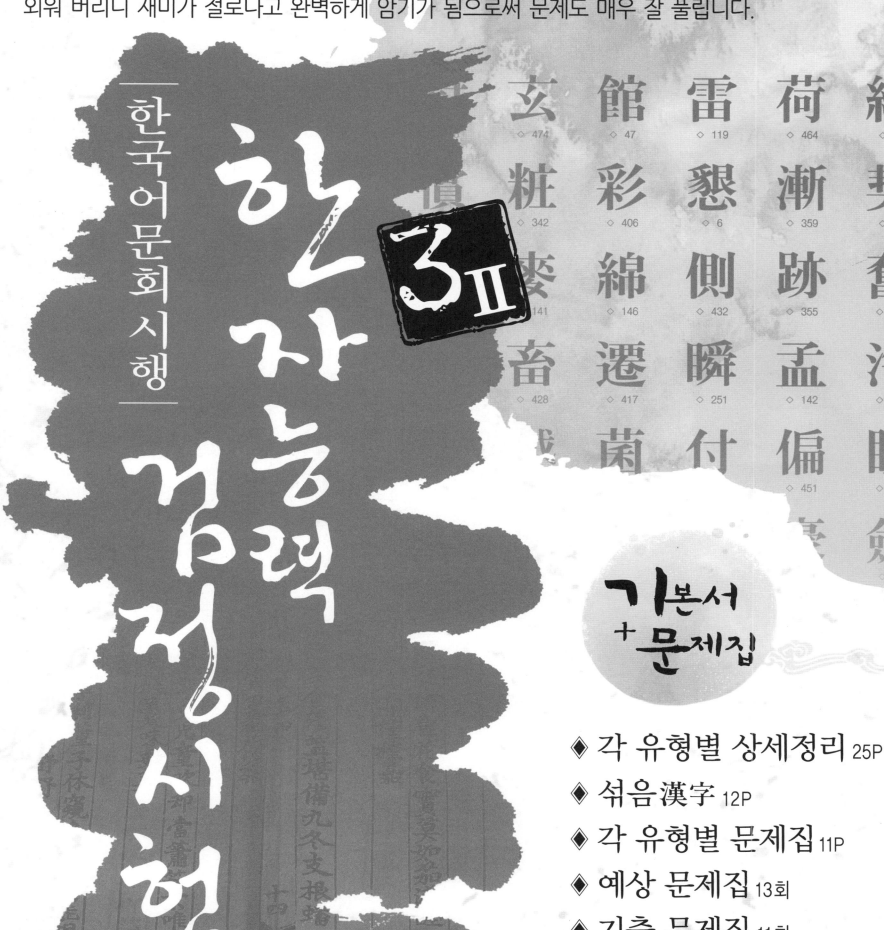

(社) 한국어문회 주관 / 공인급수

'섞음漢字'를 이용한 특수 암기법!

이 한권의 책으로 합격이 당연!!!

배정漢字를 끝냈어도 암기가 제대로 되는것은 아닙니다.
다시 섞인 상태에서 가끔 읽어보고 모르는 글자만 쏙쏙 뽑아서 훈음표 번호를 대조하여
외워 버리니 재미가 절로나고 완벽하게 암기가 됨으로써 문제도 매우 잘 풀립니다.

한국어문회시행

한자능력검정시험

3 II

玄 474	館 47	雷 119	荷 464	絡 97
粧 342	彩 406	懇 6	漸 359	契 28
麥 141	綿 146	側 432	跡 355	奮 198
畜 428	遷 417	瞬 251	孟 142	淨 364
	菌 451	付	偏 154	睦
				劍 18

기본서 + 문제집

◆ 각 유형별 상세정리 25P
◆ 섞음漢字 12P
◆ 각 유형별 문제집 11P
◆ 예상 문제집 13회
◆ 기출 문제집 11회

'섞음漢字' 특허 : 제10-0636034호

백상빈 · 김금초 엮음

能率 능률원

머리말

우리나라 말(한국어) 어휘의 70% 정도가 한자어로 구성되어 있는 현실에서 한글전용만으로는 상호간의 의사소통이 모호할 뿐만 아니라 학생들의 학습능력을 감소시킴으로써 국민의 국어능력을 전면적으로 저하시키는 결과가 과거 30여 년간의 한글 전용 교육에서 명백히 드러났음을 우리는 보아왔습니다.

이는 우리 선조들이 약 2000년 전에 중국의 한자와 대륙문화를 받아들이고 중국 사람들과 많이 교통하면서 한자로 이루어진 어휘를 많이 빌려쓰게 되었으며, 그후 계속해서 오늘날에 이르기까지 계속 한자어를 사용해 오던 것을 갑자기 이런 큰 틀을 뒤엎고 한글 전용만을 주장한다면 우리말을 이해하고 표현하는데 큰 어려움이 따르기 때문입니다.

우리는 이제 한글과 한자를 혼용함으로써 우리말 어휘력 향상에 공헌하고 한국어를 제대로 이해해야 할 것입니다.

다행히도 1990년대에 들어서 한국어문회 산하인 한국한자능력검정회에서 각 급수별 자격시험을 실시하여 수험생들에게 국어의 이해력과 어휘력 향상을 크게 높여 오고 있는 것은 매우 고무적이고 다행스런 일이라 하겠습니다.

때에 맞춰 한자학습에 대한 이런 관심이 사회 각계에서 반영되고 있는데 한자능력에 따라 인사, 승진 등 인사고과의 혜택과 대학수시모집 및 특기자 전형에서 그 실례를 찾을 수 있습니다.

이에 따라 본 학습서가 전국한자능력시험을 준비하는 학생들에게 훌륭한 길잡이가 되어 최선의 학습방법으로 합격의 기쁨을 누리기 바랍니다.

차례

머리말

차례 -- 1

학습지침서 -- 2

시험출제 기준과 합격자 우대사항 -------------------------------------- 3

배정한자 -- 5

섞음 漢字 사용법 -- 16

섞음 漢字 훈음표 -- 17

섞음 漢字 --- 19

반의결합어 -- 27

반의어·상대어 -- 29

유의결합어 -- 31

동음이의어 -- 33

한자어 쓰기 및 단어익히기 -- 36

모양이 닮은 한자 -- 39

일자다음자·동자이음자 -- 40

사자성어 -- 41

약자 -- 50

활음조현상 -- 51

각 유형별 문제익히기 -- 53

예상문제 -- 73

기출·예상문제 -- 101

해답 -- 123

모의고사 답안지 -- 129

학습안내서

1   본 교재는 급수시험에 대비한 수험생들의 합격률을 높이기 위하여 '섞음漢字' 사용과 基本학습과정, 각 유형별문제 익히기, 예상문제, 기출·예상문제를 단계적으로 거치면서 충분한 실력을 쌓게 되어 충분히 합격할 수 있도록 편성하였습니다.

    ※ ①讀音과 訓音문제 ②반대자와 유의자등 ③약자 ④四字成語를 합해서 105문제 정도 출제되는데 이런 문제들은 어느 정도 한정되어 있으므로 98% 이상의 득점을 얻을 수 있습니다.

    ①독음과 훈음은 '섞음漢字'-19쪽 ②약자, 부수, 반대자와 유사자, 사자성어 등은 '유형별 문제 익히기' 53쪽~을 통해서 실력을 완벽히 쌓을 수 있으므로 여기서 100점 이상의 득점을 할 수 있고, 나머지 쓰기, 부수, 뜻풀이 등 45문제 정도는 그중 30%만 맞춰도 충분히 합격점수가 나오므로 각 유형별 문제들을 세심히 익히기 바랍니다.

2   배정한자 과정을 마치고 나서 19쪽 '섞음漢字' 과정을 해야 한다. 그러므로 16쪽 '섞음漢字' 사용법을 필이 참조하기 바랍니다. 시간이 허락되면 '섞음漢字'를 계속 해왔다 하더라도 시험 며칠 앞두고는 가위로 잘라서 익힌다면 가장 좋은 방법이 될 것입니다. 예상문제와 기출문제는 그 이전의 과정을 충실히 익힌 다음에 풀기 바라며 예상문제 총 13회 가운데 1~6회까지 푸는 동안에 105점대에 진입하지 못하면 다시 유형별 문제중 필요한 부분을 익힌 뒤에 나머지 예상문제와 기출·예상문제를 풀기 바랍니다. 예상문제를 푸는 기간에도 기출·예상문제 시험지를 몇 차례 풀어보면서 자기 점수대를 가늠해 보는 것이 좋으며 예상문제는 기출·예상문제 보다 어려울 수 있습니다.

3   기출·예상문제집 4~10회 까지의 문제는 실제 시험일짜 10일 전부터 풀어서 마지막 자신의 합격점수대를 예측할 수 있어야 한다. 기출·예상문제 점수대는 실제급수 시험 점수대와 거의 같습니다.

(사) 한국어문회 한자능력검정시험 출제기준

◆ 급수별 합격기준

구 분	1급	2급	3급	3급Ⅱ	4급	4급Ⅱ	5급	6급	6급Ⅱ	7급	8급
출제문항수	200	150	150	150	100	100	100	90	80	70	50
합격문항수	160	105	105	105	70	70	70	63	56	49	35
시 험 시 간	90	60	60	60	50	50	50	50	50	50	50

◆ 급수별 출제유형

구 분	1급	2급	3급	3급Ⅱ	4급	4급Ⅱ	5급	6급	6급Ⅱ	7급	8급
읽기배정한자	3500	2350	1817	1500	1000	750	500	300	300	150	50
쓰기배정한자	2005	1817	1000	750	500	400	300	150	50	0	0
독 음	50	45	45	45	30	35	35	33	32	32	25
훈 음	32	27	27	27	22	22	23	23	30	30	25
장 단 음	10	5	5	5	5	0	0	0	0	0	0
반 의 어	10	10	10	10	3	3	4	4	3	3	0
완 성 형	15	10	10	10	5	5	5	4	3	3	0
부 수	10	5	5	5	3	3	0	0	0	0	0
동 의 어	10	5	5	5	3	3	3	2	0	0	0
동 음 이 의 어	10	5	5	5	3	3	3	2	0	0	0
뜻 풀 이	10	5	5	5	3	3	3	2	2	2	0
약 자	3	3	3	3	3	3	3	0	0	0	0
한 자 쓰 기	40	30	30	30	20	20	20	20	10	0	0

◆ 대학 수시모집 및 특별전형에 반영   ※본회는 한국어문회임

대 학	학 과
경북대학교	특기자특별전형(한자/한문 분야)
경상대학교	특기자특별전형 − 본회 2급 이상
경성대학교	외국어 우수자 선발(한문학과) − 본회 3급 이상
공주대학교	특기자특별전형(한자/한문 분야) − 본회 3급 이상
계명대학교	대학독자적 기준에 의한 특별전형(학교장 또는 교사 추천자) − 한문교육
국민대학교	특기자특별전형(중어중문학과) − 본회 1급 이상
단국대학교	특기자특별전형(한문 분야)
동아대학교	특기자특별전형(국어/한문 분야) − 본회 3급 이상
동의대학교	특기자특별전형(어학 특기자) − 본회 1급 이상
대구대학교	특기자특별전형(한자우수자) − 본회 3급 이상
명지대학교	특기자특별전형(어학분야) − 본회 2급 이상
부산외국어대학교	대학독자적 기준에 의한 특별전형(외국어능력우수자) − 본회 3급 이상
성균관대학교	특기자전형 : 인문과학계열(유학동양학부) − 본회 2급 이상
아주대학교	특기자특별전형(문학 및 한문 분야)
영남대학교	특기자특별전형(어학) − 본회 2급 이상
원광대학교	특기자특별전형(한문 분야)
중앙대학교	특기자특별전형(국제화특기분야) − 본회 2급 이상
충남대학교	특기자특별전형(문학·어학분야) − 본회 3급 이상

◆ 기업체 입사·승진·인사고과 반영   ※본회는 한국어문회임

구 분	내 용	비 고
육 군	부사관 5급 이상/위관장교 4급 이상/영관장교 3급 이상(본회)	인사고과
조 선 일 보	기자채용시 3급 이상 우대(본회)	입 사
삼 성 그 룹 외	중요기업체들 입사시 한문 비중있게 출제 3급 이상 가산점(본회) 삼성의 경우 1급=20점, 2급=15점, 3급=10점 가산(본회)	입 사

3급Ⅱ 배정한자(1,500字)

3급Ⅱ 배정漢字는 4급Ⅱ 750字에 4급 250字, 3급Ⅱ 500字를 추가해서 모두 1,500字입니다.
사각형 □이 있는 글자는 4급, 별표가＊＊ 두 개 있는 글자는 3급Ⅱ에 속한 글자입니다.

※3급Ⅱ 쓰기문제는 4급Ⅱ(750字) 내에서 출제됩니다.

家	집 가	갓머리[宀]부/총10획
歌	노래 가	하품흠[欠]부/총14획
價	값 가	사람인변[亻(人)]부/총15획
加	더할 가	힘력[力]부/총5획
可	옳을 가:	입구[口]부/총5획
假	거짓 가:	사람인변[亻(人)]부/총11획
街	거리 가(:)	다닐행[行]부/총12획
□暇	겨를/틈 가:	날일[日]부/총13획
＊佳	아름다울 가:	사람인변[亻(人)]부/총8획
＊架	시렁 가:	나무목[木]부/총9획
各	각각 각	입구[口]부/총6획
角	뿔 각	뿔각[角]부/총7획
□刻	새길 각	선칼도방[刂(刀)]부/총8획
□覺	깨달을 각	볼견[見]부/총20획
＊脚	다리 각	육달월[月(肉)]부/총11획
＊閣	집 각	문문[門]부/총14획
間	사이 간(:)	문문[門]부/총12획
□干	방패 간	방패간[干]부/총3획
□看	볼 간	눈목[目]부/총9획
簡	대쪽/간략할 간(:)	대죽머리[竹]부/총18획
＊刊	새길 간	선칼도방[刂(刀)]부/총5획
＊幹	줄기 간	방패간[干]부/총13획
＊懇	간절할 간:	마음심[心]부/총17획
＊肝	간 간(:)	육달월[月(肉)]부/총7획
感	느낄 감	마음심[心]부/총13획
減	덜 감:	삼수변[氵(水)]부/총12획
監	볼 감	그릇명[皿]부/총14획
□敢	감히/구태여 감(:)	등글월문방[攵(攴)]부/총12획
□甘	달 감	달감[甘]부/총5획
＊鑑	거울 감	쇠금[金]부/총22획
□甲	갑옷/첫째천간 갑	밭전[田]부/총5획
江	강 강	삼수변[氵(水)]부/총6획
強	강할 강(:)	활궁[弓]부/총12획
康	편안할 강	집엄[广]부/총11획
講	욀 강	말씀언[言]부/총17획
□降	내릴 강/항복할 항	좌부변[阝(阜)]부/총9획
＊剛	굳셀 강	선칼도방[刂(刀)]부/총10획
＊綱	벼리 강	실사[糸]부/총14획
＊鋼	강철 강	쇠금[金]부/총16획
開	열 개	문문[門]부/총12획
改	고칠 개(:)	등글월문방[攵(攴)]부/총7획
個	낱 개(:)	사람인변[亻(人)]부/총10획
＊介	낄 개:	사람인[人]부/총4획
＊概	대개 개:	나무목[木]부/총15획
＊蓋	덮을 개:	초두[艹(艸)]부/총13획
客	손 객	갓머리[宀]부/총9획
車	수레 거·차	수레차[車]부/총7획
去	갈 거:	마늘모[厶]부/총5획
擧	들 거:	손수[手]부/총17획
□居	살 거	주검시[尸]부/총8획
□巨	클 거:	장인공[工]부/총5획
□拒	막을 거:	재방변[扌(手)]부/총8획
□據	근거 거:	재방변[扌(手)]부/총16획
＊距	상거할 거:	발족[足]부/총12획
件	물건 건	사람인변[亻(人)]부/총6획
健	굳셀 건:	사람인변[亻(人)]부/총11획
建	세울 건:	밑받침변[廴]부/총9획
＊乾	하늘/마를 건	새을[乙]부/총11획
傑	뛰어날 걸	사람인변[亻(人)]부/총12획
檢	검사할 검:	나무목[木]부/총17획
儉	검소할 검:	사람인변[亻(人)]부/총15획
＊劍	칼 검:	선칼도방[刂(刀)]부/총15획
格	격식 격	나무목[木]부/총10획
□擊	칠 격	손수[手]부/총17획
□激	격할 격	삼수변[氵(水)]부/총16획
＊隔	사이뜰 격	좌부변[阝(阜)]부/총13획
見	볼 견:/뵐 현:	볼견[見]부/총7획
堅	굳을 견	흙토[土]부/총11획
□犬	개 견	개견[犬]부/총4획
決	결단할 결	삼수변[氵(水)]부/총7획
結	맺을 결	실사[糸]부/총12획
潔	깨끗할 결	삼수변[氵(水)]부/총15획
缺	이지러질 결	장군부[缶]부/총10획
＊訣	이별할 결	말씀언[言]부/총11획
＊兼	겸할 겸	여덟팔[八]부/총10획
＊謙	겸손할 겸	말씀언[言]부/총17획
京	서울 경	돼지해머리[亠]부/총8획
敬	공경할 경	등글월문방[攵(攴)]부/총12획
景	별 경	날일[日]부/총12획
競	다툴 경:	설립[立]부/총20획
輕	가벼울 경	수레거[車]부/총14획
境	지경 경	흙토[土]부/총14획
慶	경사 경:	마음심[心]부/총15획
經	지날/글 경	실사[糸]부/총13획
警	깨우칠 경:	말씀언[言]부/총19획
□傾	기울 경	사람인변[亻(人)]부/총13획
□更	고칠 경/다시 갱:	가로왈[曰]부/총7획
□鏡	거울 경:	쇠금[金]부/총19획
驚	놀랄 경	말마[馬]부/총22획
＊耕	밭갈 경	쟁기뢰[耒]부/총10획
＊頃	이랑/잠깐 경	머리혈[頁]부/총11획
＊徑	지름길/길 경	두인변[彳]부/총10획
＊硬	굳을 경	돌석[石]부/총12획
界	지경 계:	밭전[田]부/총9획
計	셀 계:	말씀언[言]부/총9획
係	맬 계:	사람인변[亻(人)]부/총9획
□季	계절 계:	아들자[子]부/총8획
□戒	경계할 계:	창과[戈]부/총7획
□系	이어맬 계:	실사[糸]부/총7획
□繼	이을 계:	실사[糸]부/총20획
□階	섬돌 계	좌부변[阝(阜)]부/총12획
□鷄	닭 계	새조[鳥]부/총21획
＊啓	열 계:	입구[口]부/총11획
＊契	맺을 계:	큰대[大]부/총9획
＊械	기계 계:	나무목[木]부/총11획
＊溪	시내 계	삼수변[氵(水)]부/총13획
＊桂	계수나무 계:	나무목[木]부/총10획
古	옛 고:	입구[口]부/총5획
苦	쓸(味覺) 고	초두[艹(艸)]부/총8획
高	높을 고	높을고[高]부/총10획
告	고할 고:	입구[口]부/총7획
考	생각할 고(:)	늙을로[耂(老)]부/총6획
固	굳을 고(:)	큰입구[口]부/총8획
故	연고 고(:)	등글월문방[攵(攴)]부/총9획
□孤	외로울 고	아들자[子]부/총8획
□庫	곳집 고	집엄[广]부/총10획
＊姑	시어미 고	계집녀[女]부/총8획
＊稿	원고/볏짚 고	벼화[禾]부/총15획
＊鼓	북 고	북고[鼓]부/총13획
曲	굽을 곡	가로왈[曰]부/총6획
穀	곡식 곡	벼화[禾]부/총15획
＊哭	울 곡	입구[口]부/총10획
＊谷	골 곡	골곡[谷]부/총7획
□困	곤할 곤:	큰입구[口]부/총7획
□骨	뼈 골	뼈골[骨]부/총10획
工	장인 공	장인공[工]부/총3획
空	빌 공	구멍혈[穴]부/총8획
公	공평할 공	여덟팔[八]부/총4획

共	한가지 공:	여덟팔[八]부/총6획
功	공(勳) 공	힘력[力]부/총5획
▫孔	구멍 공:	아들자[子]부/총4획
▫攻	칠 공:	등글월문방[攵(攴)]부/총7획
*供	이바지할 공:	사람인변[亻(人)]부/총8획
*恐	두려울 공(:)	마음심[心]부/총10획
*恭	공손할 공	마음심[忄(心)]부/총10획
*貢	바칠 공:	조개패[貝]부/총10획
果	실과 과:	나무목[木]부/총8획
科	과목 과	벼화[禾]부/총9획
課	공부할/과정 과:	말씀언[言]부/총15획
過	지날/허물 과:	책받침[辶(辵)]부/총13획
*寡	적을 과:	갓머리[宀]부/총14획
*誇	자랑할 과:	말씀언[言]부/총13획
觀	볼 관	볼견[見]부/총24획
關	관계할 관	문문[門]부/총19획
官	벼슬 관	갓머리[宀]부/총8획
▫管	대롱/주관할 관	대죽머리[⺮(竹)]부/총14획
*冠	갓 관	민갓머리[冖]부/총9획
*寬	너그러울 관	갓머리[宀]부/총14획
*慣	익숙할 관	심방변[忄(心)]부/총14획
*貫	꿸 관(:)	조개패[貝]부/총11획
*館	집 관	밥식[食]부/총17획
光	빛 광	어진사람인[儿]부/총6획
廣	넓을 광:	집엄[广]부/총15획
▫鑛	쇳돌 광:	쇠금[金]부/총23획
*狂	미칠 광	개사슴록변[犭(犬)]부/총7획
*壞	무너질 괴:	흙토[土]부/총19획
*怪	괴이할 괴(:)	심방변[忄(心)]부/총8획
敎	가르칠 교:	등글월문방[攵(攴)]부/총11획
校	학교 교:	나무목[木]부/총10획
交	사귈 교	돼지머리해[亠]부/총6획
橋	다리 교:	나무목[木]부/총16획
*巧	공교할 교	장인공[工]부/총5획
*較	견줄/비교 교	수레거[車]부/총13획
九	아홉 구	새을[乙]부/총2획
口	입 구:	입구[口]부/총3획
區	구분할/지경 구	상자방[匚]부/총11획
球	공 구	임금왕[王(玉)]부/총11획
具	갖출 구:	여덟팔[八]부/총8획
救	구원할 구:	등글월문방[攵(攴)]부/총11획
舊	옛 구:	절구구[臼]부/총17획
句	글귀 구	입구[口]부/총5획
求	구할 구	물수변형[氺(水)]부/총7획
究	연구할 구	구멍혈[穴]부/총7획
▫構	얽을 구	나무목[木]부/총14획
*久	오랠 구:	삐침별[丿]부/총3획
*拘	잡을 구	재방변[扌(手)]부/총8획
*丘	언덕 구	한일[一]부/총5획
國	나라국	큰입구[口]부/총11획
局	판 국	주검시[尸]부/총7획
*菊	국화 국	초두[⺿(艸)]부/총11획
軍	군사 군	수레거[車]부/총9획
郡	고을 군:	우부방[阝(邑)]부/총10획
▫君	임금 군	입구[口]부/총7획
▫群	무리 군	양양[羊]부/총13획
▫屈	굽을 굴	주검시[尸]부/총8획
宮	집 궁	갓머리[宀]부/총10획
▫窮	다할/궁할 궁	구멍혈[穴]부/총15획
*弓	활 궁	활궁[弓]부/총3획
權	권세 권	나무목[木]부/총21획
▫券	문서 권:	칼도[刀]부/총8획
▫勸	권할 권:	힘력[力]부/총19획
▫卷	책 권(:)	병부절[㔾(卩)]부/총8획
*拳	주먹 권:	손수[手]부/총10획
貴	귀할 귀:	조개패[貝]부/총12획
歸	돌아갈 귀:	그칠지[止]부/총18획
*鬼	귀신 귀:	귀신귀[鬼]부/총10획
規	법 규	볼견[見]부/총11획
▫均	고를 균	흙토[土]부/총7획
*菌	버섯 균	초두[⺿(艸)]부/총11획
極	다할/극진할 극	나무목[木]부/총12획
▫劇	심할 극	선칼도방[刂(刀)]부/총15획
*克	이길 극	어진사람인[儿]부/총7획
根	뿌리 근	나무목[木]부/총10획
近	가까울 근:	책받침[辶(辵)]부/총8획
▫勤	부지런할 근(:)	힘력[力]부/총13획
筋	힘줄 근	대죽머리[⺮(竹)]부/총12획
金	쇠 금/성 김	쇠금[金]부/총8획
今	이제 금	사람인[人]부/총4획
禁	금할 금:	보일시[示]부/총13획
*琴	거문고 금	구슬옥변[王(玉)]부/총12획
*禽	새 금	짐승발자국유[禸]부/총13획
*錦	비단 금:	쇠금[金]부/총16획
急	급할 급	마음심[心]부/총9획
級	등급 급	실사[糸]부/총10획
給	줄 급	실사[糸]부/총12획
*及	미칠 급	또우[又]부/총4획
旗	기 기	모방[方]부/총14획
氣	기운 기	기운기[气]부/총10획
記	기록할 기	말씀언[言]부/총10획
基	터 기	흙토[土]부/총11획
己	몸/여섯째천간 기	몸기[己]부/총3획
技	재주 기	재방변[扌(手)]부/총7획
期	기약할 기	달월[月]부/총12획
汽	물끓는김 기	삼수변[氵(水)]부/총7획
器	그릇 기	입구[口]부/총16획
起	일어날 기	달릴주[走]부/총10획
奇	기특할 기	큰대[大]부/총8획
寄	부칠 기	갓머리[宀]부/총11획
▫機	틀 기	나무목[木]부/총16획
▫紀	벼리 기	실사[糸]부/총9획
*企	꾀할 기	사람인[人]부/총6획
*其	그 기	여덟팔[八]부/총8획
*畿	경기 기	밭전[田]부/총15획
*祈	빌 기	보일시[示]부/총9획
*騎	말탈 기	말마[馬]부/총18획
*緊	긴할(急) 긴	실사[糸]부/총14획
吉	길할 길	입구[口]부/총6획
*諾	허락할 낙	말씀언[言]부/총15획
暖	따뜻할 난:	날일[日]부/총13획
難	어려울 난(:)	새추[隹]부/총19획
南	남녘 남	열십[十]부/총9획
男	사내 남	밭전[田]부/총7획
▫納	들일 납	실사[糸]부/총10획
*娘	계집 낭	계집녀[女]부/총10획
內	안 내:	들입[入]부/총4획
*耐	견딜 내:	말이을이[而]부/총9획
女	계집 녀·여	계집녀[女]부/총3획
年	해 년(연)	방패간[干]부/총6획
念	생각할 념(염):	마음심[心]부/총8획
*寧	편안 녕	갓머리[宀]부/총14획
努	힘쓸 노	힘력[力]부/총7획
怒	성낼 노:	마음심[心]부/총9획
*奴	종 노	계집녀[女]부/총5획
農	농사 농	별진[辰]부/총13획
*腦	골/뇌수 뇌	육달월[月(肉)]부/총13획
能	능할 능	육달월[月(肉)]부/총10획
*泥	진흙 니	삼수변[氵(水)]부/총8획
多	많을 다	저녁석[夕]부/총6획
*茶	차 다/차 차	초두[⺿(艸)]부/총9획
短	짧을 단:	화살시[矢]부/총12획
團	둥글 단	큰입구몸[口]부/총14획
壇	단 단	흙토[土]부/총16획
單	홑 단	입구[口]부/총12획
斷	끊을 단:	날근[斤]부/총18획
檀	박달나무 단	나무목[木]부/총17획
端	끝 단	설립[立]부/총14획
▫段	층계 단	갖은등글월문[殳]부/총9획
*丹	붉을 단	점주[丶]부/총4획

*但 다만 단: 사람인변[亻(人)]부/총7획	*倒 넘어질 도: 사람인변[亻(人)]부/총10획	*郎 사내 랑(낭) 우부방[阝(邑)]부/총11획	*爐 화로 로(노) 불화[火]부/총20획
*旦 아침 단: 날일[日]부/총5획	*桃 복숭아 도 나무목[木]부/총10획	來 올 래(내): 사람인[人]부/총8획	*露 이슬 로(노): 비우[雨]부/총20획
達 통달할 달 책받침[辶(辵)]부/총13획	*渡 건널 도: 삼수변[氵(水)]부/총12획	冷 찰 랭(냉): 이수변[冫]부/총7획	綠 푸를 록(녹) 실사[糸]부/총14획
談 말씀 담 말씀언[言]부/총15획	讀 읽을 독 말씀언[言]부/총22획	□略 간략할/약할 략(약) 밭전[田]부/총11획	錄 기록할 록(녹) 쇠금[金]부/총16획
擔 멜 담 재방변[扌(手)]부/총16획	獨 홀로 독 개사슴록변[犭(犬)]부/총16획	良 좋을(어질) 량(양) 그칠간[艮]부/총7획	*祿 녹 록(녹) 보일시[示]부/총13획
*淡 맑을 담: 삼수변[氵(水)]부/총11획	毒 독 독 말무[毋]부/총9획	量 헤아릴 량(양) 마을리[里]부/총12획	論 논할 론(논) 말씀언[言]부/총15획
答 대답할 답 대죽머리[(竹)]부/총12획	督 감독할 독 눈목[目]부/총13획	兩 두 량(양): 들입[入]부/총8획	*弄 희롱할 롱(농): 받들공[廾]부/총7획
*踏 밟을 답 발족[足]부/총15획	*突 갑자기/부딪힐 돌 구멍혈[穴]부/총9획	□糧 양식 량(양) 쌀미[米]부/총18획	*賴 의뢰할 뢰(뇌): 조개패[貝]부/총16획
堂 집 당 흙토[土]부/총11획	東 동녘 동 나무목[木]부/총8획	*凉 서늘할 량(양) 이수변[冫]부/총10획	*雷 우레 뢰(뇌) 비우[雨]부/총13획
當 마땅할 당 밭전[田]부/총13획	冬 겨울 동 이수변[冫]부/총5획	*梁 들보/돌다리 량(양) 나무목[木]부/총11획	料 헤아릴 료(요): 말두[斗]부/총10획
黨 무리 당 검을흑[黑]부/총20획	動 움직일 동: 힘력[力]부/총11획	旅 나그네 려(여) 모방[方]부/총10획	□龍 용 룡(용) 용룡[龍]부/총16획
*唐 당나라/당황할 당: 입구[口]부/총10획	同 한가지 동 입구[口]부/총6획	麗 고울 려(여) 사슴록[鹿]부/총19획	*樓 다락 루(누) 나무목[木]부/총15획
*糖 엿 당 쌀미[米]부/총16획	洞 골 동/밝을 통: 삼수변[氵(水)]부/총9획	□慮 생각할 려(여) 마음심[心]부/총15획	*漏 샐 루(누): 삼수변[氵(水)]부/총14획
大 큰 대 큰대[大]부/총3획	童 아이 동: 설립[立]부/총12획	*勵 힘쓸 려(여) 힘력[力]부/총16획	*累 여러/자주 루(누) 실사[糸]부/총11획
代 대신할 대: 사람인변[亻(人)]부/총5획	銅 구리 동 쇠금[金]부/총14획	力 힘 력(역) 힘력[力]부/총2획	流 흐를 류(유) 삼수변[氵(水)]부/총10획
對 대할 대: 마디촌[寸]부/총14획	*凍 얼 동: 이수변[冫]부/총10획	歷 지낼 력(역) 그칠지[止]부/총16획	類 무리 류(유)(:) 머리혈[頁]부/총19획
待 기다릴 대: 두인변[彳]부/총9획	頭 머리 두 머리혈[頁]부/총16획	*曆 책력 력(역) 날일[日]부/총16획	留 머무를 류(유) 밭전[田]부/총10획
帶 띠 대: 수건건[巾]부/총11획	斗 말 두 말두[斗]부/총4획	練 익힐 련(연): 실사[糸]부/총15획	□柳 버들 류(유)(:) 나무목[木]부/총9획
隊 무리(떼) 대 좌부변[阝(阜)]부/총12획	豆 콩 두 콩두[豆]부/총7획	連 이을 련(연) 책받침[辶(辵)]부/총11획	六 여섯 륙(육) 여덟팔[八]부/총4획
*臺 대 대 이를지[至]부/총14획	得 얻을 득 두인변[彳]부/총11획	*戀 그리워할 련(연): 마음심[心]부/총23획	陸 뭍 륙(육) 좌부변[阝(阜)]부/총11획
*貸 빌릴/뀔 대: 조개패[貝]부/총12획	登 오를 등 필발머리[癶]부/총12획	*聯 연이을 련(연) 귀이[耳]부/총17획	□輪 바퀴 륜(윤) 수레거[車]부/총15획
德 큰 덕 두인변[彳]부/총15획	等 무리 등: 대죽머리[竹]부/총12획	*鍊 쇠불릴/단련할 련(연): 쇠금[金]부/총17획	*倫 인륜 륜(윤) 사람인변[亻(人)]부/총10획
道 길 도: 책받침[辶(辵)]부/총13획	燈 등잔 등 불화[火]부/총16획	*蓮 연꽃 련(연) 초두[艹(艸)]부/총14획	律 법 률(율) 두인변[彳]부/총9획
圖 그림 도 큰입구몸[口]부/총14획	羅 벌일 라(나) 그물망[罒(网)]부/총19획	列 벌일 렬(열) 선칼도방[刂(刀)]부/총6획	*栗 밤 률(율) 나무목[木]부/총10획
度 법도 도:/헤아릴 탁 집엄[广]부/총9획	樂 즐거울 락(낙)/노래 악 나무목[木]부/총15획	□烈 매울 렬(열) 연화발[灬(火)]부/총10획	*率 거느릴 솔/비율 률(율) 검을현[玄]부/총11획
到 이를 도: 선칼도방[刂(刀)]부/총8획	落 떨어질 락(낙) 초두[艹(艸)]부/총12획	*裂 찢어질 렬(열) 옷의[衣]부/총12획	*隆 높을 륭(융) 좌부변[阝(阜)]부/총12획
島 섬 도 뫼산[山]부/총10획	*絡 이을/얽을 락(낙) 실사[糸]부/총12획	令 하여금 령(영)(:) 사람인[人]부/총5획	*陵 언덕 릉(능) 좌부변[阝(阜)]부/총11획
都 도읍 도 우부방[阝(邑)]부/총12획	□亂 어지러울 란(난): 새을방[乙]부/총13획	領 거느릴 령(영) 머리혈[頁]부/총14획	里 마을 리(이): 마을리[里]부/총7획
導 인도할 도: 마디촌[寸]부/총16획	□卵 알 란(난): 병부절[卩]부/총7획	*嶺 고개 령(영) 뫼산[山]부/총17획	利 이할 리(이): 선칼도방[刂(刀)]부/총7획
□徒 무리 도 두인변[彳]부/총10획	*欄 난간 란(난) 나무목[木]부/총21획	*靈 신령 령(영) 비우[雨]부/총24획	李 오얏/성 리(이) 나무목[木]부/총7획
盜 도둑 도(:) 그릇명[皿]부/총12획	*蘭 난초 란(난) 초두[艹(艸)]부/총20획	例 법식 례(예): 사람인변[亻(人)]부/총8획	理 다스릴 리(이): 구슬옥변[王(玉)]부/총11획
逃 달아날 도 책받침[辶(辵)]부/총10획	*覽 볼 람(남) 볼견[見]부/총21획	禮 예도 례(예) 보일시[示]부/총18획	□離 떠날 리(이): 새추[隹]부/총19획
*刀 칼 도 칼도[刀]부/총2획	朗 밝을 랑(낭): 달월[月]부/총10획	老 늙을 로(노): 늙을로[老]부/총6획	*吏 벼슬아치/관리 리(이): 입구[口]부/총6획
*途 길(行中) 도: 책받침[辶(辵)]부/총11획	*廊 사랑채/행랑 랑(낭) 집엄[广]부/총12획	路 길 로(노): 발족[足]부/총13획	*履 밟을 리(이): 주검시[尸]부/총15획
*陶 질그릇 도 좌부변[阝(阜)]부/총11획	*浪 물결 랑(낭): 삼수변[氵(水)]부/총10획	勞 일할 로(노) 힘력[力]부/총12획	*裏 속 리(이): 옷의[衣]부/총13획
			林 수풀 림(임) 나무목[木]부/총8획

한자	뜻·음	부수/획수	한자	뜻·음	부수/획수	한자	뜻·음	부수/획수	한자	뜻·음	부수/획수
*臨	임할 림(임)	신하신[臣]부/총17획	明	밝을 명	날일[日]부/총8획	味	맛 미:	입구[口]부/총8획	百	일백 백	흰백[白]부/총6획
立	설 립(입)	설립[立]부/총5획	▫鳴	울 명	새조[鳥]부/총14획	未	아닐 미/여덟째지지 미(:)	나무목[木]부/총5획	*伯	맏 백	사람인변[亻(人)]부/총7획
馬	말 마:	말부[馬]부/총10획	*銘	새길 명	쇠금[金]부/총14획	*微	작을 미	두인변[彳]부/총13획	番	차례 번	밭전[田]부/총12획
*磨	갈 마	돌석[石]부/총16획	母	어미 모:	말무[母]부/총5획	*尾	꼬리 미:	주검시[尸]부/총7획	*繁	번성할 번	실사[糸]부/총17획
*麻	삼 마(:)	삼마[麻]부/총11획	毛	털 모	털모[毛]부/총4획	民	백성 민	성씨씨[氏]부/총5획	伐	칠/벨 벌	사람인변[亻(人)]부/총6획
*幕	장막 막	수건건[巾]부/총13획	▫模	본뜰 모	나무목[木]부/총14획	密	빽빽할/숨길 밀	갓머리[宀]부/총11획	罰	벌할 벌	그물망[罒(网)]부/총14획
*漠	넓을 막	삼수변[氵(水)]부/총13획	*慕	그리워할 모:	밑마음심[忄(心)]부/총14획	朴	순박할/성 박	나무목[木]부/총6획	▫範	법 범:	대죽머리[竹]부/총15획
*莫	없을 막	초두[艹(艸)]부/총10획	*謀	꾀 모	말씀언[言]부/총17획	博	넓을 박	열십[十]부/총12획	▫犯	범할 범:	개사슴록변[犭(犬)]부/총5획
萬	일만 만:	초두[艹(艸)]부/총12획	*貌	모양 모	갖은돼지시변[豸]부/총14획	▫拍	칠 박	재방변[扌(手)]부/총8획	*凡	무릇 범(:)	책상궤[几]부/총3획
滿	찰 만(:)	삼수변[氵(水)]부/총14획	木	나무 목	나무목[木]부/총4획	*薄	엷을 박	초두[艹(艸)]부/총16획	法	법 법	삼수변[氵(水)]부/총8획
*晚	늦을 만:	날일[日]부/총11획	目	눈 목	눈목[目]부/총5획	*迫	핍박할 박	책받침[辶(辵)]부/총9획	壁	벽 벽	흙토[土]부/총16획
末	끝 말	나무목[木]부/총5획	牧	칠 목	소우[牜(牛)]부/총8획	半	반 반	열십[十]부/총5획	*碧	푸를 벽	돌석[石]부/총14획
亡	망할 망	돼지머리해[亠]부/총3획	*睦	화목할 목	눈목[目]부/총13획	反	돌이킬 반	또우[又]부/총4획	變	변할 변:	말씀언[言]부/총23획
望	바랄 망:	달월[月]부/총11획	*沒	빠질 몰	삼수변[氵(水)]부/총7획	班	나눌 반	구슬옥변[王(玉)]부/총10획	邊	가 변	책받침[辶(辵)]부/총19획
*妄	망령될 망:	계집녀[女]부/총6획	*夢	꿈 몽	저녁석[夕]부/총13획	*般	가지/일반 반	배주[舟]부/총10획	▫辯	말씀 변:	매울신[辛]부/총21획
每	매양 매:	말무[母]부/총7획	*蒙	어릴 몽	초두[艹(艸)]부/총13획	*飯	밥 반	밥식[食]부/총13획	別	다를/나눌 별	선칼도방[刂(刀)]부/총7획
買	살 매:	조개패[貝]부/총12획	▫墓	무덤 묘:	흙토[土]부/총13획	*盤	소반 반	그릇명[皿]부/총15획	病	병 병:	병들녁[疒]부/총10획
賣	팔 매(:)	조개패[貝]부/총15획	▫妙	묘할 묘:	계집녀[女]부/총7획	發	필 발	필발머리[癶]부/총12획	兵	병사 병	여덟팔[八]부/총7획
▫妹	손아래누이 매	계집녀[女]부/총8획	無	없을 무	연화발[灬(火)]부/총12획	髮	터럭 발	터럭발[髟]부/총15획	*丙	남녘/셋째천간 병:	한일[一]부/총5획
*梅	매화 매	나무목[木]부/총11획	務	힘쓸 무:	힘력[力]부/총11획	*拔	뽑을 발	재방변[扌(手)]부/총8획	保	지킬 보:	사람인변[亻(人)]부/총9획
*媒	중매 매	계집녀[女]부/총12획	武	호반 무:	그칠지[止]부/총8획	方	모 방	모방[方]부/총4획	報	갚을/알릴 보:	흙토[土]부/총12획
脈	줄기 맥	육달월[月(肉)]부/총10획	▫舞	춤출 무:	어겨질천[舛]부/총14획	放	놓을 방(:)	등글월문[攵(攴)]부/총8획	寶	보배 보:	갓머리[宀]부/총20획
*麥	보리 맥	보리맥[麥]부/총11획	*茂	무성할 무:	초두[艹(艸)]부/총8획	房	방 방	지게호[戶]부/총8획	步	걸음 보:	그칠지[止]부/총7획
*孟	맏 맹(:)	아들자[子]부/총8획	*貿	무역할 무:	조개패[貝]부/총12획	訪	찾을 방:	말씀언[言]부/총11획	▫普	넓을 보:	날일[日]부/총12획
*猛	사나울 맹:	개사슴록변[犭(犬)]부/총11획	*默	잠잠할 묵	검을흑[黑]부/총16획	防	막을 방	좌부변[阝(阜)]부/총7획	*補	기울 보:	옷의변[衤(衣)]부/총12획
*盲	소경/눈멀 맹	눈목[目]부/총8획	*墨	먹 묵	흙토[土]부/총15획	▫妨	방해할 방	계집녀[女]부/총7획	*譜	족보 보:	말씀언[言]부/총19획
*盟	맹세할 맹	그릇명[皿]부/총13획	門	문 문	문문[門]부/총8획	*芳	꽃다울 방	초두[艹(艸)]부/총7획	服	옷 복	달월[月]부/총8획
面	낯 면:	낯면[面]부/총9획	問	물을 문:	입구[口]부/총11획	倍	곱 배(:)	사람인변[亻(人)]부/총10획	福	복 복	보일시[示]부/총14획
▫勉	힘쓸 면:	힘력[力]부/총9획	文	글월 문	글월문[文]부/총4획	拜	절 배:	손수[手]부/총9획	復	회복할 복/다시 부:	두인변[彳]부/총12획
*眠	잘 면	눈목[目]부/총10획	聞	들을 문(:)	귀이[耳]부/총14획	背	등 배:	육달월[月(肉)]부/총9획	▫伏	엎드릴 복	사람인변[亻(人)]부/총6획
*綿	솜 면	실사[糸]부/총14획	*紋	무늬 문	실사[糸]부/총10획	配	나눌/짝 배:	닭유[酉]부/총10획	▫複	겹칠 복	옷의변[衤(衣)]부/총14획
*免	면할 면:	어진사람인[儿]부/총7획	物	물건 물	소우[牛]부/총8획	*培	북돋울 배:	흙토[土]부/총11획	*腹	배 복	육달월[月(肉)]부/총13획
*滅	꺼질/멸할 멸	삼수변[氵(水)]부/총13획	*勿	말 물	쌀포[勹]부/총4획	*排	밀칠 배	재방변[扌(手)]부/총11획	*覆	다시 복/덮을 부:	덮을아[襾]부/총18
名	이름 명	입구[口]부/총6획	米	쌀 미	쌀미[米]부/총6획	*輩	무리 배:	수레거[車]부/총15획	本	근본 본	나무목[木]부/총5획
命	목숨 명:	입구[口]부/총8획	美	아름다울 미(:)	양양[羊]부/총9획	白	흰 백	흰백[白]부/총5획	奉	받들 봉:	큰대[大]부/총8획

*封	봉할 봉	마디촌[寸]부/총9획
*峯	봉우리 봉	뫼산[山]부/총10획
*逢	만날 봉	책받침[辶(辵)]부/총11획
*鳳	봉새 봉	새조[鳥]부/총14획
父	아비 부	아비부[父]부/총4획
夫	지아비/사내 부	큰대[大]부/총4획
部	떼/거느릴 부	우부방[阝(邑)]부/총11획
副	버금 부	선칼도방[刂(刀)]부/총11획
婦	며느리/아내 부	계집녀[女]부/총11획
富	부자 부:	갓머리[宀]부/총12획
府	마을(官廳) 부(:)	집엄[广]부/총8획
□否	아닐 부	입구[口]부/총7획
□負	질 부:	조개패[貝]부/총9획
*付	부칠 부:	사람인변[亻(人)]부/총5획
*扶	도울 부	재방변[扌(手)]부/총7획
*浮	뜰 부	삼수변[氵(水)]부/총10획
*符	부호 부(:)	대죽[竹]부/총11획
*簿	문서 부:	대죽[竹]부/총19획
*附	붙을 부(:)	좌부변[阝(阜)]부/총8획
*腐	썩을 부:	고기육[肉]부/총14획
*賦	부세 부:	조개패[貝]부/총15획
北	북녘 북/달아날 배	비수비[匕]부/총5획
分	나눌 분(:)	칼도[刀]부/총4획
□憤	분할 분:	심방변[忄(心)]부/총15획
*紛	어지러울 분(:)	실사[糸]부/총10획
*奔	달릴 분	큰대[大]부/총8획
*奮	떨칠 분:	큰대[大]부/총16획
□粉	가루 분(:)	쌀미[米]부/총10획
不	아닐 불	한일[一]부/총4획
佛	부처 불	사람인변[亻(人)]부/총7획
*拂	떨칠 불	재방변[扌(手)]부/총8획
比	견줄 비:	견줄비[比]부/총4획
費	쓸 비:	조개패[貝]부/총12획
鼻	코 비:	코비[鼻]부/총14획
備	갖출 비:	사람인변[亻(人)]부/총12획
悲	슬플 비:	마음심[心]부/총12획
非	아닐 비:	아닐비[非]부/총8획
飛	날 비	날비[飛]부/총9획
□批	비평할 비:	재방변[扌(手)]부/총7획
□碑	비석 비	돌석[石]부/총13획
祕	숨길 비:	보일시[示]부/총10획
*卑	낮을 비:	열십[十]부/총8획
*妃	왕비 비	계집녀[女]부/총6획
*婢	계집종 비:	계집녀[女]부/총11획
*肥	살찔 비:	육달월[月(肉)]부/총8획
貧	가난할 빈	조개패[貝]부/총11획
氷	얼음 빙	물수[水]부/총5획
四	넉 사:	큰입구몸[口]부/총5획
事	일 사:	갈고리궐[亅]부/총8획
使	하여금/부릴 사:	사람인변[亻(人)]부/총8획
死	죽을 사:	죽을사변[歹]부/총6획
社	모일 사	보일시[示]부/총8획
仕	섬길 사(:)	사람인변[亻(人)]부/총5획
史	사기(史記) 사:	입구[口]부/총5획
士	선비 사:	선비사[士]부/총3획
寫	베낄 사	갓머리[宀]부/총15획
思	생각할 사(:)	마음심[心]부/총9획
査	조사할 사	나무목[木]부/총9획
寺	절 사	마디촌[寸]부/총6획
師	스승 사	수건건[巾]부/총10획
舍	집 사	혀설[舌]부/총8획
謝	사례할 사:	말씀언[言]부/총17획
射	쏠 사(:)	마디촌[寸]부/총10획
私	사사(私事) 사	벼화[禾]부/총7획
絲	실 사	실사[糸]부/총12획
辭	말씀 사	매울신[辛]부/총19획
*司	맡을 사	입구[口]부/총5획
*沙	모래 사	삼수변[氵(水)]부/총7획
*祀	제사 사	보일시[示]부/총8획
*詞	말/글 사	말씀언[言]부/총12획
*邪	간사할 사	우부방[阝(邑)]부/총7획
*斜	비낄 사	말두[斗]부/총11획
*蛇	긴뱀 사	벌레충[虫]부/총11획
*削	깎을 삭	선칼도방[刂(刀)]부/총9획
山	뫼 산	뫼산[山]부/총3획
算	셀 산:	대죽[竹]부/총14획
産	낳을 산:	날생[生]부/총11획
□散	흩어질 산:	등글월문[攵(攴)]부/총12획
殺	죽일 살/감할 쇄:	갖은등글월문[殳]부/총11획
三	석 삼	한일[一]부/총3획
*森	수풀 삼	나무목[木]부/총12획
上	윗 상:	한일[一]부/총3획
商	장사 상	입구[口]부/총11획
相	서로 상	눈목[目]부/총9획
賞	상줄 상	조개패[貝]부/총15획
常	떳떳할/항상 상	수건건[巾]부/총11획
床	상 상	집엄[广]부/총7획
想	생각할 상:	마음심[心]부/총13획
狀	형상 상/문서 장:	개견[犬]부/총8획
□傷	다칠 상	사람인변[亻(人)]부/총13획
□象	코끼리 상	돼지시[豕]부/총12획
*像	모양 상	사람인변[亻(人)]부/총14획
*喪	잃을 상(:)	입구[口]부/총12획
*尙	오히려 상(:)	작을소[小]부/총8획
*裳	치마 상	옷의[衣]부/총14획
*詳	자세할 상	말씀언[言]부/총13획
*霜	서리 상	비우[雨]부/총17획
*償	갚을 상	사람인변[亻(人)]부/총17획
*桑	뽕나무 상	나무목[木]부/총10획
色	빛 색	빛색[色]부/총6획
*索	찾을 색	실사[糸]부/총10획
*塞	막힐 색/변방 새	흙토[土]부/총13획
生	날/살 생	날생[生]부/총5획
西	서녘 서	덮을아[襾]부/총6획
書	글 서	가로왈[曰]부/총10획
序	차례 서:	집엄[广]부/총7획
*徐	천천할 서(:)	두인변[彳]부/총10획
*恕	용서할 서:	마음심[心]부/총10획
*緖	실마리 서:	실사[糸]부/총15획
*署	마을(官廳) 서:	그물망[罒(网)]부/총14획
夕	저녁 석	저녁석[夕]부/총3획
席	자리 석	수건건[巾]부/총10획
石	돌 석	돌석[石]부/총5획
*惜	아낄 석	심방변[忄(心)]부/총11획
*釋	풀 석	분별할변[釆]부/총20획
先	먼저 선	어진사람인[儿]부/총6획
線	줄 선	실사[糸]부/총15획
仙	신선 선	사람인변[亻(人)]부/총5획
善	착할 선	입구[口]부/총12획
船	배 선	배선[舟]부/총11획
選	가릴 선:	책받침[辶(辵)]부/총16획
鮮	고울 선	고기어[魚]부/총17획
□宣	베풀 선	갓머리[宀]부/총9획
*旋	돌 선	모방[方]부/총11획
*禪	선 선	보일시[示]부/총17획
雪	눈 설	비우[雨]부/총11획
說	말씀 설/달랠 세	말씀언[言]부/총14획
設	베풀 설	말씀언[言]부/총11획
□舌	혀 설	혀설[舌]부/총6획
姓	성 성:	계집녀[女]부/총8획
成	이룰 성	창과[戈]부/총7획
省	살필 성/덜 생	눈목[目]부/총9획
性	성품 성:	심방변[忄(心)]부/총8획
城	재 성	흙토[土]부/총10획
星	별 성	날일[日]부/총9획
盛	성할 성:	그릇명[皿]부/총12획
聖	성인 성:	귀이[耳]부/총13획
聲	소리 성	귀이[耳]부/총17획
誠	정성 성	말씀언[言]부/총14획
世	인간 세:	한일[一]부/총5획

歲	해 세: 그칠지 [止]부/총13획	修	닦을 수 사람인변[亻(人)]부/총10획	*僧	중 승 사람인변[亻(人)]부/총14획	兒	아이 아 어진사람인[儿]부/총8획
洗	씻을 세: 삼수변[氵(水)]부/총9획	受	받을 수(:) 또우[又]부/총8획	*昇	오를 승 날일[日]부/총8획	*亞	버금 아 두이[二]부/총8획
勢	형세 세: 힘력[力]부/총13획	守	지킬 수 갓머리[宀]부/총6획	市	저자 시: 수건건[巾]부/총5획	*我	나 아: 창과[戈]부/총7획
稅	세금 세: 벼화[禾]부/총12획	授	줄 수 재방변[扌(手)]부/총11획	時	때 시 날일[日]부/총10획	*阿	언덕 아 좌부변[阝(阜)]부/총8획
細	가늘 세: 실사[糸]부/총11획	收	거둘 수 등글월문[攵(攴)]부/총6획	始	비로소 시: 계집녀[女]부/총8획	*雅	맑을 아: 새추[隹]부/총12획
小	작을 소: 작을소[小]부/총3획	□秀	빼어날 수 벼화[禾]부/총7획	示	보일 시: 보일시[示]부/총5획	*牙	어금니 아 어금니아[牙]부/총4획
少	적을/젊을 소: 작을소[小]부/총4획	*壽	목숨 수 선비사[士]부/총14획	施	베풀 시: 모방[方]부/총9획	*芽	싹 아 초두[艹(艸)]부/총7획
所	바/곳 소: 집호[戶]부/총8획	*帥	장수 수 수건건[巾]부/총9획	是	옳을/이 시: 날일[日]부/총9획	惡	악할 악/미워할 오 마음심[心]부/총12획
消	사라질 소 삼수변[氵(水)]부/총10획	*愁	근심 수 마음심[心]부/총13획	視	볼 시: 볼견[見]부/총12획	安	편안할 안 갓머리[宀]부/총6획
掃	쓸 소(:) 재방변[扌(手)]부/총11획	*殊	다를 수 죽을사변[歹]부/총10획	試	시험할 시(:) 말씀언[言]부/총13획	案	책상 안: 나무목[木]부/총10획
笑	웃을 소: 대죽머리[竹(竹)]부/총10획	*獸	짐승 수 개견[犬]부/총19획	詩	시 시 말씀언[言]부/총13획	眼	눈 안: 눈목[目]부/총11획
素	본디/흴 소: 실사[糸]부/총10획	*輸	보낼 수 수레거[車]부/총16획	*侍	모실 시: 사람인변[亻(人)]부/총8획	*岸	언덕 안: 뫼산[山]부/총8획
*疏	소통할 소 발소[疋]부/총12획	*隨	따를 수 좌부변[阝(阜)]부/총16획	食	밥/먹을 식 밥식[食]부/총9획	*顔	낯 안: 머리혈[頁]부/총18획
*蘇	되살아날 소 초두[艹(艸)]부/총19획	*需	쓰일(쓸) 수 비우[雨]부/총14획	植	심을 식 나무목[木]부/총12획	暗	어두울 암: 날일[日]부/총13획
*訴	호소할 소 말씀언[言]부/총12획	*垂	드리울 수 흙토[土]부/총8획	式	법 식 주살익[弋]부/총6획	*巖	바위 암 뫼산[山]부/총23획
*燒	사를 소(:) 불화[火]부/총16획	宿	잘 숙 갓머리[宀]부/총11획	識	알 식/표할 지 말씀언[言]부/총19획	壓	누를 압 흙토[土]부/총17획
速	빠를 속 책받침[辶(辵)]부/총11획	□叔	아재비 숙 또우[又]부/총8획	息	쉴 식 마음심[心]부/총10획	*仰	우러를 앙: 사람인변[亻(人)]부/총6획
束	묶을 속 나무목[木]부/총7획	□肅	엄숙할 숙 붓률[聿]부/총13획	*飾	꾸밀 식 밥식[食]부/총14획	*央	가운데 앙 큰대[大]부/총5획
俗	풍속 속 사람인변[亻(人)]부/총9획	*淑	맑을 숙 삼수변[氵(水)]부/총11획	信	믿을 신: 사람인변[亻(人)]부/총9획	愛	사랑 애(:) 마음심[心]부/총13획
續	이을 속 실사[糸]부/총21획	*熟	익을 숙 연화발[灬(火)]부/총15획	新	새 신 도끼근[斤]부/총13획	*哀	슬플 애 입구[口]부/총9획
□屬	붙을 속 주검시[尸]부/총21획	順	순할/차례 순: 머리혈[頁]부/총12획	神	귀신 신 보일시[示]부/총10획	液	진 액 삼수변[氵(水)]부/총11획
孫	손자 손: 아들자[子]부/총10획	純	순수할 순 실사[糸]부/총10획	身	몸 신 몸신[身]부/총7획	□額	이마 액 머리혈[頁]부/총18획
□損	덜 손: 재방변[扌(手)]부/총13획	*巡	돌/순행할 순 개미허리[巛(川)]부/총7획	臣	신하 신 신하신[臣]부/총6획	夜	밤 야 저녁석[夕]부/총8획
送	보낼 송: 책받침[辶(辵)]부/총10획	*旬	열흘 순 날일[日]부/총6획	申	납(원숭이)/아홉째지지 신 밭전[田]부/총5획	野	들 야: 마을리[里]부/총11획
□松	소나무 송 나무목[木]부/총8획	*瞬	눈깜짝일 순 눈목[目]부/총17획	*愼	삼갈 신: 심방변[忄(心)]부/총13획	弱	약할 약 활궁[弓]부/총10획
□頌	기릴/칭송할 송: 머리혈[頁]부/총13획	術	재주 술 다닐행[行]부/총11획	室	집 실 갓머리[宀]부/총9획	藥	약 약 초두[艹(艸)]부/총18획
*訟	송사할 송: 말씀언[言]부/총11획	*述	펼 술 책받침[辶(辵)]부/총9획	失	잃을 실 큰대[大]부/총5획	約	맺을 약 실사[糸]부/총9획
*刷	인쇄할 쇄 선칼도방[刂(刀)]부/총8획	□崇	높을 숭 뫼산[山]부/총11획	實	열매 실 갓머리[宀]부/총14획	*若	같을 약/반야 야 초두[艹(艸)]부/총8획
*鎖	쇠사슬 쇄: 쇠금[金]부/총18획	習	익힐 습 깃우[羽]부/총11획	心	마음 심 마음심[心]부/총4획	洋	바다 양 삼수변[氵(水)]부/총9획
*衰	쇠할 쇠 옷의[衣]부/총10획	*拾	주울 습/열 십 재방변[扌(手)]부/총9획	深	깊을 심 삼수변[氵(水)]부/총11획	陽	볕 양 좌부변[阝(阜)]부/총12획
水	물 수 물수[水]부/총4획	*襲	엄습할 습 옷의[衣]부/총22획	*審	살필 심(:) 갓머리[宀]부/총15획	養	기를 양: 밥식[食]부/총15획
手	손 수(:) 손수[手]부/총4획	*濕	젖을 습 삼수변[氵(水)]부/총17획	*甚	심할 심: 달감[甘]부/총9획	羊	양 양 양양[羊]부/총6획
數	셈 수: 등글월문[攵(攴)]부/총15획	勝	이길 승 힘력[力]부/총12획	十	열 십 열십[十]부/총2획	□樣	모양 양 나무목[木]부/총15획
樹	나무 수 나무목[木]부/총16획	承	이을 승 손수[手]부/총8획	*雙	두/쌍 쌍 새추[隹]부/총18획	*壤	흙덩이 양: 흙토[土]부/총20획
首	머리 수 머리수[首]부/총9획	*乘	탈 승 삐침별[丿]부/총10획	□氏	성씨 씨 성씨씨[氏]부/총4획	*揚	날릴 양 재방변[扌(手)]부/총12획

*讓	사양할 양:	말씀언[言]부/총24획
語	말씀 어:	말씀언[言]부/총14획
漁	고기잡을 어:	삼수변[氵(水)]부/총14획
魚	물고기 어:	물고기어[魚]부/총11획
*御	거느릴 어:	두인변[彳]부/총11획
億	억 억:	사람인변[亻(人)]부/총15획
*憶	생각할 억:	심방변[忄(心)]부/총16획
*抑	누를 억:	재방변[扌(手)]부/총7획
言	말씀 언:	말씀언[言]부/총7획
嚴	엄할 엄:	입구[口]부/총20획
業	업 업:	나무목[木]부/총13획
如	같을 여:	계집녀[女]부/총6획
餘	남을 여:	밥식[食]부/총16획
與	줄/더불 여:	절구구[臼]부/총14획
逆	거스를 역:	책받침[辶(辵)]부/총10획
域	지경 역:	흙토[土]부/총11획
易	바꿀 역/쉬울 이:	날일[日]부/총8획
*亦	또 역:	돼지머리해[亠]부/총6획
*役	부릴 역:	두인변[彳]부/총7획
*譯	번역할 역:	말씀언[言]부/총20획
*驛	역 역:	말마[馬]부/총23획
*疫	전염병 역:	병들녘[疒]부/총9획
然	그럴 연:	연화발[灬(火)]부/총12획
演	펼 연:	삼수변[氵(水)]부/총14획
煙	연기 연:	불화[火]부/총13획
研	갈 연:	돌석[石]부/총11획
延	늘일 연:	민책받침[廴]부/총7획
燃	탈 연:	불화[火]부/총16획
緣	인연 연:	실사[糸]부/총15획
鉛	납 연:	쇠금[金]부/총13획
*宴	잔치 연:	갓머리[宀]부/총10획
*沿	물따라갈 연:	삼수변[氵(水)]부/총8획
*軟	연할 연:	수레거[車]부/총11획
*燕	제비 연:	연화발[灬(火)]부/총16획
熱	더울 열:	연화발[灬(火)]부/총15획
*悅	기쁠 열:	심방변[忄(心)]부/총10획
*染	물들 염:	나무목[木]부/총9획
*炎	불꽃 염:	불화[火]부/총8획
*鹽	소금 염:	소금밭로[鹵]부/총24획
葉	잎 엽:	초두[艹(艸)]부/총12획
永	길 영:	물수[水]부/총5획
英	꽃부리 영:	초두[艹(艸)]부/총8획
榮	영화로울 영:	나무목[木]부/총14획
映	비칠 영(:)	날일[日]부/총9획
營	경영할 영:	불화[火]부/총17획
迎	맞이할 영:	책받침[辶(辵)]부/총8획
*影	그림자 영:	터럭삼[彡]부/총15획
藝	재주 예:	초두[艹(艸)]부/총18획
豫	미리 예:	돼지시[豕]부/총16획
*譽	기릴/명예 예:	말씀언[言]부/총21획
五	다섯 오:	두이[二]부/총4획
午	낮/일곱번째지지 오:	열십[十]부/총4획
誤	그르칠 오:	말씀언[言]부/총14획
*悟	깨달을 오:	심방변[忄(心)]부/총10획
*烏	까마귀 오:	연화발[灬(火)]부/총10획
屋	집 옥:	주검시[尸]부/총9획
玉	구슬 옥:	구슬옥[玉]부/총5획
*獄	옥(囚舍) 옥:	개견[犬]부/총14획
溫	따뜻할 온:	삼수변[氵(水)]부/총13획
*瓦	기와 와:	기와와[瓦]부/총5획
完	완전할 완:	갓머리[宀]부/총7획
*緩	느릴 완:	실사[糸]부/총15획
王	임금 왕:	구슬옥[玉]부/총4획
往	갈 왕:	두인변[彳]부/총8획
外	바깥 외:	저녁석[夕]부/총5획
曜	빛날 요:	날일[日]부/총18획
要	요긴할 요:	덮을아[襾]부/총9획
謠	노래 요:	말씀언[言]부/총17획
浴	목욕할 욕:	삼수변[氵(水)]부/총10획
*慾	욕심 욕:	마음심[心]부/총15획
*欲	하고자할 욕:	하품흠[欠]부/총11획
*辱	욕될 욕:	별진[辰]부/총10획
勇	날랠 용:	힘력[力]부/총9획
用	쓸 용:	쓸용[用]부/총5획
容	얼굴 용:	갓머리[宀]부/총10획
右	오른쪽 우:	입구[口]부/총5획
友	벗 우:	또우[又]부/총4획
牛	소 우:	소우[牛]부/총4획
雨	비 우:	비우[雨]부/총8획
優	넉넉할 우:	사람인변[亻(人)]부/총17획
遇	만날 우:	책받침[辶(辵)]부/총13획
郵	우편 우:	우부방[阝(邑)]부/총11획
*偶	짝 우:	사람인변[亻(人)]부/총11획
*宇	집 우:	갓머리[宀]부/총6획
*愚	어리석을 우:	마음심[心]부/총13획
*憂	근심 우:	마음심[心]부/총15획
*羽	깃 우:	깃우[羽]부/총6획
運	옮길 운:	책받침[辶(辵)]부/총13획
雲	구름 운:	비우[雨]부/총12획
*韻	운 운:	소리음[音]부/총19획
雄	수컷 웅:	새추[隹]부/총12획
園	동산 원:	큰입구몸[囗]부/총13획
遠	멀 원:	책받침[辶(辵)]부/총14획
元	으뜸 원:	어진사람인[儿]부/총4획
原	근원/언덕 원:	굴바위엄[厂]부/총10획
院	집 원:	좌부변[阝(阜)]부/총10획
願	원할 원:	머리혈[頁]부/총19획
員	인원 원:	입구[口]부/총10획
圓	둥글 원:	큰입구몸[囗]부/총13획
怨	원망할 원(:)	마음심[心]부/총9획
援	도울 원:	재방변[扌(手)]부/총12획
源	근원 원:	삼수변[氵(水)]부/총13획
月	달 월:	달월[月]부/총4획
*越	넘을 월:	달릴주[走]부/총12획
位	자리 위:	사람인변[亻(人)]부/총7획
偉	클 위:	사람인변[亻(人)]부/총11획
爲	할/될 위:	손톱조[爪]부/총12획
衛	지킬 위:	다닐행[行]부/총15획
危	위태할 위:	마디절[卩(㔾)]부/총6획
圍	에워쌀 위:	큰입구몸[囗]부/총12획
委	맡길 위:	계집녀[女]부/총8획
威	위엄 위:	계집녀[女]부/총9획
慰	위로할 위:	마음심[心]부/총15획
*謂	이를 위:	말씀언[言]부/총16획
*僞	거짓 위:	사람인변[亻(人)]부/총14획
*胃	밥통 위:	육달월[月(肉)]부/총9획
有	있을 유:	달월[月]부/총6획
油	기름 유:	삼수변[氵(水)]부/총8획
由	말미암을 유:	밭전[田]부/총5획
乳	젖 유:	새을방[乙]부/총8획
儒	선비 유:	사람인변[亻(人)]부/총16획
遊	놀 유:	책받침[辶(辵)]부/총13획
遺	남길 유:	책받침[辶(辵)]부/총16획
*幼	어릴 유:	작을요[幺]부/총5획
*幽	그윽할 유:	작을요[幺]부/총9획
*悠	멀 유:	마음심[心]부/총11획
*柔	부드러울 유:	나무목[木]부/총9획
*猶	오히려 유:	개사슴록변[犭(犬)]부/총12획
*維	벼리 유:	실사[糸]부/총14획
*裕	넉넉할 유:	옷의[衣]부/총12획
*誘	꾈 유:	말씀언[言]부/총14획
育	기를 육:	육달월[月(肉)]부/총8획
肉	고기/살 육:	고기육[肉]부/총6획
*潤	불을 윤:	삼수변[氵(水)]부/총15획
銀	은 은:	쇠금[金]부/총14획
恩	은혜 은:	마음심[心]부/총10획
隱	숨을 은:	좌부변[阝(阜)]부/총17획
*乙	새/둘째천간 을:	새을[乙]부/총1획
音	소리 음:	소리음[音]부/총9획
飲	마실 음:	밥식[食]부/총13획

陰	그늘 음	좌부변[阝(阜)]부/총11획
*淫	음란할 음	삼수변[氵(水)]부/총11획
邑	고을 읍	고을읍[邑]부/총7획
應	응할 응:	마음심[心]부/총17획
意	뜻 의	마음심[心]부/총13획
衣	옷 의	옷의[衣]부/총6획
醫	의원 의	닭유[酉]부/총18획
義	옳을 의:	양양[羊]부/총13획
議	의논할 의:	말씀언[言]부/총20획
依	의지할 의	사람인변[亻(人)]부/총8획
儀	거동 의	사람인변[亻(人)]부/총15획
疑	의심할 의	발소[疋]부/총14획
二	두 이:	두이[二]부/총2획
以	써 이:	사람인[人]부/총5획
耳	귀 이:	귀이[耳]부/총6획
移	옮길 이	벼화[禾]부/총11획
異	다를 이:	밭전[田]부/총11획
*已	이미 이:	몸기[己]부/총3획
益	더할 익	그릇명[皿]부/총10획
*翼	날개 익	깃우[羽]부/총17획
人	사람 인	사람인[人]부/총2획
因	인할 인	큰입구몸[口]부/총6획
印	도장 인	병부절[卩]부/총6획
引	끌 인	활궁[弓]부/총4획
認	알(知) 인	말씀언[言]부/총14획
仁	어질 인	사람인변[亻(人)]부/총4획
*忍	참을 인	마음심[心]부/총7획
一	한 일	한일[一]부/총1획
日	해/날 일	날일[日]부/총4획
*逸	편안할 일	책받침[辶(辵)]부/총12획
任	맡길 임	사람인변[亻(人)]부/총6획
*壬	북방/아홉번째천간 임	선비사[士]부/총4획
*賃	품삯 임	조개패[貝]부/총13획
入	들 입	들입[入]부/총2획
子	아들/첫째지지 자	아들자[子]부/총3획
字	글자 자	아들자[子]부/총6획
自	스스로 자	스스로자[自]부/총6획
者	놈 자	늙을로[耂(老)]부/총9획
姿	모양 자:	계집녀[女]부/총9획
資	재물 자	조개패[貝]부/총13획
姉	누이 자	계집녀[女]부/총8획
*慈	사랑 자	마음심[心]부/총13획
*刺	찌를 자/찌를 척	선칼도방[刂(刀)]부/총8획
*紫	자줏빛 자	실사[糸]부/총11획
作	지을 작	사람인변[亻(人)]부/총7획
昨	어제 작	날일[日]부/총9획
殘	남을 잔	죽을사변[歹]부/총12획
*暫	잠깐 잠:	날일[日]부/총15획
*潛	잠길 잠	삼수변[氵(水)]부/총15획
雜	섞일 잡	새추[隹]부/총18획
長	길/어른 장(:)	길장[長]부/총8획
場	마당 장	흙토[土]부/총12획
章	글 장	설립[立]부/총11획
將	장수 장(:)	마디촌[寸]부/총11획
障	막을 장	좌부변[阝(阜)]부/총14획
壯	장할 장:	선비사[士]부/총7획
帳	장막 장	수건건[巾]부/총11획
張	베풀 장	활궁[弓]부/총11획
腸	창자 장	육달월[月(肉)]부/총13획
裝	꾸밀 장	옷의[衣]부/총13획
獎	장려할 장(:)	큰대[大]부/총14획
丈	어른 장	한일[一]부/총3획
*掌	손바닥 장:	손수[手]부/총12획
*粧	단장할 장	쌀미[米]부/총12획
*臟	오장 장:	육달월[月(肉)]부/총21획
*莊	씩씩할 장	초두[艹(艸)]부/총10획
葬	장사지낼 장:	초두[艹(艸)]부/총12획
*藏	감출 장:	초두[艹(艸)]부/총17획
在	있을 재:	흙토[土]부/총6획
才	재주 재	재방변[扌(手)]부/총3획
再	두 재:	멀경[冂]부/총6획
材	재목 재	나무목[木]부/총7획
災	재앙 재	불화[火]부/총7획
財	재물 재	조개패[貝]부/총10획
*栽	심을 재:	나무목[木]부/총10획
*裁	옷마를 재	옷의[衣]부/총12획
*載	실을 재:	수레거[車]부/총13획
爭	다툴 쟁	손톱조[爪]부/총8획
貯	쌓을 저:	조개패[貝]부/총12획
低	낮을 저:	사람인변[亻(人)]부/총7획
底	밑 저:	집엄[广]부/총8획
*抵	막을 저:	재방변[扌(手)]부/총8획
*著	나타날 저:	초두[艹(艸)]부/총12획
的	과녁 적	흰백[白]부/총8획
赤	붉을 적	붉을적[赤]부/총7획
敵	대적할 적	등글월문[攵(攴)]부/총15획
積	쌓을 적	벼화[禾]부/총16획
籍	문서 적	대죽[竹]부/총20획
績	길쌈 적	실사[糸]부/총17획
賊	도둑 적	조개패[貝]부/총13획
適	맞을 적	책받침[辶(辵)]부/총15획
*寂	고요할 적	갓머리[宀]부/총11획
*摘	딸(手收) 적	재방변[扌(手)]부/총14획
*笛	피리 적	대죽[竹]부/총11획
*跡	발자취 적	발족[足]부/총13획
*蹟	자취 적	발족[足]부/총18획
全	온전 전	들입[入]부/총6획
前	앞 전	선칼도방[刂(刀)]부/총9획
電	번개 전	비우[雨]부/총13획
戰	싸울 전	창과[戈]부/총16획
傳	전할 전	사람인변[亻(人)]부/총13획
典	법 전	여덟팔[八]부/총8획
展	펼 전	주검시[尸]부/총10획
田	밭 전	밭전[田]부/총5획
專	오로지 전	마디촌[寸]부/총11획
轉	구를 전:	수레거[車]부/총18획
錢	돈 전:	쇠금[金]부/총16획
*殿	전각(큰집) 전:	갖은등글월문[殳]부/총13획
切	끊을 절/온통 체	칼도[刀]부/총4획
節	마디 절	대죽[竹]부/총15획
絶	끊을 절	실사[糸]부/총12획
折	꺾을 절	재방변[扌(手)]부/총7획
店	가게 점:	집엄[广]부/총8획
占	점령할 점:/점칠 점	점복[卜]부/총5획
點	점 점(:)	검을흑[黑]부/총17획
*漸	점점 점:	삼수변[氵(水)]부/총14획
接	이을 접	재방변[扌(手)]부/총11획
正	바를 정(:)	그칠지[止]부/총5획
定	정할 정:	갓머리[宀]부/총8획
庭	뜰 정	집엄[广]부/총10획
停	머무를 정	사람인변[亻(人)]부/총11획
情	뜻 정	심방변[忄(心)]부/총11획
政	정사 정	등글월문[攵(攴)]부/총9획
程	한도/길 정	벼화[禾]부/총12획
精	정할(깨끗할) 정	쌀미[米]부/총14획
丁	고무래/네째천간 정	한일[一]부/총2획
整	가지런할 정:	등글월문[攵(攴)]부/총16획
靜	고요할 정	푸를청[靑]부/총16획
*井	우물 정:	두이[二]부/총4획
*亭	정자 정	돼지해밑[亠]부/총9획
*廷	조정 정	민책받침[廴]부/총7획
*征	칠 정	두인변[彳]부/총8획
*淨	깨끗할 정	삼수변[氵(水)]부/총11획
*貞	곧을 정	조개패[貝]부/총9획
*頂	정수리 정	머리혈[頁]부/총11획
弟	아우 제:	활궁[弓]부/총7획
第	차례 제:	대죽[竹]부/총11획
題	제목 제	머리혈[頁]부/총18획
制	절제할 제:	선칼도방[刂(刀)]부/총8획
提	끌 제	재방변[扌(手)]부/총12획

濟	건널 제:	삼수변[氵(水)]부/총17획
祭	제사 제:	보일시[示]부/총11획
製	지을 제:	옷의[衣]부/총14획
除	덜 제	좌부변[阝(阜)]부/총10획
際	즈음(때)/가 제:	좌부변[阝(阜)]부/총14획
□帝	임금 제:	수건건[巾]부/총9획
*諸	모두 제	말씀언[言]부/총16획
*齊	가지런할 제	가지런할제[齊]부/총14획
祖	할아비 조	보일시[示]부/총10획
朝	아침 조	달월[月]부/총12획
操	잡을 조:	재방변[才(手)]부/총16획
調	고를 조	말씀언[言]부/총15획
助	도울 조:	힘력[力]부/총7획
早	이를 조:	날일[日]부/총6획
造	지을 조:	책받침[辶(辵)]부/총11획
鳥	새 조	새조[鳥]부/총11획
□條	가지 조	나무목[木]부/총11획
□潮	조수(밀물과 썰물) 조	삼수변[氵(水)]부/총15획
□組	짤 조	실사[糸]부/총11획
*兆	억조 조	어진사람인[儿]부/총6획
*照	비칠 조:	연화발[灬(火)]부/총13획
*租	조세 조	벼화[禾]부/총10획
足	발 족	발족[足]부/총7획
族	겨레 족	모방[方]부/총11획
尊	높을 존	마디촌[寸]부/총12획
□存	있을 존	아들자[子]부/총6획
卒	마칠 졸	열십[十]부/총8획
種	씨 종(:)	벼화[禾]부/총14획
終	마칠 종	실사[糸]부/총11획
宗	마루 종	갓머리[宀]부/총8획
□從	좇을 종(:)	두인변[彳]부/총11획
□鍾	쇠북 종	쇠금[金]부/총17획
*縱	세로 종	실사[糸]부/총17획
左	왼 좌:	장인공[工]부/총5획
□座	자리 좌:	집엄[广]부/총10획
*坐	앉을 좌:	흙토[土]부/총7획
罪	허물 죄:	그물망[罒(网)]부/총13획
主	임금/주인 주	불똥주[丶]부/총5획
住	살 주:	사람인변[亻(人)]부/총7획
晝	낮 주	날일[日]부/총11획
注	부을 주:	삼수변[氵(水)]부/총10획
州	고을 주	개미허리[巛]부/총6획
週	주일 주	책받침[辶(辵)]부/총12획
走	달릴 주	달릴주[走]부/총7획
□周	두루 주	입구[口]부/총8획
□朱	붉을 주	나무목[木]부/총6획
□酒	술 주:	닭유[酉]부/총10획
*宙	집 주:	갓머리[宀]부/총8획
*柱	기둥 주	나무목[木]부/총9획
*洲	물가 주	삼수변[氵(水)]부/총9획
*奏	아뢸 주(:)	큰대[大]부/총9획
*株	그루 주	나무목[木]부/총10획
*珠	구슬 주	구슬옥[王]부/총10획
*鑄	쇠불릴 주	쇠금[金]부/총22획
竹	대 죽	대죽[竹]부/총6획
準	준할 준:	삼수변[氵(水)]부/총13획
中	가운데 중	뚫을곤[丨]부/총4획
重	무거울 중:	마을리[里]부/총9획
衆	무리 중:	피혈[血]부/총12획
*仲	버금 중(:)	사람인변[亻(人)]부/총6획
*卽	곧 즉	병부절[卩]부/총9획
增	더할 증	흙토[土]부/총15획
□證	증거 증	말씀언[言]부/총19획
*憎	미울 증	심방변[忄(心)]부/총15획
*曾	일찍 증	날일[日]부/총12획
*症	증세 증(:)	병들녘[疒]부/총10획
*蒸	찔 증	초두[艹(艸)]부/총13획
地	땅 지	흙토[土]부/총6획
紙	종이 지	실사[糸]부/총10획
止	그칠 지	그칠지[止]부/총4획
知	알 지	화살시[矢]부/총8획
志	뜻 지	마음심[心]부/총7획
指	가리킬 지	재방변[才(手)]부/총9획
支	지탱할 지	지탱할지[支]부/총4획
至	이를 지	이를지[至]부/총6획
□持	가질 지	재방변[才(手)]부/총9획
□智	지혜/슬기 지	날일[日]부/총12획
□誌	기록할 지	말씀언[言]부/총14획
*之	갈 지	삐침별[丿]부/총4획
*池	못 지	삼수변[氵(水)]부/총6획
*枝	가지 지	나무목[木]부/총8획
直	곧을 직	눈목[目]부/총8획
職	직분 직	귀이[耳]부/총18획
□織	짤 직	실사[糸]부/총18획
眞	참 진	눈목[目]부/총10획
進	나아갈 진:	책받침[辶(辵)]부/총12획
□珍	보배 진	임금왕[王(玉)]부/총9획
□盡	다할 진:	그릇명[皿]부/총14획
□陣	진칠 진	좌부변[阝(阜)]부/총10획
*振	떨칠 진:	재방변[才(手)]부/총10획
*辰	별 진/때 신	별진[辰]부/총7획
*鎭	진압할 진(:)	쇠금[金]부/총18획
*陳	베풀/묵을 진	좌부변[阝(阜)]부/총11획
*震	우레 진:	비우[雨]부/총15획
質	바탕 질	조개패[貝]부/총15획
*疾	병 질	병들녘[疒]부/총10획
*秩	차례 질	벼화[禾]부/총10획
集	모일 집	새추[隹]부/총12획
*執	잡을 집	흙토[土]부/총11획
*徵	부를 징	두인변[彳]부/총15획
次	버금 차	하품흠[欠]부/총6획
□差	다를 차	장인공[工]부/총10획
*此	이 차	그칠지[止]부/총6획
*借	빌/빌릴 차:	사람인변[亻(人)]부/총10획
着	붙을 착	눈목[目]부/총12획
*錯	어긋날 착	쇠금[金]부/총16획
□讚	기릴 찬:	말씀언[言]부/총26획
*贊	도울 찬:	조개패[貝]부/총19획
察	살필 찰	갓머리[宀]부/총14획
參	참여할 참/석 삼	마을모[厶]부/총11획
窓	창 창	구멍혈[穴]부/총11획
唱	노래 창	입구[口]부/총11획
創	비롯할 창:	선칼도방[刂(刀)]부/총12획
*倉	곳집 창	사람인[人]부/총10획
*昌	창성할 창(:)	날일[日]부/총8획
*蒼	푸를 창	초두[艹(艸)]부/총13획
□採	캘 채:	재방변[才(手)]부/총11획
*彩	채색 채:	터럭삼[彡]부/총11획
*菜	나물 채:	초두[艹(艸)]부/총11획
*債	빚 채:	사람인변[亻(人)]부/총13획
責	꾸짖을 책	조개패[貝]부/총11획
□冊	책 책	멀경[冂]부/총5획
*策	꾀 책	대죽[竹]부/총12획
處	곳 처:	범호밑[虍]부/총11획
*妻	아내 처	계집녀[女]부/총8획
*尺	자 척	주검시[尸]부/총4획
*戚	친척 척	창과[戈]부/총11획
*拓	넓힐척/박을 탁	재방변[才(手)]부/총8획
千	일천 천	열십[十]부/총3획
天	하늘 천	큰대[大]부/총4획
川	내 천	개미허리[巛]부/총3획
□泉	샘 천	물수[水]부/총9획
*淺	얕을 천:	삼수변[氵(水)]부/총11획
*賤	천할 천:	조개패[貝]부/총15획
*踐	밟을 천:	발족[足]부/총15획
*遷	옮길 천:	책받침[辶(辵)]부/총15획
鐵	쇠 철	쇠금[金]부/총21획
*哲	밝을 철	입구[口]부/총10획
*徹	통할 철	두인변[彳]부/총15획
靑	푸를 청	푸를청[靑]부/총8획

淸	맑을 청 / 삼수변[氵(水)]부/총11획	就	나아갈 취: / 절름발이왕[尤]부/총12획	太	클 태 / 큰대[大]부/총4획	,*肺	허파 폐: / 육달월[月(肉)]부/총9획
請	청할 청 / 말씀언[言]부/총15획	趣	뜻 취: / 달릴주[走]부/총15획	態	모습 태: / 마음심[心]부/총14획	*廢	폐할/버릴 폐: / 집엄[广]부/총15획
□聽	들을 청 / 귀이[耳]부/총22획	*吹	불 취: / 입구[口]부/총7획	*殆	거의 태 / 죽을사변[歹]부/총9획	包	쌀 포: / 쌀포[勹]부/총5획
□廳	관청 청 / 집엄[广]부/총25획	*醉	취할 취: / 닭유[酉]부/총15획	*泰	클 태 / 물수변형[氺(水)]부/총10획	布	베/펼 포/보시 보(:) / 수건건[巾]부/총5획
體	몸 체 / 뼈골[骨]부/총23획	測	헤아릴 측 / 삼수변[氵(水)]부/총12획	□宅	집 택/집 댁 / 갓머리[宀]부/총6획	砲	대포 포: / 돌석[石]부/총10획
*滯	막힐 체 / 삼수변[氵(水)]부/총13획	*側	곁 측 / 사람인변[亻(人)]부/총11획	擇	가릴 택 / 재방변[扌(手)]부/총16획	胞	세포 포 / 육달월[月(肉)]부/총9획
草	풀 초 / 초두[艹(艸)]부/총9획	□層	층 층 / 주검시[尸]부/총15획	*澤	못 택 / 삼수변[氵(水)]부/총16획	*浦	개(水邊) 포 / 삼수변[氵(水)]부/총10획
初	처음 초 / 칼도[刀]부/총7획	致	이를 치: / 이를지[至]부/총10획	土	흙 토 / 흙토[土]부/총3획	*捕	잡을 포: / 재방변[扌(手)]부/총10획
□招	부를 초 / 재방변[扌(手)]부/총8획	治	다스릴 치 / 삼수변[氵(水)]부/총8획	□討	칠 토: / 말씀언[言]부/총10획	暴	사나울 폭/모질 포: / 날일[日]부/총15획
*礎	주춧돌 초 / 돌석[石]부/총18획	置	둘 치: / 그물망[罒(网)]부/총13획	*兔	토끼 토 / 어진사람인[儿]부/총8획	□爆	불터질 폭 / 불화[火]부/총19획
*肖	닮을 초 / 육달월[月(肉)]부/총7획	齒	이 치 / 이치[齒]부/총15획	*吐	토할 토 / 입구[口]부/총6획	表	겉 표 / 옷의[衣]부/총8획
*超	뛰어넘을 초 / 달릴주[走]부/총12획	*値	값 치 / 사람인변[亻(人)]부/총10획	通	통할 통 / 책받침[辶(辵)]부/총11획	票	표 표 / 보일시[示]부/총11획
*促	재촉할 촉 / 사람인변[亻(人)]부/총9획	*恥	부끄러울 치 / 마음심[心]부/총10획	統	거느릴/합칠 통: / 실사[糸]부/총12획	□標	표할 표 / 나무목[木]부/총15획
*觸	닿을 촉 / 뿔각[角]부/총20획	*稚	어릴 치 / 벼화[禾]부/총13획	□痛	아플 통: / 병들녘[疒]부/총12획	品	물건 품: / 입구[口]부/총9획
寸	마디 촌: / 마디촌[寸]부/총3획	則	법칙 칙/곧 즉 / 선칼도방[刂(刀)]부/총9획	退	물러날 퇴: / 책받침[辶(辵)]부/총10획	風	바람 풍 / 바람풍[風]부/총9획
村	마을 촌: / 나무목[木]부/총7획	親	친할/어버이 친 / 볼견[見]부/총16획	投	던질 투 / 재방변[扌(手)]부/총7획	豊	풍년 풍 / 콩두[豆]부/총13획
總	다(皆) 총: / 실사[糸]부/총17획	七	일곱 칠 / 한일[一]부/총2획	*鬪	싸움 투 / 싸움투[鬥]부/총20획	*楓	단풍 풍 / 나무목[木]부/총13획
銃	총 총 / 쇠금[金]부/총14획	*漆	옻 칠 / 삼수변[氵(水)]부/총14획	*透	사무칠 투 / 책받침[辶(辵)]부/총11획	□疲	피곤할 피 / 병들녘[疒]부/총10획
最	가장 최: / 가로왈[曰]부/총12획	侵	침노할 침 / 사람인변[亻(人)]부/총9획	特	특별할 특 / 소우[牛]부/총10획	□避	피할 피: / 책받침[辶(辵)]부/총17획
*催	재촉할 최: / 사람인변[亻(人)]부/총13획	□寢	잠잘 침: / 갓머리[宀]부/총14획	波	물결 파 / 삼수변[氵(水)]부/총8획	*彼	저 피: / 두인변[彳]부/총8획
秋	가을 추: / 벼화[禾]부/총9획	□針	바늘 침(:) / 쇠금[金]부/총10획	破	깨뜨릴 파: / 돌석[石]부/총10획	*皮	가죽 피 / 가죽피[皮]부/총5획
□推	밀 추/밀 퇴 / 재방변[扌(手)]부/총11획	*沈	잠길 침/성 심: / 삼수변[氵(水)]부/총7획	□派	갈래 파 / 삼수변[氵(水)]부/총9획	*被	입을 피: / 옷의[衤(衣)]부/총10획
*追	쫓을/따를 추 / 책받침[辶(辵)]부/총10획	*浸	잠길 침: / 삼수변[氵(水)]부/총10획	板	널 판 / 나무목[木]부/총8획	必	반드시 필 / 마음심[心]부/총5획
祝	빌 축 / 보일시[示]부/총10획	□稱	일컬을 칭 / 벼화[禾]부/총14획	□判	판단할 판 / 선칼도방[刂(刀)]부/총7획	筆	붓 필 / 대죽[竹]부/총12획
築	쌓을 축 / 대죽[竹]부/총16획	快	쾌할 쾌 / 심방변[忄(心)]부/총7획	*版	판목 판 / 조각편[片]부/총8획	*畢	마칠 필 / 밭전[田]부/총11획
蓄	모을 축 / 초두[艹(艸)]부/총13획	他	다를 타 / 사람인변[亻(人)]부/총5획	八	여덟 팔 / 여덟팔[八]부/총2획	下	아래 하: / 한일[一]부/총3획
□縮	줄일 축 / 실사[糸]부/총17획	打	칠 타: / 재방변[扌(手)]부/총5획	敗	패할 패: / 등글월문[攵(攴)]부/총11획	夏	여름 하: / 뒤져올치[夊]부/총10획
*畜	짐승 축 / 밭전[田]부/총10획	卓	높을 탁 / 열십[十]부/총8획	便	편할 편/똥오줌 변 / 사람인변[亻(人)]부/총9획	河	물 하 / 삼수변[氵(水)]부/총8획
春	봄 춘 / 날일[日]부/총9획	炭	숯 탄: / 불화[火]부/총9획	篇	책 편 / 대죽[竹]부/총15획	*何	어찌 하: / 사람인변[亻(人)]부/총7획
出	날 출 / 입벌릴감[凵]부/총5획	□彈	탄알 탄: / 활궁[弓]부/총15획	*片	조각 편(:) / 조각편[片]부/총4획	*賀	하례할 하: / 조개패[貝]부/총12획
充	채울 충 / 어진사람인[儿]부/총6획	□歎	탄식할 탄: / 하품흠[欠]부/총15획	*偏	치우칠 편 / 사람인변[亻(人)]부/총11획	*荷	멜 하(:) / 초두[艹(艸)]부/총9획
忠	충성 충 / 마음심[心]부/총8획	□脫	벗을 탈 / 육달월[月(肉)]부/총11획	*編	엮을 편 / 실사[糸]부/총15획	學	배울 학 / 아들자[子]부/총16획
蟲	벌레 충 / 벌레충[虫]부/총18획	*奪	빼앗을 탈 / 큰대[大]부/총14획	平	평평할 평 / 방패간[干]부/총5획	*鶴	학(두루미) 학 / 새조[鳥]부/총21획
*衝	찌를 충 / 다닐행[行]부/총15획	□探	찾을 탐 / 재방변[扌(手)]부/총11획	□評	평할 평: / 말씀언[言]부/총12획	韓	한국/나라 한(:) / 가죽위[韋]부/총17획
取	가질 취: / 또우[又]부/총8획	*塔	탑 탑 / 흙토[土]부/총12획	閉	닫을 폐: / 문문[門]부/총11획	漢	한나라/중국 한: / 삼수변[氵(水)]부/총14획
		*湯	끓을 탕: / 삼수변[氵(水)]부/총12획	*弊	폐단/해질 폐: / 받쳐들공[廾]부/총15획	寒	찰 한 / 갓머리[宀]부/총12획

	限	한할(한정할) 한	좌부변[阝(阜)]부/총9획
□	恨	한(怨) 한	심방변[忄(心)]부/총9획
□	閑	한가할 한:	문문[門]부/총12획
*	汗	땀 한(:)	삼수변[氵(水)]부/총6획
*	割	벨 할	선칼도방[刂(刀)]부/총12획
*	含	머금을 함	입구[口]부/총7획
*	陷	빠질 함:	좌부변[阝(阜)]부/총11획
	合	합할 합	입구[口]부/총6획
	港	항구 항:	삼수변[氵(水)]부/총12획
	航	배 항:	배주[舟]부/총10획
□	抗	겨룰 항:	재방변[扌(手)]부/총7획
*	恒	항상 항	심방변[忄(心)]부/총9획
*	項	항목 항:	머리혈[頁]부/총12획
	海	바다 해:	삼수변[氵(水)]부/총10획
	害	해할 해:	갓머리[宀]부/총10획
	解	풀 해:	뿔각[角]부/총13획
□	核	씨 핵	나무목[木]부/총10획
	幸	다행 행:	방패간[干]부/총8획
	行	다닐 행:/항렬 항	다닐행[行]부/총6획
	向	향할 향:	입구[口]부/총6획
	鄕	시골 향:	우부방[阝(邑)]부/총13획
	香	향기 향	향기향[香]부/총9획
*	響	울릴 향:	소리음[音]부/총22획
	許	허락할 허	말씀언[言]부/총11획
	虛	빌 허	범호밑[虍]부/총12획
□	憲	법 헌:	마음심[心]부/총16획
*	獻	드릴 헌:	개견[犬]부/총20획
	驗	시험할 험:	말마[馬]부/총23획
□	險	험할 험:	좌부변[阝(阜)]부/총16획
□	革	가죽 혁	가죽혁[革]부/총9획
	現	나타날 현:	임금왕[王(玉)]부/총11획
	賢	어질현:	조개패[貝]부/총15획
□	顯	나타날 현:	머리혈[頁]부/총23획
*	懸	매달 현:	마음심[心]부/총20획
*	玄	검을 현	검을현[玄]부/총5획
	血	피 혈:	피혈[血]부/총6획
*	穴	굴 혈	구멍혈[穴]부/총5획
*	協	화할 협	열십[十]부/총8획
*	脅	위협할 협	육달월[月(肉)]부/총10획
*	兄	맏 형	어진사람인[儿]부/총5획
	形	모양 형	터럭삼[彡]부/총7획
□	刑	형벌 형:	선칼도방[刂(刀)]부/총6획
*	衡	저울대 형	다닐행[行]부/총16획
	惠	은혜 혜:	마음심[心]부/총12획
*	慧	슬기로울 혜:	마음심[心]부/총15획
	號	이름 호(:)	범호밑[虍]부/총13획
	湖	호수 호	삼수변[氵(水)]부/총12획
	呼	부를 호	입구[口]부/총8획
	好	좋을 호:	계집녀[女]부/총6획
	戶	집 호:	지게호[戶]부/총4획
	護	도울 호:	말씀언[言]부/총20획
*	浩	넓을 호:	삼수변[氵(水)]부/총10획
*	胡	되(狄) 호	육달월[月(肉)]부/총9획
*	虎	범 호(:)	범호밑[虍]부/총8획
*	豪	호걸 호	돼지시[豕]부/총14획
□	或	혹 혹	창과[戈]부/총8획
*	惑	미혹할 혹	마음심[心]부/총12획
□	婚	혼인할 혼	계집녀[女]부/총11획
□	混	섞을 혼:	삼수변[氵(水)]부/총11획
*	魂	넋 혼	귀신귀[鬼]부/총14획
*	忽	갑자기 홀	마음심[心]부/총8획
	紅	붉을 홍	실사[糸]부/총9획
*	洪	넓을 홍	삼수변[氵(水)]부/총9획
	火	불 화:	불화[火]부/총4획
	花	꽃 화	초두[艹(艸)]부/총7획
	話	말씀 화	말씀언[言]부/총13획
	和	화할 화	입구[口]부/총8획
	畵	그림 화(:)/그을 획	발전[田]부/총12획
	化	될 화(:)	비수비[匕]부/총4획
	貨	재물 화:	조개패[貝]부/총11획
□	華	빛날 화	초두[艹(艸)]부/총11획
*	禍	재앙 화:	보일시[示]부/총14획
	確	굳을 확	돌석[石]부/총15획
	患	근심 환:	마음심[心]부/총11획
□	歡	기뻐할 환	하품흠[欠]부/총21획
□	環	고리 환	임금왕[王(玉)]부/총17획
*	換	바꿀 환:	재방변[扌(手)]부/총12획
*	還	돌아올 환	책받침[辶(辵)]부/총17획
	活	살 활	삼수변[氵(水)]부/총9획
	黃	누를 황	누를황[黃]부/총12획
□	況	상황 황:	삼수변[氵(水)]부/총8획
*	皇	임금 황	흰백[白]부/총9획
*	荒	거칠 황	초두[艹(艸)]부/총9획
	會	모일 회:	가로왈[曰]부/총13획
	回	돌 회	에울위[囗]부/총6획
□	灰	재 회	불화[火]부/총6획
*	悔	뉘우칠 회:	심방변[忄(心)]부/총10획
*	懷	품을 회	심방변[忄(心)]부/총19획
*	劃	그을 획	선칼도방[刂(刀)]부/총14획
*	獲	얻을 획	개사슴록변[犭(犬)]부/총16획
*	橫	가로 횡	나무목[木]부/총16획
	孝	효도 효:	아들자[子]부/총7획
	效	본받을 효:	등글월문[攵(攴)]부/총10획
	後	뒤 후:	두인변[彳]부/총9획
□	候	기후 후:	사람인변[亻(人)]부/총10획
□	厚	두터울 후:	굴바위엄[厂]부/총9획
	訓	가르칠 훈:	말씀언[言]부/총10획
□	揮	휘두를 휘	재방변[扌(手)]부/총12획
	休	쉴 휴	사람인변[亻(人)]부/총6획
	凶	흉할 흉	일벌릴감[凵]부/총4획
*	胸	가슴 흉	육달월[月(肉)]부/총10획
	黑	검을 흑	검을흑[黑]부/총12획
	吸	마실 흡	입구[口]부/총7획
	興	일(盛)/기뻐할 흥	절구구[臼]부/총16획
	希	바랄 희	수건건[巾]부/총7획
□	喜	기쁠 희	입구[口]부/총12획
*	稀	드물 희:	벼화[禾]부/총12획
*	戱	놀이 희	창과[戈]부/총16획

⊠ 섞음한자 사용법 ━━━━━

섞음漢字를 사용하는 목적은 배정漢字 과정을 끝냈지만, 아직 암기되지 못한 漢字들을 무작위로 섞어서 읽을 수 있게 함으로써 확실하게 머리 속에 암기하기 위한 것이다. 다시 말하자면, 배정漢字 완결판이라고 할 수 있다.

배정한자는 가, 나, 다 순으로 나열되어 있어서 입담으로 읽기는 쉽지만 그 글자들이 漢字 급수시험이나 다른 책, 신문, 기타 출판물에 실려있을 땐 읽지 못한 경우가 허다하다. 그러나 섞음漢字 과정을 끝내면 그런 일은 없을 것이다.

❖ 사용법 ❖

1 반드시 5쪽부터의 배정漢字 1,500字 과정을 적당히 써보고 읽을 줄 안 다음 '섞음漢字' 과정을 시작합니다. '섞음漢字'를 익힐 때는 가로, 세로, 모두 잘 읽을 수 있도록 연습합니다. 섞음漢字 속에서 모르는 글자는 번호를 확인하여 섞음漢字訓音표에서 찾아 암기하도록 합니다. 검사할 때 틀린 글자는 세 번씩 쓰고 암기토록 합니다. 讀音쓰기와 訓·音쓰기를 할 때도 필요하다고 느낄 때는 몇 차례 더 해줌으로써 '완전하다' 하겠습니다. 시간적 여건이 된다면 마무리단계에서 '섞음漢字'를 가위로 잘라서 암기하면 더욱 좋습니다.

2 17쪽 '섞음漢字훈음표'에 적힌 번호와 19쪽 '섞음漢字'에 적힌 번호는 서로 같으므로 섞음漢字속의 모르는 글자는 섞음漢字훈음표를 보고 찾아 확인할 수 있습니다.

3 '섞음漢字'를 무난하게 끝낸 학생은 27쪽 '반의결합어'부터 차근차근 해나갑니다. 그러나 '섞음漢字' 과정을 무난히 끝내는데 어려움을 느끼는 학생이 어쩌다가 있을 수 있습니다. 이런 학생은 27쪽 '반의결합어'부터 해나가면서 '섞음漢字'도 함께 해 나갑니다. 이렇게 해서 50쪽 '略字'까지 끝나면 '섞음漢字'를 다시 검사하고 미흡하면 집중적으로 해서 끝낸 다음, '각 유형별 문제익히기', '예상문제', '기출·예상문제'를 풉니다. 섞음漢字 사용은 시험 직전까지도 절대 필요합니다.

4 모든 학생의 경우 예상문제를 풀어가는 도중에도 독음과 훈음문제를 합해서 4문제 이상 틀릴 때는 '섞음漢字' 검사를 해주면 만족할만한 성과를 올릴 수 있습니다.

어문회 3급 II '섞음漢字' 訓·音표 (배정漢字 500字)

※ 여기 訓·音표에 쓰인 번호와 뒷쪽부분 '섞음漢字'에 쓰인 번호가 같으므로 '섞음漢字'를 익힐 때에 모르는 글자는 번호를 찾아 확인하여 암기합니다.

1 佳 아름다울 가	26 硬 굳을 경	51 較 견줄 교	76 奴 종 노	101 浪 물결 랑	126 率 비율 률 거느릴 솔	151 慕 그리워할 모	176 伯 맏 백	201 婢 계집종 비	226 恕 용서할 서
2 架 시렁 가	27 械 기계 계	52 巧 공교할 교	77 腦 골 뇌 뇌수 뇌	102 郞 사내 랑	127 隆 높을 륭	152 謀 꾀 모	177 繁 번성할 번	202 卑 낮을 비	227 徐 천천할 서
3 閣 집 각	28 契 맺을 계	53 拘 잡을 구	78 泥 진흙 니	103 涼 서늘할 량	128 吏 관리 리 벼슬아치 리	153 貌 모양 모	178 凡 무릇 범	203 肥 살찔 비	228 釋 풀 석 놓을 석
4 脚 다리 각	29 啓 열 계	54 久 오랠 구	79 茶 차 다 차 차	104 梁 들보 량 돌다리 량	129 履 밟을 리	154 睦 화목할 목	179 碧 푸를 벽	204 妃 왕비 비	229 惜 아낄 석
5 肝 간 간	30 溪 시내 계	55 丘 언덕 구	80 旦 아침 단	105 勵 힘쓸 려	130 裏 속 리	155 沒 빠질 몰	180 丙 남녘 병 세번째천간 병	205 邪 간사할 사	230 旋 돌 선
6 懇 간절할 간	31 桂 계수나무 계	56 菊 국화 국	81 但 다만 단	106 曆 책력 력	131 臨 임할 림	156 夢 꿈 몽	181 補 기울 보	206 詞 말 사	231 禪 선 선
7 刊 새길 간	32 鼓 북 고	57 弓 활 궁	82 丹 붉을 단	107 戀 그리워할 련	132 磨 갈 마	157 蒙 어릴 몽	182 譜 족보 보	207 司 맡을 사	232 蘇 되살아날 소
8 幹 줄기 간	33 姑 시어미 고	58 菌 버섯 균	83 淡 맑을 담	108 鍊 쇠불릴 련 단련할 련	133 麻 삼 마	158 貿 무역할 무	183 腹 배 복	208 沙 모래 사	233 訴 호소할 소
9 鑑 거울 감 거울삼을 감	34 稿 원고 고 볏짚 고	59 拳 주먹 권	84 踏 밟을 답	109 聯 연이을 련	134 漠 넓을 막	159 茂 무성할 무	184 覆 덮을 부 다시 복	209 祀 제사 사	234 疏 소통할 소 멀 소
10 剛 굳셀 강	35 哭 울 곡	60 鬼 귀신 귀	85 唐 당나라 당 당황할 당	110 蓮 연꽃 련	135 幕 장막 막	160 墨 먹 묵	185 峯 봉우리 봉	210 斜 비낄 사	235 燒 사를 소
11 綱 벼리 강	36 谷 골 곡	61 克 이길 극	86 糖 엿 당	111 裂 찢어질 렬	136 莫 없을 막	161 默 잠잠할 묵	186 封 봉할 봉	211 蛇 긴뱀 사	236 訟 송사할 송
12 鋼 강철 강	37 恭 공손할 공	62 琴 거문고 금	87 臺 대 대	112 嶺 고개 령	137 妄 망령될 망	162 紋 무늬 문	187 逢 만날 봉	212 削 깎을 삭	237 刷 인쇄할 쇄
13 介 낄 개	38 恐 두려울 공	63 錦 비단 금	88 貸 빌릴 대	113 靈 신령 령	138 梅 매화 매	163 勿 말 물	188 鳳 봉새 봉	213 森 수풀 삼	238 鎖 쇠사슬 쇄
14 概 대개 개	39 貢 바칠 공	64 禽 새 금	89 途 길 도	114 爐 화로 로	139 媒 중매 매	164 微 작을 미	189 簿 문서 부	214 像 모양 상	239 衰 쇠할 쇠
15 蓋 덮을 개	40 供 이바지할 공	65 及 미칠 급	90 陶 질그릇 도	115 露 이슬 로	140 麥 보리 맥	165 尾 꼬리 미	190 付 부칠 부	215 詳 자세할 상	240 需 쓰일 수
16 距 상거할 거	41 誇 자랑할 과	66 畿 경기 기	91 刀 칼 도	116 祿 녹 록	141 孟 맏 맹	166 薄 엷을 박	191 符 부호 부 부신 부	216 裳 치마 상	241 殊 다를 수
17 乾 하늘 건 마를 건	42 寡 적을 과	67 企 꾀할 기	92 渡 건널 도	117 弄 희롱할 롱	142 盟 맹세 맹	167 迫 핍박할 박	192 附 붙을 부	217 霜 서리 상	242 隨 따를 수
18 劍 칼 검	43 冠 갓 관	68 祈 빌 기	93 倒 넘어질 도	118 賴 의뢰할 뢰	143 猛 사나울 맹	168 般 가지 반 일반 반	193 扶 도울 부	218 尚 오히려 상 숭상할 상	243 輸 보낼 수
19 隔 사이뜰 격	44 貫 꿸 관	69 其 그 기	94 桃 복숭아 도	119 雷 우레 뢰	144 盲 소경 맹 눈멀 맹	169 飯 밥 반	194 浮 뜰 부	219 喪 잃을 상 죽을 상	244 帥 장수 수
20 訣 이별할 결	45 寬 너그러울 관	70 騎 말탈 기	95 突 갑자기 돌	120 樓 다락 루	145 綿 솜 면	170 盤 소반 반 쟁반 반	195 賦 부세 부	220 償 갚을 상	245 獸 짐승 수
21 謙 겸손할 겸	46 慣 익숙할 관	71 緊 긴할 긴	96 凍 얼 동	121 累 여러 루 자주 루	146 眠 잘 면	171 拔 뽑을 발	196 腐 썩을 부	221 桑 뽕나무 상	246 愁 근심 수
22 兼 겸할 겸	47 館 집 관	72 諾 허락할 낙	97 絡 얽힐 락 이을 락	122 漏 샐 루	147 免 면할 면	172 芳 꽃다울 방	197 奔 달릴 분	222 索 찾을 색 새끼줄 삭	247 壽 목숨 수
23 頃 이랑 경 잠깐 경	48 狂 미칠 광	73 娘 계집 낭	98 欄 난간 란	123 陵 언덕 릉	148 蔑 업신여길 멸	173 輩 무리 배	198 奮 떨칠 분	223 塞 막힐 색 변방 새	248 垂 드리울 수
24 耕 밭갈 경	49 怪 괴이할 괴	74 耐 견딜 내	99 蘭 난초 란	124 倫 인륜 륜	149 滅 멸할 멸 꺼질 멸	174 排 밀칠 배	199 紛 어지러울 분	224 署 마을 서 관청 서	249 熟 익을 숙
25 徑 지름길 경 길 경	50 壞 무너질 괴	75 寧 편안할 녕	100 廊 사랑채 랑 행랑 랑	125 栗 밤 률	150 銘 새길 명	175 培 북돋을 배	200 拂 떨칠 불	225 緒 실마리 서	250 淑 맑을 숙

※ 여기 訓·音표에 쓰인 번호와 뒷쪽부분 '섞음漢字'에 쓰인 번호가 같으므로 '섞음漢字'를 익힐 때에 모르는 글자는 번호를 찾아 확인하여 암기합니다.

번호	漢字	訓·音	번호	漢字	訓·音
251	瞬	눈깜짝일 순	376	宙	집 주
252	巡	돌 순, 수행할 순	377	鑄	쇠불릴 주
253	旬	열흘 순	378	奏	아뢸 주
254	述	펼 술	379	珠	구슬 주
255	襲	엄습할 습	380	株	그루 주
256	拾	주을 습, 열 십	381	仲	버금 중
257	濕	젖을 습	382	卽	곧 즉
258	昇	오를 승	383	憎	미울 증
259	僧	중 승	384	症	증세 증
260	乘	탈 승	385	蒸	찔 증
261	侍	모실 시	386	曾	일찍 증
262	飾	꾸밀 식	387	池	연못 지
263	愼	삼갈 신	388	之	갈 지
264	審	살필 심	389	枝	가지 지
265	甚	심할 심	390	振	떨칠 진
266	雙	두 쌍 쌍	391	陳	베풀 진, 묵을 진
267	雅	맑을 아	392	鎭	진압할 진
268	亞	버금 아	393	辰	별 진, 때 신
269	阿	언덕 아	394	震	우레 진
270	我	나 아	395	疾	병 질
271	牙	어금니 아	396	秩	차례 질
272	芽	싹 아	397	執	잡을 집
273	岸	언덕 안	398	徵	부를 징
274	顔	낯 안	399	此	이 차
275	巖	바위 암	400	借	빌 차, 빌릴 차
276	央	가운데 앙	401	錯	어긋날 착
277	仰	우러를 앙	402	贊	도울 찬
278	哀	슬플 애	403	倉	곳집 창
279	若	같을 약, 반야 야	404	昌	창성할 창
280	壤	흙덩이 양	405	蒼	푸를 창
281	揚	날릴 양	406	彩	채색 채
282	讓	사양할 양	407	菜	나물 채
283	御	거느릴 어	408	債	빚 채
284	抑	누를 억	409	策	꾀 책
285	憶	생각할 억	410	妻	아내 처
286	譯	번역할 역	411	拓	넓힐 척, 박을 탁
287	役	부릴 역	412	戚	친척 척
288	驛	역 역	413	尺	자 척
289	亦	또 역	414	踐	밟을 천
290	疫	전염병 역	415	賤	천할 천
291	沿	물따라갈 연	416	淺	얕을 천
292	軟	연할 연	417	遷	옮길 천
293	宴	잔치 연	418	哲	밝을 철
294	燕	제비 연	419	徹	통할 철
295	悅	기쁠 열	420	滯	막힐 체
296	染	물들 염	421	肖	닮을 초
297	鹽	소금 염	422	超	뛰어넘을 초
298	炎	불꽃 염	423	礎	주춧돌 초
299	影	그림자 영	424	觸	닿을 촉
300	譽	기릴 예, 명예 예	425	促	재촉할 촉
301	烏	까마귀 오	426	催	재촉할 최
302	悟	깨달을 오	427	追	쫓을 추, 따를 추
303	獄	옥(감옥) 옥	428	畜	짐승 축
304	瓦	기와 와	429	衝	찌를 충
305	緩	느릴 완	430	醉	취할 취
306	辱	욕될 욕	431	吹	불 취
307	慾	욕심 욕	432	側	곁 측
308	欲	하고자할 욕	433	値	값 치
309	愚	어리석을 우	434	恥	부끄러울 치
310	偶	짝 우	435	稚	어릴 치
311	憂	근심 우	436	沈	잠길 침, 성 심
312	宇	집 우	437	漆	옷 칠
313	羽	깃 우	438	浸	잠길 침
314	韻	운 운	439	奪	빼앗을 탈
315	越	넘을 월	440	塔	탑 탑
316	謂	이를 위	441	湯	끓을 탕
317	僞	거짓 위	442	殆	거의 태
318	胃	밥통 위	443	泰	클 태
319	幽	그윽할 유	444	澤	못 택
320	誘	꾈 유	445	兎	토끼 토
321	裕	넉넉할 유	446	吐	토할 토
322	悠	멀 유	447	透	사무칠 투
323	維	벼리 유	448	版	판목 판
324	柔	부드러울 유	449	片	조각 편
325	幼	어릴 유	450	編	엮을 편
326	猶	오히려 유	451	偏	치우칠 편
327	潤	불을 윤	452	弊	폐단 폐, 해질 폐
328	乙	새 을	453	肺	허파 폐
329	淫	음란할 음	454	廢	폐할 폐, 버릴 폐
330	已	이미 이	455	浦	개 포
331	翼	날개 익	456	捕	잡을 포
332	忍	참을 인	457	楓	단풍 풍
333	逸	편안할 일	458	被	입을 피
334	壬	북방 임, 아홉째천간 임	459	皮	가죽 피
335	賃	품삯 임, 세낼 임	460	彼	저 피
336	慈	사랑 자	461	畢	마칠 필
337	刺	찌를 자, 찌를 척	462	何	어찌 하
338	紫	자줏빛 자	463	賀	하례할 하
339	潛	잠길 잠	464	荷	멜 하
340	暫	잠깐 잠	465	鶴	두루미 학
341	藏	감출 장	466	汗	땀 한
342	粧	단장할 장	467	割	벨 할
343	掌	손바닥 장	468	含	머금을 함
344	莊	엄할 장	469	陷	빠질 함
345	丈	어른 장	470	項	항목 항
346	臟	오장 장	471	恒	항상 항
347	葬	장사지낼 장	472	響	울릴 향
348	載	실을 재	473	獻	드릴 헌
349	裁	옷마를 재	474	玄	검을 현
350	栽	심을 재	475	懸	달 현
351	抵	막을 저	476	穴	굴 혈
352	著	나타날 저	477	脅	위협할 협
353	寂	고요할 적	478	衡	저울대 형
354	摘	딸 적	479	慧	슬기로울 혜
355	跡	발자취 적	480	浩	넓을 호
356	蹟	자취 적	481	胡	오랑캐 호, 되 호
357	笛	피리 적	482	豪	호걸 호
358	殿	전각 전	483	虎	범 호
359	漸	점점 점	484	惑	미혹할 혹
360	亭	정자 정	485	魂	넋 혼
361	廷	조정 정	486	忽	갑자기 홀
362	征	칠 정	487	洪	넓을 홍, 큰물 홍
363	貞	곧을 정	488	禍	재앙 화
364	淨	깨끗할 정	489	還	돌아올 환
365	井	우물 정	490	換	바꿀 환
366	頂	정수리 정	491	皇	임금 황
367	齊	가지런할 제	492	荒	거칠 황
368	諸	모두 제	493	胸	가슴 흉
369	照	비칠 조	494	悔	뉘우칠 회
370	兆	억조 조	495	懷	품을 회
371	租	조세 조	496	劃	그을 획
372	縱	세로 종	497	獲	얻을 획
373	坐	앉을 좌	498	橫	가로 횡
374	柱	기둥 주	499	戱	놀이 희
375	洲	물가 주	500	稀	드물 희

◇3級Ⅱ 석음한자 500字 가型

畢 461	鬼 60	壬 334	貢 39	垂 248	譽 300	賦 195	削 212	幹 8	沒 155
沈 436	述 254	項 470	之 388	琴 62	貸 88	淫 329	懸 475	阿 269	索 222
封 186	玄 474	館 47	雷 119	荷 464	絡 97	謂 316	糖 86	礎 423	懷 495
償 220	粧 342	彩 406	懇 6	漸 359	契 28	澤 444	緒 225	弓 57	掌 343
笛 357	麥 141	綿 146	側 432	跡 355	奮 198	拳 59	賤 415	刷 237	冠 43
尺 413	畜 428	遷 417	瞬 251	孟 142	淨 364	恐 38	邪 205	熟 249	廷 361
陳 391	越 315	菌 58	付 190	偏 451	睦 154	徹 419	兼 22	紫 338	塞 223
幕 136	蹟 356	猶 326	妄 138	豪 482	劍 18	磨 132	獲 497	鳳 188	奔 197
韻 314	莊 344	禍 488	刀 91	猛 144	丹 82	倒 93	距 16	牙 271	劃 496
賴 118	旋 230	謀 152	貌 153	巖 275	樓 120	腦 77	觸 424	裁 349	珠 379
兎 445	池 387	頂 366	繁 177	宴 293	仰 277	浦 455	淺 416	著 352	肥 203
郞 102	碧 179	已 330	久 54	抵 351	肖 421	衰 239	貞 363	何 462	隨 242
襲 255	露 115	脅 477	簿 189	臨 131	蛇 211	寂 353	央 276	超 422	夢 156

沒 ◇155	幹 ◇8	削 ◇212	賦 ◇195	譽 ◇300	垂 ◇248	貢 ◇39	壬 ◇334	鬼 ◇60	畢 ◇461
索 ◇222	阿 ◇269	懸 ◇475	淫 ◇329	貸 ◇88	琴 ◇62	之 ◇388	項 ◇470	述 ◇254	沈 ◇436
懷 ◇495	礎 ◇423	糖 ◇86	謂 ◇316	絡 ◇97	荷 ◇464	雷 ◇119	館 ◇47	玄 ◇474	封 ◇186
掌 ◇343	弓 ◇57	緒 ◇225	澤 ◇444	契 ◇28	漸 ◇359	懇 ◇6	彩 ◇406	粧 ◇342	償 ◇220
冠 ◇43	刷 ◇237	賤 ◇415	拳 ◇59	奮 ◇198	跡 ◇355	側 ◇432	綿 ◇146	麥 ◇141	笛 ◇357
廷 ◇361	熟 ◇249	邪 ◇205	恐 ◇38	淨 ◇364	孟 ◇142	瞬 ◇251	遷 ◇417	畜 ◇428	尺 ◇413
塞 ◇223	紫 ◇338	兼 ◇22	徹 ◇419	睦 ◇154	偏 ◇451	付 ◇190	菌 ◇58	越 ◇315	陳 ◇391
奔 ◇197	鳳 ◇188	獲 ◇497	磨 ◇132	劍 ◇18	豪 ◇482	妄 ◇138	猶 ◇326	蹟 ◇356	幕 ◇136
劃 ◇496	牙 ◇271	距 ◇16	倒 ◇93	丹 ◇82	猛 ◇144	刀 ◇91	禍 ◇488	莊 ◇344	韻 ◇314
珠 ◇379	裁 ◇349	觸 ◇424	腦 ◇77	樓 ◇120	巖 ◇275	貌 ◇153	謀 ◇152	旋 ◇230	賴 ◇118
肥 ◇203	著 ◇352	淺 ◇416	浦 ◇455	仰 ◇277	宴 ◇293	繁 ◇177	頂 ◇366	池 ◇387	兎 ◇445
隨 ◇242	何 ◇462	貞 ◇363	衰 ◇239	肖 ◇421	抵 ◇351	久 ◇54	已 ◇330	碧 ◇179	郞 ◇102
夢 ◇156	超 ◇422	央 ◇276	寂 ◇353	蛇 ◇211	臨 ◇131	簿 ◇189	脅 ◇477	露 ◇115	襲 ◇255

※현 상태에서 가로와 세로를 좇아서 읽기를 반복하여 거의 읽을 수 있도록 합니다. (대각선으로 읽어도 됨)
　여기 '섞음漢字'에 쓰인 번호와 앞부분에 있는 '섞음漢字 訓音표'와 번호가 같으므로 틀린 글자는 확인하여 3번씩 쓰고 암기합니다.
※시험에 임박해서는 최종적으로 가위로 잘라서 검사하면 가장 효과적입니다.

尾	衡	洪	喪	奏	戀	訟	卽	吏	燒
◇165	◇478	◇487	◇219	◇378	◇107	◇236	◇382	◇128	◇235
漠	拾	訣	附	抑	壤	芽	賃	稀	亭
◇135	◇256	◇20	◇192	◇284	◇280	◇272	◇335	◇500	◇360
詳	肝	策	割	弊	廢	曆	械	鍊	但
◇215	◇5	◇409	◇467	◇452	◇454	◇106	◇27	◇108	◇81
率	哀	醉	及	丙	供	鎭	振	殆	妻
◇126	◇278	◇430	◇65	◇180	◇40	◇392	◇390	◇442	◇410
蒼	拂	寧	較	宙	摘	帥	踏	恭	唐
◇405	◇200	◇75	◇51	◇376	◇354	◇244	◇84	◇37	◇85
隆	菜	尙	寬	其	皮	裳	妃	菊	巧
◇127	◇407	◇218	◇45	◇69	◇459	◇216	◇204	◇56	◇52
薄	亦	悟	耕	畿	蘇	麻	揚	胡	洲
◇166	◇289	◇302	◇24	◇66	◇232	◇133	◇281	◇481	◇375
僧	誘	墨	凡	排	哭	鋼	微	丈	霜
◇259	◇320	◇160	◇178	◇174	◇35	◇12	◇164	◇345	◇217
裏	我	婢	促	催	賀	羽	胸	愚	含
◇130	◇270	◇201	◇425	◇426	◇463	◇313	◇493	◇309	◇468
森	鑄	疾	桂	淑	胃	輩	累	峯	盤
◇213	◇377	◇395	◇31	◇250	◇318	◇173	◇121	◇185	◇170
蓮	茶	曾	雙	倉	拔	借	執	徐	腐
◇110	◇79	◇386	◇266	◇403	◇171	◇400	◇397	◇227	◇196
栗	審	橫	谷	莫	透	履	緊	稿	眠
◇125	◇264	◇498	◇36	◇137	◇447	◇129	◇71	◇34	◇147
綱	伯	載	佳	閣	斜	贊	鎖	乾	虎
◇11	◇176	◇348	◇1	◇3	◇210	◇402	◇238	◇17	◇483

燒	吏	郎	訟	戀	奏	喪	洪	衡	尾
◇ 235	◇ 128	◇ 382	◇ 236	◇ 107	◇ 378	◇ 219	◇ 487	◇ 478	◇ 165
亭	稀	賃	芽	壤	抑	附	訣	拾	漠
◇ 360	◇ 500	◇ 335	◇ 272	◇ 280	◇ 284	◇ 192	◇ 20	◇ 256	◇ 135
但	鍊	械	曆	廢	弊	割	策	肝	詳
◇ 81	◇ 108	◇ 27	◇ 106	◇ 454	◇ 452	◇ 467	◇ 409	◇ 5	◇ 215
妻	殆	振	鎭	供	丙	及	醉	哀	率
◇ 410	◇ 442	◇ 390	◇ 392	◇ 40	◇ 180	◇ 65	◇ 430	◇ 278	◇ 126
唐	恭	踏	帥	摘	宙	較	寧	拂	蒼
◇ 85	◇ 37	◇ 84	◇ 244	◇ 354	◇ 376	◇ 51	◇ 75	◇ 200	◇ 405
巧	菊	妃	裳	皮	其	寬	尙	菜	隆
◇ 52	◇ 56	◇ 204	◇ 216	◇ 459	◇ 69	◇ 45	◇ 218	◇ 407	◇ 127
洲	胡	揚	麻	蘇	畿	耕	悟	亦	薄
◇ 375	◇ 481	◇ 281	◇ 133	◇ 232	◇ 66	◇ 24	◇ 302	◇ 289	◇ 166
霜	丈	微	鋼	哭	排	凡	墨	誘	僧
◇ 217	◇ 345	◇ 164	◇ 12	◇ 35	◇ 174	◇ 178	◇ 160	◇ 320	◇ 259
含	愚	胸	羽	賀	催	促	婢	我	裏
◇ 468	◇ 309	◇ 493	◇ 313	◇ 463	◇ 426	◇ 425	◇ 201	◇ 270	◇ 130
盤	峯	累	輩	胃	淑	桂	疾	鑄	森
◇ 170	◇ 185	◇ 121	◇ 173	◇ 318	◇ 250	◇ 31	◇ 395	◇ 377	◇ 213
腐	徐	執	借	拔	倉	雙	曾	茶	蓮
◇ 196	◇ 227	◇ 397	◇ 400	◇ 171	◇ 403	◇ 266	◇ 386	◇ 79	◇ 110
眠	稿	緊	履	透	莫	谷	橫	審	栗
◇ 147	◇ 34	◇ 71	◇ 129	◇ 447	◇ 137	◇ 36	◇ 498	◇ 264	◇ 125
虎	乾	鎖	贊	斜	閣	佳	載	伯	綱
◇ 483	◇ 17	◇ 238	◇ 402	◇ 210	◇ 3	◇ 1	◇ 348	◇ 176	◇ 11

※현 상태에서 가로와 세로를 좇아서 읽기를 반복하여 거의 읽을 수 있도록 합니다. (대각선으로 읽어도 됨)
여기 '석음漢字'에 쓰인 번호와 앞부분에 있는 '석음漢字 訓音표'와 번호가 같으므로 틀린 글자는 확인하여 3번씩 쓰고 암기합니다.

哲	讓	滯	瓦	兆	肺	徑	獄	譯	勿
◇ 418	◇ 282	◇ 420	◇ 304	◇ 370	◇ 453	◇ 25	◇ 303	◇ 286	◇ 163
溪	禽	愁	逸	祀	欄	恕	芳	諸	般
◇ 30	◇ 64	◇ 246	◇ 333	◇ 209	◇ 98	◇ 226	◇ 172	◇ 368	◇ 168
憂	齊	需	企	梅	拘	旦	潛	慾	蒸
◇ 311	◇ 367	◇ 240	◇ 67	◇ 139	◇ 53	◇ 80	◇ 339	◇ 307	◇ 385
御	漆	吹	追	被	陷	潤	株	翼	腹
◇ 283	◇ 437	◇ 431	◇ 427	◇ 458	◇ 469	◇ 327	◇ 380	◇ 331	◇ 183
泰	誇	柱	柔	亞	陵	秩	殿	姑	楓
◇ 443	◇ 41	◇ 374	◇ 324	◇ 268	◇ 123	◇ 396	◇ 358	◇ 33	◇ 457
軟	戲	署	臺	恥	淡	債	侍	卑	片
◇ 292	◇ 499	◇ 224	◇ 87	◇ 434	◇ 83	◇ 408	◇ 261	◇ 202	◇ 449
硬	培	飯	晚	値	脚	爐	諾	井	緩
◇ 26	◇ 175	◇ 169	◇ 134	◇ 433	◇ 4	◇ 114	◇ 72	◇ 365	◇ 305
辰	介	幽	桃	忍	蘭	刺	悅	捕	鹽
◇ 393	◇ 13	◇ 319	◇ 94	◇ 332	◇ 99	◇ 337	◇ 295	◇ 456	◇ 297
吐	症	慣	浪	燕	染	蓋	坐	租	拓
◇ 446	◇ 384	◇ 46	◇ 101	◇ 294	◇ 296	◇ 15	◇ 373	◇ 371	◇ 411
錦	慧	汗	辱	此	頃	浮	弄	皇	耐
◇ 63	◇ 479	◇ 466	◇ 306	◇ 399	◇ 23	◇ 194	◇ 117	◇ 491	◇ 74
沙	槪	憶	架	炎	栽	沿	像	滅	憎
◇ 208	◇ 14	◇ 285	◇ 2	◇ 298	◇ 350	◇ 291	◇ 214	◇ 149	◇ 383
昌	符	詞	勵	湯	隔	靈	浩	媒	銘
◇ 404	◇ 191	◇ 206	◇ 105	◇ 441	◇ 19	◇ 113	◇ 480	◇ 140	◇ 150
慈	奴	剛	乙	旬	雅	騎	烏	克	廊
◇ 336	◇ 76	◇ 10	◇ 328	◇ 253	◇ 267	◇ 70	◇ 301	◇ 61	◇ 100

勿 163	譯 286	獄 303	徑 25	肺 453	兆 370	瓦 304	滯 420	讓 282	哲 418
般 168	諸 368	芳 172	恕 226	欄 98	祀 209	逸 333	愁 246	禽 64	溪 30
蒸 385	慾 307	潛 339	旦 80	拘 53	梅 139	企 67	需 240	齊 367	憂 311
腹 183	翼 331	株 380	潤 327	陷 469	被 458	追 427	吹 431	漆 437	御 283
楓 457	姑 33	殿 358	秩 396	陵 123	亞 268	柔 324	柱 374	誇 41	泰 443
片 449	卑 202	侍 261	債 408	淡 83	恥 434	臺 87	署 224	戲 499	軟 292
緩 305	井 365	諾 72	爐 114	脚 4	値 433	晚 134	飯 169	培 175	硬 26
鹽 297	捕 456	悅 295	刺 337	蘭 99	忍 332	桃 94	幽 319	介 13	辰 393
拓 411	租 371	坐 373	蓋 15	染 296	燕 294	浪 101	慣 46	症 384	吐 446
耐 74	皇 491	弄 117	浮 194	頃 23	此 399	辱 306	汗 466	慧 479	錦 63
憎 383	滅 149	像 214	沿 291	栽 350	炎 298	架 2	憶 285	概 14	沙 208
銘 150	媒 140	浩 480	靈 113	隔 19	湯 441	勵 105	詞 206	符 191	昌 404
廊 100	克 61	烏 301	騎 70	雅 267	旬 253	乙 328	剛 10	奴 76	慈 336

※현 상태에서 가로와 세로를 좇아서 읽기를 반복하여 거의 읽을 수 있도록 합니다. (대각선으로 읽어도 됨)
여기 '섞음漢字'에 쓰인 번호와 앞부분에 있는 '섞음漢字 訓音표'와 번호가 같으므로 틀린 글자는 확인하여 3번씩 쓰고 암기합니다.

偶	蒙	祿	丘	響	濕	影	奪	維	惑
◇ 310	◇ 157	◇ 116	◇ 55	◇ 472	◇ 257	◇ 299	◇ 439	◇ 323	◇ 484
愼	驛	突	娘	扶	免	桑	疏	茂	渡
◇ 263	◇ 288	◇ 95	◇ 73	◇ 193	◇ 148	◇ 221	◇ 234	◇ 159	◇ 92
禪	踐	途	幼	貿	葬	稚	征	鼓	忽
◇ 231	◇ 414	◇ 89	◇ 325	◇ 158	◇ 347	◇ 435	◇ 362	◇ 32	◇ 486
殊	刊	彼	錯	藏	陶	還	仲	乘	迫
◇ 241	◇ 7	◇ 460	◇ 401	◇ 341	◇ 90	◇ 489	◇ 381	◇ 260	◇ 167
司	謙	裕	衝	壽	鑑	紋	恒	換	飾
◇ 207	◇ 21	◇ 321	◇ 429	◇ 247	◇ 9	◇ 162	◇ 471	◇ 490	◇ 262
泥	盟	輸	祈	貫	欲	顏	訴	裂	逢
◇ 78	◇ 143	◇ 243	◇ 68	◇ 44	◇ 308	◇ 274	◇ 233	◇ 111	◇ 187
紛	暫	塔	疫	漏	獸	震	寡	默	荒
◇ 199	◇ 340	◇ 440	◇ 290	◇ 122	◇ 245	◇ 394	◇ 42	◇ 161	◇ 492
役	編	甚	聯	譜	穴	岸	怪	壞	浸
◇ 287	◇ 450	◇ 265	◇ 109	◇ 182	◇ 476	◇ 273	◇ 49	◇ 50	◇ 438
宇	悔	凍	昇	照	版	徵	啓	嶺	倫
◇ 312	◇ 494	◇ 96	◇ 258	◇ 369	◇ 448	◇ 398	◇ 29	◇ 112	◇ 124
梁	盲	惜	若	鶴	覆	枝	巡	魂	戚
◇ 104	◇ 145	◇ 229	◇ 279	◇ 465	◇ 184	◇ 389	◇ 252	◇ 485	◇ 412
狂	釋	補	悠	獻	凉	臟	縱	僞	慕
◇ 48	◇ 228	◇ 181	◇ 322	◇ 473	◇ 103	◇ 346	◇ 372	◇ 317	◇ 151

惑	維	奪	影	濕	響	丘	祿	蒙	偶
◇ 484	◇ 323	◇ 439	◇ 299	◇ 257	◇ 472	◇ 55	◇ 116	◇ 157	◇ 310
渡	茂	疏	桑	免	扶	娘	突	驛	愼
◇ 92	◇ 159	◇ 234	◇ 221	◇ 148	◇ 193	◇ 73	◇ 95	◇ 288	◇ 263
忽	鼓	征	稚	葬	貿	幼	途	踐	禪
◇ 486	◇ 32	◇ 362	◇ 435	◇ 347	◇ 158	◇ 325	◇ 89	◇ 414	◇ 231
迫	乘	仲	還	陶	藏	錯	彼	刊	殊
◇ 167	◇ 260	◇ 381	◇ 489	◇ 90	◇ 341	◇ 401	◇ 460	◇ 7	◇ 241
飾	換	恒	紋	鑑	壽	衝	裕	謙	司
◇ 262	◇ 490	◇ 471	◇ 162	◇ 9	◇ 247	◇ 429	◇ 321	◇ 21	◇ 207
逢	裂	訴	顔	欲	貫	祈	輪	盟	泥
◇ 187	◇ 111	◇ 233	◇ 274	◇ 308	◇ 44	◇ 68	◇ 243	◇ 143	◇ 78
荒	默	寡	震	獸	漏	疫	塔	暫	紛
◇ 492	◇ 161	◇ 42	◇ 394	◇ 245	◇ 122	◇ 290	◇ 440	◇ 340	◇ 199
浸	壞	怪	岸	穴	譜	聯	甚	編	役
◇ 438	◇ 50	◇ 49	◇ 273	◇ 476	◇ 182	◇ 109	◇ 265	◇ 450	◇ 287
倫	嶺	啓	徵	版	照	昇	凍	悔	宇
◇ 124	◇ 112	◇ 29	◇ 398	◇ 448	◇ 369	◇ 258	◇ 96	◇ 494	◇ 312
戚	魂	巡	枝	覆	鶴	若	惜	盲	梁
◇ 412	◇ 485	◇ 252	◇ 389	◇ 184	◇ 465	◇ 279	◇ 229	◇ 145	◇ 104
慕	僞	縱	臟	涼	獻	悠	補	釋	狂
◇ 151	◇ 317	◇ 372	◇ 346	◇ 103	◇ 473	◇ 322	◇ 181	◇ 228	◇ 48

반의결합어 (反義結合語) ━━━━ 서로 반대(상대)되는 뜻을 지닌 字끼리 결합된 漢字語

※ 두 글자 모두, 아니면 어느 한쪽 글자는 쓰기배정 漢字 750字(4급II 배정 漢字) 범위에서 출제됩니다.

加減 (더할 가, 덜 감)　　多少 (많을 다, 적을 소)　　貧富 (가난할 빈, 넉넉할 부)　　新舊 (새 신, 옛 구)

可否 (옳을 가, 아닐 부)　　丹靑 (붉을 단, 푸를 청)　　氷炭 (얼음 빙, 숯 탄)　　心身 (마음 심, 몸 신)

干戈 (방패 간, 창 과)　　單複 (홑 단, 겹칠 복)　　師弟 (스승 사, 제자 제)　　深淺 (깊을 심, 얕을 천)

甘苦 (달 감, 쓸 고)　　旦夕 (아침 단, 저녁 석)　　死生 (죽을 사, 살 생)　　安危 (편안할 안, 위태할 위)

降登 (내릴 강, 오를 등)　　當落 (마땅 당, 떨어질 락)　　死活 (죽을 사, 살 활)　　哀樂 (슬플 애, 즐길 락)

江山 (강 강, 뫼 산)　　大小 (큰 대, 작을 소)　　散集 (흩을 산, 모을 집)　　愛憎 (사랑 애, 미워할 증)

强弱 (군셀 강, 약할 약)　　都農 (도읍 도, 농사 농)　　山河 (뫼 산, 물 하)　　哀歡 (슬플 애, 기쁠 환)

開閉 (열 개, 닫을 폐)　　東西 (동녘 동, 서녘 서)　　山海 (뫼 산, 바다 해)　　如差 (같을 여, 다를 차)

去來 (갈 거, 올 래)　　動靜 (움직일 동, 고요할 정)　　賞罰 (상줄 상, 벌줄 벌)　　言行 (말씀 언, 행실 행)

輕重 (가벼울 경, 무거울 중)　　得失 (얻을 득, 잃을 실)　　生死 (살 생, 죽을 사)　　與野 (참여할 여, 민간 야)

京鄕 (서울 경, 시골 향)　　來往 (올 래, 갈 왕)　　生殺 (살 생, 죽일 살)　　榮辱 (영화 영, 욕될 욕)

古今 (예 고, 이제 금)　　冷熱 (찰 랭, 더울 열)　　善惡 (착할 선, 악할 악)　　玉石 (구슬 옥, 돌 석)

苦樂 (괴로울 고, 즐거울 락)　　冷溫 (찰 랭, 따뜻할 온)　　先後 (먼저 선, 뒤 후)　　溫冷 (따뜻할 온, 찰 랭)

姑婦 (시어머니 고, 며느리 부)　　老少 (늙을 로, 젊을 소)　　盛衰 (성할 성, 쇠할 쇠)　　緩急 (느릴 완, 급할 급)

高低 (높을 고, 낮을 저)　　老幼 (늙을 로, 어릴 유)　　成敗 (이룰 성, 패할 패)　　往來 (갈 왕, 올 래)

曲直 (굽을 곡, 곧을 직)　　勞使 (일할 로, 부릴 사)　　疏密 (드물 소, 빽빽할 밀)　　往復 (갈 왕, 돌아올 복)

功過 (공 공, 허물 과)　　陸海 (뭍 륙, 바다 해)　　損益 (잃을 손, 더할 익)　　遠近 (멀 원, 가까울 근)

攻防 (칠 공, 막을 방)　　離合 (떠날 리, 합할 합)　　送迎 (보낼 송, 맞을 영)　　怨恩 (원망할 원, 은혜 은)

公私 (공평할 공, 사사 사)　　利害 (이로울 리, 해로울 해)　　需給 (쓸 수, 줄 급)　　有無 (있을 유, 없을 무)

攻守 (칠 공, 지킬 수)　　賣買 (팔 매, 살 매)　　水陸 (물 수, 뭍 륙)　　隱現 (숨을 은, 나타날 현)

寡多 (적을 과, 많을 다)　　明暗 (밝을 명, 어두울 암)　　首尾 (머리 수, 꼬리 미)　　陰陽 (그늘 음, 볕 양)

官民 (벼슬 관, 백성 민)　　問答 (물을 문, 답할 답)　　授受 (줄 수, 받을 수)　　異同 (다를 이, 한가지 동)

敎學 (가르칠 교, 배울 학)　　文武 (글월 문, 군셀 무)　　手足 (손 수, 발 족)　　因果 (까닭 인, 결과 과)

君臣 (임금 군, 신하 신)　　物心 (물건 물, 마음 심)　　收支 (거둘 수, 지급할 지)　　任免 (맡을 임, 면할 면)

貴賤 (귀할 귀, 천할 천)　　尾首 (꼬리 미, 머리 수)　　順逆 (따를 순, 거스릴 역)　　姉妹 (누이 자, 아랫누이 매)

及落 (미칠 급, 떨어질 락)　　班常 (양반 반, 상사람 상)　　昇降 (오를 승, 내릴 강)　　自至 (부터 자, 이를 지)

起伏 (일어날 기, 엎드릴 복)　　發着 (필 발, 붙을 착)　　乘降 (탈 승, 내릴 강)　　自他 (스스로 자, 남 타)

起寢 (일어날 기, 잠잘 침)　　方圓 (모 방, 둥글 원)　　勝負 (이길 승, 질 부)　　昨今 (어제 작, 오늘 금)

吉凶 (길할 길, 흉할 흉)　　腹背 (배 복, 등 배)　　勝敗 (이길 승, 패할 패)　　長短 (긴 장, 짧을 단)

難易 (어려운 난, 쉬울 이)　　本末 (근본 본, 끝 말)　　是非 (옳을 시, 아닐 비)　　將卒 (장수 장, 군사 졸)

南北 (남녘 남, 북녘 북)　　逢別 (만날 봉, 헤어질 별)　　始末 (비로소 시, 끝 말)　　將兵 (장수 장, 군사 병)

內外 (안 내, 바깥 외)　　夫婦 (지아비 부, 아내 부)　　始終 (비로소 시, 마칠 종)　　長幼 (어른 장, 어릴 유)

多寡 (많을 다, 적을 과)　　夫妻 (남편 부, 아내 처)　　新古 (새 신, 예 고)　　前後 (앞 전, 뒤 후)

　　　　　　　　　　　　　　　　　　　　　　　　　　　　　　　　　　正誤 (바를 정, 그릇될 오)

⊠ 반의결합어 (反義結合語) ━━━━━━ 서로 반대(상대)되는 뜻을 지닌 字끼리 결합된 漢字語

早晚 (이를 조, 늦을 만)　　眞假 (참 진, 거짓 가)　　出納 (날 출, 들일 납)　　虛實 (빌 허, 찰 실)

朝夕 (아침 조, 저녁 석)　　眞僞 (참 진, 거짓 위)　　出沒 (날 출, 빠질 몰)　　賢愚 (어질 현, 어리석을 우)

祖孫 (할아비 조, 손자 손)　　進退 (나아갈 진, 물러날 퇴)　　出入 (날 출, 들 입)　　好惡 (좋을 호, 나쁠 악)

存亡 (있을 존, 망할 망)　　集配 (모을 집, 나눌 배)　　忠逆 (충성 충, 거스릴 역)　　呼應 (부를 호, 응할 응)

尊卑 (높을 존, 낮을 비)　　集散 (모을 집, 흩을 산)　　脫着 (벗을 탈, 붙을 착)　　呼吸 (숨내쉴 호, 숨들이쉴 흡)

存廢 (있을 존, 폐할 폐)　　着發 (다다를 착, 떠날 발)　　投打 (던질 투, 칠 타)　　禍福 (재앙 화, 복 복)

左右 (왼쪽 좌, 오른쪽 우)　　贊反 (도울 찬, 반대할 반)　　表裏 (겉 표, 속 리)　　和戰 (화목할 화, 싸울 전)

主客 (주인 주, 손 객)　　天壤 (하늘 천, 흙 양)　　豊凶 (풍성할 풍, 흉년들 흉)　　胸背 (가슴 흉, 등 배)

晝夜 (낮 주, 밤 야)　　天地 (하늘 천, 땅 지)　　學訓 (배울 학, 가르칠 훈)　　黑白 (검을 흑, 흰 백)

主從 (주인 주, 따를 종)　　淸濁 (맑을 청, 흐릴 탁)　　寒暖 (찰 한, 따뜻할 난)　　興亡 (일어날 흥, 망할 망)

衆寡 (많을 중, 적을 과)　　初終 (처음 초, 끝 종)　　寒暑 (찰 한, 더울 서)　　喜怒 (기쁠 희, 성낼 노)

增減 (더할 증, 덜 감)　　出缺 (날 출, 빠질 결)　　向背 (향할 향, 등 배)　　喜悲 (기쁠 희, 슬플 비)

⊠ 반의어, 상대어 (反義語, 相對語) ━━━━━━ 뜻이 서로 반대되는 漢字語

※ 두 單語 모두, 아니면 어느 한쪽 單語는 쓰기배정漢字 750字(4급Ⅱ 배정漢字) 범위에서 출제됩니다.

可決 (가결) ↔ 否決 (부결)　　建設 (건설) ↔ 破壞 (파괴)　　急行 (급행) ↔ 緩行 (완행)

架空 (가공) ↔ 實在 (실재)　　缺席 (결석) ↔ 出席 (출석)　　寄生 (기생) ↔ 共生 (공생)

加入 (가입) ↔ 脫退 (탈퇴)　　輕減 (경감) ↔ 加重 (가중)　　樂觀 (낙관) ↔ 悲觀 (비관)

加重 (가중) ↔ 輕減 (경감)　　輕視 (경시) ↔ 重視 (중시)　　落第 (낙제) ↔ 及第 (급제)

幹線 (간선) ↔ 支線 (지선)　　高潔 (고결) ↔ 低俗 (저속)　　暖流 (난류) ↔ 寒流 (한류)

間接 (간접) ↔ 直接 (직접)　　固定 (고정) ↔ 流動 (유동)　　朗讀 (낭독) ↔ 默讀 (묵독)

干潮 (간조) ↔ 滿潮 (만조)　　高調 (고조) ↔ 低調 (저조)　　來生 (내생) ↔ 前生 (전생)

減産 (감산) ↔ 增産 (증산)　　曲線 (곡선) ↔ 直線 (직선)　　內容 (내용) ↔ 形式 (형식)

減少 (감소) ↔ 增加 (증가)　　困難 (곤난) ↔ 容易 (용이)　　內包 (내포) ↔ 外延 (외연)

感情 (감정) ↔ 理性 (이성)　　空想 (공상) ↔ 現實 (현실)　　能動 (능동) ↔ 被動 (피동)

開放 (개방) ↔ 閉鎖 (폐쇄)　　公的 (공적) ↔ 私的 (사적)　　多元 (다원) ↔ 一元 (일원)

個別 (개별) ↔ 合同 (합동)　　過去 (과거) ↔ 未來 (미래)　　短命 (단명) ↔ 長壽 (장수)

改革 (개혁) ↔ 保守 (보수)　　過失 (과실) ↔ 故意 (고의)　　單式 (단식) ↔ 複式 (복식)

開會 (개회) ↔ 閉會 (폐회)　　光明 (광명) ↔ 暗黑 (암흑)　　單純 (단순) ↔ 複雜 (복잡)

客觀 (객관) ↔ 主觀 (주관)　　求心 (구심) ↔ 遠心 (원심)　　單一 (단일) ↔ 複合 (복합)

客體 (객체) ↔ 主體 (주체)　　君子 (군자) ↔ 小人 (소인)　　單式 (단식) ↔ 複式 (복식)

巨富 (거부) ↔ 極貧 (극빈)　　權利 (권리) ↔ 義務 (의무)　　對話 (대화) ↔ 獨白 (독백)

健康 (건강) ↔ 病弱 (병약)　　近攻 (근공) ↔ 遠交 (원교)　　獨立 (독립) ↔ 從屬 (종속)

動機(동기) ↔ 結果(결과)　　否認(부인) ↔ 是認(시인)　　始發(시발) ↔ 終着(종착)
登場(등장) ↔ 退場(퇴장)　　富者(부자) ↔ 貧者(빈자)　　辛勝(신승) ↔ 樂勝(낙승)
老練(노련) ↔ 未熟(미숙)　　分斷(분단) ↔ 統合(통합)　　新婦(신부) ↔ 新郎(신랑)
弄談(농담) ↔ 眞談(진담)　　分擔(분담) ↔ 全擔(전담)　　實質(실질) ↔ 形式(형식)
漠然(막연) ↔ 確然(확연)　　分離(분리) ↔ 統合(통합)　　我軍(아군) ↔ 敵軍(적군)
滅亡(멸망) ↔ 興起(흥기)　　紛爭(분쟁) ↔ 和解(화해)　　惡化(악화) ↔ 好轉(호전)
母音(모음) ↔ 子音(자음)　　不法(불법) ↔ 合法(합법)　　安全(안전) ↔ 危險(위험)
無能(무능) ↔ 有能(유능)　　不運(불운) ↔ 幸運(행운)　　暗示(암시) ↔ 明示(명시)
無形(무형) ↔ 有形(유형)　　不幸(불행) ↔ 幸福(행복)　　與黨(여당) ↔ 野黨(야당)
默讀(묵독) ↔ 音讀(음독)　　祕密(비밀) ↔ 公開(공개)　　逆行(역행) ↔ 順行(순행)
文官(문관) ↔ 武官(무관)　　非番(비번) ↔ 當番(당번)　　靈魂(영혼) ↔ 肉體(육체)
文語(문어) ↔ 口語(구어)　　悲運(비운) ↔ 幸運(행운)　　溫暖(온난) ↔ 寒冷(한랭)
問題(문제) ↔ 解答(해답)　　私利(사리) ↔ 公利(공리)　　溫情(온정) ↔ 冷情(냉정)
文化(문화) ↔ 自然(자연)　　死後(사후) ↔ 生前(생전)　　容易(용이) ↔ 難解(난해)
未決(미결) ↔ 旣決(기결)　　相對(상대) ↔ 絶對(절대)　　優良(우량) ↔ 不良(불량)
物質(물질) ↔ 精神(정신)　　常例(상례) ↔ 特例(특례)　　偶然(우연) ↔ 必然(필연)
未備(미비) ↔ 完備(완비)　　生家(생가) ↔ 養家(양가)　　遠隔(원격) ↔ 近接(근접)
密接(밀접) ↔ 疏遠(소원)　　生面(생면) ↔ 熟面(숙면)　　原告(원고) ↔ 被告(피고)
密集(밀집) ↔ 散在(산재)　　生食(생식) ↔ 火食(화식)　　原書(원서) ↔ 譯書(역서)
薄待(박대) ↔ 厚待(후대)　　生花(생화) ↔ 造花(조화)　　遠心(원심) ↔ 求心(구심)
反目(반목) ↔ 和睦(화목)　　先天(선천) ↔ 後天(후천)　　遠洋(원양) ↔ 近海(근해)
發達(발달) ↔ 退步(퇴보)　　善意(선의) ↔ 惡意(악의)　　原因(원인) ↔ 結果(결과)
發生(발생) ↔ 消滅(소멸)　　成功(성공) ↔ 失敗(실패)　　怨恨(원한) ↔ 恩惠(은혜)
放心(방심) ↔ 操心(조심)　　消極(소극) ↔ 積極(적극)　　應用(응용) ↔ 原理(원리)
背恩(배은) ↔ 報恩(보은)　　所得(소득) ↔ 損失(손실)　　異端(이단) ↔ 正統(정통)
白晝(백주) ↔ 深夜(심야)　　消費(소비) ↔ 生産(생산)　　裏面(이면) ↔ 表面(표면)
別居(별거) ↔ 同居(동거)　　消滅(소멸) ↔ 生成(생성)　　異常(이상) ↔ 正常(정상)
保守(보수) ↔ 進步(진보)　　疏遠(소원) ↔ 親近(친근)　　利益(이익) ↔ 損失(손실)
複雜(복잡) ↔ 單純(단순)　　送舊(송구) ↔ 迎新(영신)　　理想(이상) ↔ 現實(현실)
本業(본업) ↔ 副業(부업)　　守勢(수세) ↔ 攻勢(공세)　　異議(이의) ↔ 同議(동의)
部分(부분) ↔ 全體(전체)　　收入(수입) ↔ 支出(지출)　　人爲(인위) ↔ 自然(자연)
富貴(부귀) ↔ 貧賤(빈천)　　順行(순행) ↔ 逆行(역행)　　臨時(임시) ↔ 經常(경상)
不實(부실) ↔ 充實(충실)　　勝利(승리) ↔ 敗北(패배)　　入金(입금) ↔ 出金(출금)
　　　　　　　　　　　　　　　　　　　　　　　　　　　　立體(입체) ↔ 平面(평면)

✕ 반의어, 상대어 (反義語, 相對語) ━━━━━━━━━━ 뜻이 서로 반대되는 漢字語

入港(입항) ↔ 出港(출항)　　進級(진급) ↔ 降等(강등)　　敗戰(패전) ↔ 勝戰(승전)

自立(자립) ↔ 依存(의존)　　眞實(진실) ↔ 虛僞(허위)　　閉鎖(폐쇄) ↔ 開放(개방)

自動(자동) ↔ 手動(수동)　　質疑(질의) ↔ 應答(응답)　　廢業(폐업) ↔ 開業(개업)

自律(자율) ↔ 他律(타율)　　執權(집권) ↔ 失權(실권)　　豊年(풍년) ↔ 凶年(흉년)

自意(자의) ↔ 他意(타의)　　集中(집중) ↔ 分散(분산)　　被害(피해) ↔ 加害(가해)

子正(자정) ↔ 正午(정오)　　增進(증진) ↔ 減退(감퇴)　　快樂(쾌락) ↔ 苦痛(고통)

長點(장점) ↔ 短點(단점)　　差別(차별) ↔ 平等(평등)　　下待(하대) ↔ 恭待(공대)

低俗(저속) ↔ 高尙(고상)　　着席(착석) ↔ 起立(기립)　　寒冷(한랭) ↔ 溫暖(온난)

敵對(적대) ↔ 友好(우호)　　贊成(찬성) ↔ 反對(반대)　　解決(해결) ↔ 未決(미결)

前半(전반) ↔ 後半(후반)　　天國(천국) ↔ 地獄(지옥)　　解散(해산) ↔ 集合(집합)

戰爭(전쟁) ↔ 平和(평화)　　聽者(청자) ↔ 話者(화자)　　幸福(행복) ↔ 不幸(불행)

前進(전진) ↔ 後進(후진)　　體言(체언) ↔ 用言(용언)　　向上(향상) ↔ 低下(저하)

切斷(절단) ↔ 連結(연결)　　總角(총각) ↔ 處女(처녀)　　許可(허가) ↔ 禁止(금지)

絶望(절망) ↔ 希望(희망)　　最初(최초) ↔ 最終(최종)　　革新(혁신) ↔ 保守(보수)

漸進(점진) ↔ 急進(급진)　　出仕(출사) ↔ 落鄕(낙향)　　形式(형식) ↔ 內容(내용)

點火(점화) ↔ 消火(소화)　　忠臣(충신) ↔ 逆臣(역신)　　好材(호재) ↔ 惡材(악재)

正當(정당) ↔ 不當(부당)　　就職(취직) ↔ 退職(퇴직)　　好調(호조) ↔ 亂調(난조)

靜的(정적) ↔ 動的(동적)　　治世(치세) ↔ 亂世(난세)　　忽待(홀대) ↔ 歡待(환대)

精神(정신) ↔ 物質(물질)　　稱讚(칭찬) ↔ 非難(비난)　　活用(활용) ↔ 死藏(사장)

晝間(주간) ↔ 夜間(야간)　　退去(퇴거) ↔ 轉入(전입)　　懷疑(회의) ↔ 確信(확신)

知的(지적) ↔ 情的(정적)　　退步(퇴보) ↔ 進步(진보)　　吸氣(흡기) ↔ 排氣(배기)

支出(지출) ↔ 收入(수입)　　退院(퇴원) ↔ 入院(입원)　　稀貴(희귀) ↔ 許多(허다)

直接(직접) ↔ 間接(간접)　　退化(퇴화) ↔ 進化(진화)　　希望(희망) ↔ 絶望(절망)

✕ 유의결합어 (類義結合語) ━━━━━━━━━━ 서로 비슷한 뜻을 지닌 字끼리 결합된 漢字語

※ 3급Ⅱ 유의결합어는 객관식으로 출제됩니다.

家屋(집 가, 집 옥)　　　　監督(살필 감, 살필 독)　　建立(세울 건, 설 립)　　競爭(다툴 경, 다툴 쟁)

歌謠(노래 가, 노래 요)　　監察(살필 감, 살필 찰)　　堅固(굳을 견, 굳을 고)　　計略(꾀 계, 꾀 략)

歌唱(노래 가, 노래 창)　　强健(굳셀 강, 굳셀 건)　　訣別(이별할 결, 이별할 별)　計量(셀 계, 헤아릴 량)

價値(값 가, 값 치)　　　　改革(고칠 개, 고칠 혁)　　缺損(이지러질 결, 덜 손)　　計算(셀 계, 셀 산)

家宅(집 가, 집 택)　　　　巨大(클 거, 큰 대)　　　　警戒(경계할 경, 경계할 계)　繼續(이을 계, 이을 속)

間隔(사이 간, 사이뜰 격)　拒絶(막을 거, 끊을 절)　　境界(지경 경, 지경 계)　　繼承(이을 계, 이을 승)

感覺(느낄 감, 느낄 각)　　居住(살 거, 살 주)　　　　境域(지경 경, 지경 역)　　孤獨(외로울 고, 홀로 독)

監視(볼 감, 볼 시)　　　　健康(굳셀 건, 편안할 강)　硬固(굳을 경, 굳을 고)　　考慮(생각할 고, 생각할 려)

유의결합어 (類義結合語) ━━━━━━━ 서로 비슷한 뜻을 지닌 字끼리 결합된 漢字語

困難 (곤할 곤, 어려울 난)
恭敬 (공손할 공, 공경할 경)
空虛 (빌 공, 빌 허)
過去 (지날 과, 갈 거)
果實 (과실 과, 열매 실)
過失 (지날 과, 잃을 실)
過誤 (허물 과, 잘못할 오)
官吏 (벼슬 관, 벼슬아치 리)
觀覽 (볼 관, 볼 람)
觀望 (볼 관, 바랄 망)
慣習 (버릇 관, 버릇 습)
貫通 (꿰뚫을 관, 통할 통)
光景 (빛 광, 별 경)
光明 (빛 광, 밝을 명)
交代 (주고받을 교, 바꿀 대)
交換 (주고받을 교, 바꿀 환)
交際 (사귈 교, 사귈 제)
教訓 (가르칠 교, 가르칠 훈)
橋梁 (다리 교, 다리 량)
區分 (나눌 구, 나눌 분)
區別 (나눌 구, 나눌 별)
具備 (갖출 구, 갖출 비)
區域 (지경 구, 지경 역)
拘束 (잡을 구, 묶을 속)
救濟 (구원할 구, 건질 제)
群衆 (무리 군, 무리 중)
屈曲 (굽을 굴, 굽을 곡)
窮極 (다할 궁, 다할 극)
宮殿 (집 궁, 전각 전)
鬼神 (귀신 귀, 귀신 신)
規範 (법 규, 법 범)
規律 (법 규, 법률 률)
規則 (법 규, 법칙 칙)
均等 (고를 균, 고를 등)
極端 (다할 극, 끝 단)
極盡 (다할 극, 다할 진)
根本 (뿌리 근, 근본 본)
給與 (줄 급, 줄 여)

急速 (급할 급, 빠를 속)
技術 (재주 기, 재주 술)
企圖 (꾀할 기, 꾀할 도)
記錄 (기록할 기, 기록할 록)
技藝 (재주 기, 재주 예)
緊急 (급할 긴, 급할 급)
年歲 (해 년, 해 세)
念慮 (생각할 념, 생각할 려)
單獨 (홀 단, 홀로 독)
端末 (끝 단, 끝 말)
端緖 (실마리 단, 실마리 서)
斷絶 (끊을 단, 끊을 절)
端正 (바를 단, 바를 정)
擔任 (맡을 담, 맡을 임)
擔當 (맡을 담, 맡을 당)
談話 (말씀 담, 말씀 화)
到達 (이를 도, 이를 달)
徒黨 (무리 도, 무리 당)
道路 (길 도, 길 로)
逃亡 (달아날 도, 도망할 망)
逃避 (달아날 도, 피할 피)
徒步 (걸을 도, 걸을 보)
都邑 (도읍 도, 고을 읍)
到着 (이를 도, 다다를 착)
圖畫 (그림 도, 그림 화)
同等 (같을 동, 같을 등)
洞里 (마을 동, 마을 리)
等級 (등급 등, 등급 급)
羅列 (벌릴 라, 벌릴 렬)
旅客 (나그네 려, 손님 객)
連絡 (이을 련, 이을 락)
練習 (익힐 련, 익힐 습)
連續 (이을 련, 이을 속)
戀愛 (그리워할 련, 사랑 애)
領受 (받을 령, 받을 수)
料量 (헤아릴 료, 헤아릴 량)
律法 (법률 률, 법 법)
隆盛 (성할 륭, 성할 성)

末端 (끝 말, 끝 단)
末尾 (끝 말, 꼬리 미)
面貌 (얼굴 면, 얼굴 모)
滅亡 (꺼질 멸, 망할 망)
命令 (명할 명, 영내릴 령)
明哲 (밝을 명, 밝을 철)
毛髮 (털 모, 터럭 발)
模範 (본뜰 모, 본보기 범)
模寫 (본뜰 모, 베낄 사)
文章 (글월 문, 글월 장)
物件 (물건 물, 물건 건)
微細 (가늘 미, 가늘 세)
背後 (등 배, 뒤 후)
配偶 (짝 배, 짝 우)
繁盛 (번성할 번, 성할 성)
法規 (법 법, 법 규)
法式 (법 법, 법 식)
法典 (법 법, 법 전)
法則 (법 법, 법칙 칙)
變改 (변할 변, 고칠 개)
變化 (변할 변, 될 화)
兵士 (군사 병, 군사 사)
兵卒 (군사 병, 군사 졸)
病患 (병 병, 병들 환)
報告 (알릴 보, 알릴 고)
報償 (갚을 보, 갚을 상)
保守 (지킬 보, 지킬 수)
扶助 (도울 부, 도울 조)
腐敗 (썩을 부, 썩을 패)
副次 (버금 부, 버금 차)
附屬 (붙을 부, 붙을 속)
附着 (붙을 부, 붙을 착)
分別 (나눌 분, 나눌 별)
分離 (나눌 분, 떼놓을 리)
奔走 (달릴 분, 달릴 주)
佛寺 (부처 불, 절 사)
比較 (견줄 비, 비교할 교)
祕密 (숨길 비, 숨길 밀)

貧窮 (가난할 빈, 다할 궁)
思考 (생각할 사, 생각할 고)
思想 (생각 사, 생각 상)
辭讓 (사양할 사, 사양할 양)
事業 (일 사, 일 업)
使役 (부릴 사, 부릴 역)
舍屋 (집 사, 집 옥)
舍宅 (집 사, 집 택)
削減 (깎을 삭, 덜 감)
削除 (깎을 삭, 덜 제)
森林 (수풀 삼, 수풀 림)
想考 (생각 상, 생각할 고)
想念 (생각 상, 생각할 념)
喪失 (잃을 상, 잃을 실)
狀態 (형상 상, 모습 태)
狀況 (모양 상, 모양 황)
傷害 (다칠 상, 해칠 해)
詳細 (자세할 상, 세밀할 세)
生産 (낳을 생, 낳을 산)
生活 (살 생, 살 활)
書籍 (책 서, 문서 적)
書冊 (책 서, 책 책)
釋放 (풀 석, 놓을 방)
選拔 (뽑을 선, 뽑을 발)
善良 (착할 선, 어질 량)
選別 (가릴 선, 분별할 별)
旋回 (돌 선, 돌 회)
選擇 (가릴 선, 가릴 택)
省察 (살필 성, 살필 찰)
成就 (이룰 성, 이룰 취)
消滅 (사라질 소, 꺼질 멸)
素質 (바탕 소, 바탕 질)
疏通 (소통할 소, 통할 통)
疏遠 (멀 소, 멀 원)
損失 (덜 손, 잃을 실)
損害 (덜 손, 해로울 해)
衰弱 (쇠할 쇠, 약할 약)
衰殘 (쇠할 쇠, 쇠잔할 잔)

樹木 (나무 수, 나무 목)　　研究 (갈 연, 궁리할 구)　　姿態 (모양 자, 모습 태)　　座席 (자리 좌, 자리 석)

壽命 (목숨 수, 목숨 명)　　研磨 (갈 연, 갈 마)　　殘餘 (남을 잔, 남을 여)　　住居 (살 주, 살 거)

授與 (줄 수, 줄 여)　　緣由 (인연 연, 말미암을 유)　　丈夫 (어른 장, 사내 부)　　珠玉 (구슬 주, 구슬 옥)

輸送 (보낼 수, 보낼 송)　　軟弱 (연할 연, 약할 약)　　場所 (마당 장, 곳 소)　　朱紅 (붉을 주, 붉을 홍)

需要 (구할 수, 구할 요)　　永久 (길 영, 오랠 구)　　將帥 (장수 장, 장수 수)　　中央 (가운데 중, 가운데 앙)

守衛 (지킬 수, 지킬 위)　　永遠 (길 영, 멀 원)　　財貨 (재물 재, 재물 화)　　增加 (더할 증, 더할 가)

樹林 (나무 수, 수풀 림)　　藝術 (재주 예, 재주 술)　　災禍 (재앙 재, 재앙 화)　　憎惡 (미워할 증, 미워할 오)

熟練 (익힐 숙, 익힐 련)　　溫暖 (따뜻할 온, 따뜻할 난)　　貯蓄 (쌓을 저, 모을 축)　　至極 (지극할 지, 극진할 극)

純潔 (순수할 순, 깨끗할 결)　　完全 (완전할 완, 온전할 전)　　轉移 (옮길 전, 옮길 이)　　知識 (알 지, 알 식)

巡回 (돌 순, 돌 회)　　要求 (구할 요, 구할 구)　　戰爭 (싸울 전, 다툴 쟁)　　指摘 (가리킬 지, 손가락질할 적)

崇高 (높을 숭, 높을 고)　　要望 (바랄 요, 바랄 망)　　戰鬪 (싸울 전, 싸울 투)　　眞實 (참 진, 참 실)

承繼 (이를 승, 이을 계)　　容貌 (얼굴 용, 얼굴 모)　　絶斷 (끊을 절, 끊을 단)　　鎭壓 (누를 진, 누를 압)

習慣 (익힐 습, 익힐 관)　　優秀 (넉넉할 우, 빼어날 수)　　接續 (이을 접, 이을 속)　　陳列 (늘어놓을 진, 벌릴 렬)

施設 (베풀 시, 베풀 설)　　運動 (움직일 운, 움직일 동)　　接觸 (이을 접, 닿을 촉)　　進就 (나아갈 진, 나아갈 취)

始初 (처음 시, 처음 초)　　怨恨 (원망할 원, 한 한)　　精密 (자세할 정, 자세할 밀)　　質問 (물을 질, 물을 문)

試驗 (시험할 시, 시험할 험)　　援助 (도울 원, 도울 조)　　停留 (머무를 정, 머무를 류)　　疾病 (병 질, 병 병)

植栽 (심을 식, 심을 재)　　危急 (위태할 위, 급할 급)　　征伐 (칠 정, 칠 벌)　　疾患 (병 질, 병들 환)

申告 (아뢸 신, 고할 고)　　偉大 (클 위, 큰 대)　　精誠 (자세할 정, 정성 성)　　秩序 (차례 질, 차례 서)

身體 (몸 신, 몸 체)　　委任 (맡길 위, 맡길 임)　　停止 (머무를 정, 그칠 지)　　集會 (모을 집, 모일 회)

實果 (열매 실, 열매 과)　　肉身 (몸 육, 몸 신)　　正直 (바를 정, 바를 직)　　錯誤 (그릇할 착, 그릇할 오)

尋訪 (찾을 심, 찾을 방)　　隱密 (숨길 은, 숨길 밀)　　政治 (정사 정, 다스릴 치)　　參與 (참여할 참, 더불 여)

心情 (마음 심, 뜻 정)　　恩惠 (은혜 은, 은혜 혜)　　祭祀 (제사 제, 제사 사)　　創始 (비롯할 창, 비롯할 시)

兒童 (아이 아, 아이 동)　　音聲 (소리 음, 소리 성)　　帝王 (임금 제, 임금 왕)　　責任 (맡을 책, 맡을 임)

安寧 (편안할 안, 편안할 녕)　　議論 (의논할 의, 의논할 론)　　製作 (지을 제, 지을 작)　　處所 (곳 처, 곳 소)

眼目 (눈 안, 눈 목)　　衣服 (옷 의, 옷 복)　　製造 (지을 제, 지을 조)　　尺度 (자 척, 자 도)

顔面 (얼굴 안, 낮 면)　　意思 (뜻 의, 생각 사)　　租稅 (조세 조, 세금 세)　　清潔 (깨끗할 청, 깨끗할 결)

安易 (편안할 안, 쉬울 이)　　意志 (뜻 의, 뜻 지)　　造作 (지을 조, 지을 작)　　聽聞 (들을 청, 들을 문)

安逸 (편안할 안, 편안할 일)　　移轉 (옮길 이, 옮길 전)　　朝廷 (조정 조, 조정 정)　　清淨 (깨끗할 청, 깨끗할 정)

暗黑 (어둘 암, 검을 흑)　　因緣 (인할 인, 인연 연)　　調和 (고를 조, 화할 화)　　村落 (마을 촌, 마을 락)

養育 (기를 양, 기를 육)　　認識 (알 인, 알 식)　　存在 (있을 존, 있을 재)　　追從 (좇을 추, 좇을 종)

愛惜 (아낄 애, 아낄 석)　　慈愛 (사랑 자, 사랑 애)　　尊敬 (높일 존, 공경할 경)　　蓄積 (모을 축, 쌓을 적)

抑壓 (누를 억, 누를 압)　　資財 (재물 자, 재물 재)　　終末 (마칠 종, 끝 말)　　祝賀 (빌 축, 하례할 하)

疫疾 (전염병 역, 병 질)　　紫朱 (붉을 자, 붉을 주)　　種子 (씨 종, 씨 자)　　出産 (날 출, 낳을 산)

疫病 (전염병 역, 병 병)　　資質 (바탕 자, 바탕 질)　　終止 (끝 종, 그칠 지)　　充滿 (채울 충, 찰 만)

✲ 유의결합어 (類義結合語) ━━━━━━━━━━ 서로 비슷한 뜻을 지닌 字끼리 결합된 漢字語

測量(헤아릴 측, 헤아릴 량)　退去(물러날 퇴, 갈 거)　解釋(풀 해, 풀 석)　火炎(불 화, 불꽃 염)

齒牙(이 치, 어금니 아)　鬪爭(싸울 투, 싸울 쟁)　海洋(바다 해, 큰바다 양)　確固(굳을 확, 굳을 고)

稱頌(일컬을 칭, 기릴 송)　便安(편할 편, 편안할 안)　幸福(다행 행, 복 복)　回轉(돌 회, 구를 전)

快樂(쾌할 쾌, 즐거울 락)　平均(평평할 평, 고를 균)　許諾(허락할 허, 허락할 낙)　回歸(돌아올 회, 돌아올 귀)

快速(빠를 쾌, 빠를 속)　平和(화할 평, 화목할 화)　虛空(빌 허, 빌 공)　會社(모일 회, 모일 사)

打擊(칠 타, 칠 격)　暴露(나타낼 폭, 드러낼 로)　獻納(드릴 헌, 바칠 납)　獲得(얻을 획, 얻을 득)

討伐(칠 토, 칠 벌)　河川(물 하, 내 천)　憲法(법 헌, 법 법)　橫暴(사나울 횡, 모질 포)

土壤(흙 토, 흙 양)　下降(아래 하, 내릴 강)　刑罰(형벌 형, 벌할 벌)　休息(쉴 휴, 쉴 식)

通達(통할 통, 통달할 달)　河海(물 하, 바다 해)　形狀(모양 형, 형상 상)　興盛(일어날 흥, 성할 성)

統率(거느릴 통, 거느릴 솔)　寒冷(찰 한, 찰 랭)　形態(모양 형, 모습 태)　希望(바랄 희, 바랄 망)

統合(합칠 통, 합할 합)　恒常(항상 항, 항상 상)　和睦(화할 화, 화목할 목)　希願(바랄 희, 원할 원)

✲ 동음이의어 (同音異義語) ━━━━━━━━━━ 글자의 음은 같으나 뜻이 다른 漢字語

가구　(家口)：주거와 생계를 같이 하는 단위
　　　(家具)：가정살림에 쓰이는 온갖세간

가계　(家系)：대대로 이어 온 한 집안의 계통
　　　(家計)：집안 살림을 꾸려 나가는 수입과 지출의 상태

가공　(加工)：원료나 재료에 손을 더 대어 새로운 물건을 만드는 일
　　　(可恐)：두려워할 만함

가사　(家事)：집안 살림에 관한 일
　　　(歌詞)：가요나 가극의 노래 내용이 되는 글

감사　(感謝)：고마움을 나타내는 인사 또는 마음
　　　(監査)：감독하고 검사함

개설　(改設)：(시설이나 기구 따위를) 고치어 설치함
　　　(開設)：새로 설치하여 업무를 시작함

개정　(改正)：바르게 고침
　　　(開廷)：재판을 시작함

개표　(改票)：차표따위를 개표소에서 검사하는 것
　　　(開票)：투표함을 열고 투표결과를 조사하는 것

결의　(決意)：정하여 굳게 가짐
　　　(決議)：회의에서 의안이나 제의 등을 결정함

경계　(境界)：지역이 갈라지는 한계
　　　(警戒)：잘못되는 일이 일어나지 않도록 미리 조심하는 것

경기　(景氣)：매매나 거래 등에 나타난 경제활동의 상황
　　　(競技)：기술의 낫고 못함을 서로 겨루는 일

고시　(考試)：공무원의 임용자격을 결정하는 시험
　　　(告示)：(행정기관이 일반국민에게)글로 써서 널리 알리는 것

공사　(工事)：토목·건축 등에 관한 일
　　　(公使)：외교관의 하나

공법　(工法)：공사하는 방법
　　　(空法)：항공법

공용　(公用)：관청이나 공공단체의 비용
　　　(共用)：공동으로 씀

공포　(公布)：일반에게 널리 알림
　　　(空砲)：헛총

과거　(科擧)：벼슬아치를 뽑기 위하여 보이던 시험
　　　(過去)：지나간 때, 지난 날

과실　(果實)：먹을 수 있는 나무의 열매
　　　(過失)：잘못이나 허물, 과오

교사　(教師)：유치원·초·중·고등학교의 자격증을 가지고 학생을 가르친 사람
　　　(校舍)：학교의 건물

구조　(救助)：위험한 상태에 있는 사람을 도와서 구원함
　　　(構造)：전체를 이루고 있는 부분들의 관계나 체계

국사　(國史)：나라의 역사
　　　(國事)：나라의 중대한 일

극단　(極端)：한쪽으로 몹시 치우침
　　　(劇團)：연극의 연구·상연(上演)을 전문으로 할 목적으로 조직된 단체

급수　(級數)：우열에 따라 매기는 등급
　　　(給水)：물을 공급함, 또는 그 물

기도　(企圖)：일을 꾸며 내려고 꾀함
　　　(氣道)：호흡할 때의 공기가 지나가는 통로

녹음　(綠陰)：푸른 잎이 우거진 나무의 그늘
　　　(錄音)：소리를 재생할 수 있도록 기계로 기록하는 일

단정　(端正)：얌전하고 바름
　　　(斷定)：분명한 태도로 결정함

✖ 동음이의어 (同音異義語)　　　　글자의 음은 같으나 뜻이 다른 漢字語

대기 (大氣) : 지구 둘레를 싸고 있는 기체, 공기
(待機) : 때나 기회를 기다림

대사 (大使) : 한 나라를 대표하여 딴 나라에 나아가 머무르면서 외교활동을 하는 외교관을 말함
(大事) : 큰 일

대한 (大寒) : 24절기의 하나, 극심한 추위
(對韓) : 한국(韓國)에 대하여

독주 (獨走) : 경주등에서 남을 앞질러 혼자 달림
(毒酒) : 독한 술

동기 (同氣) : 형제자매
(同期) : 같은 시기

동심 (同心) : 마음을 같이 함
(童心) : 어린이의 마음

동정 (同情) : 남의 불행이나 슬픔 따위를 자기 일처럼 생각하여 위로함
(動靜) : 사람의 행동·일·병세 등이 벌어져 나가는 낌새나 상태

동화 (同化) : 본래 다른 것이 감화되어 같게 됨
(童話) : 어린이를 위해 쓴 이야기

명문 (名文) : 뛰어나게 잘 지은 글
(名門) : 문벌이 좋은 집안, 명가(名家)

문호 (文豪) : 크게 뛰어난 문학·문장의 대가(大家), 문웅(文雄)
(門戶) : 집으로 드나드는 문

반감 (反感) : 반항의 뜻을 품은 감정
(半減) : 절반이 줌

발전 (發展) : 어떤 상태가 보다 좋은 상태로 되어감
(發電) : 전기를 일으킴

방위 (方位) : 동서남북을 기준으로 하여 정한 방향
(防衛) : 적이 쳐들어 온 것을 막아서 지킴

방화 (防火) : 화재를 미리 막음
(放火) : 일부러 불을 지름

부인 (夫人) : 남의 아내에 대한 높임말로서 특정인을 지칭할 때 쓰임
(婦人) : 결혼한 여자

부정 (不正) : 바르지 않음, 바르지 못한 일
(不貞) : (남편이나 아내가) 정조를 지키지 못함

불의 (不意) : 생각지도 못한 일
(不義) : 옳지 아니한 일

비명 (非命) : 재해나 사고 따위로 죽는 일
(悲鳴) : 몹시 놀라거나 괴롭고 다급한 일을 당하여 외마디 소리를 지르는 것

사고 (事故) : 뜻밖에 일어난 일이나 탈
(思考) : 생각하는 일

사기 (士氣) : 싸우려 하는 병사들의 씩씩한 기개
(史記) : 역사적인 사실을 적어놓은 책

사례 (事例) : 일의 전례나 실례
(謝禮) : 고마운 뜻을 나타내는 인사

사설 (私說) : 아직 공인되지 않은 개인의 학설이나 의견
(社說) : 신문·잡지 등에서 그 사(社)의 주장으로 펼치는 논설

사의 (謝意) : 나의 호의에 대한 감사의 뜻
(辭意) : 사임(辭任)을 하려는 뜻

사전 (事前) : 무슨 일이 있기 전
(辭典) : 언어를 모아서 일정한 순서로 나열하고, 발음·의의·용법·어원 등을 해설한 책

사후 (死後) : 죽은 뒤
(事後) : 일이 끝난 뒤

선전 (宣傳) : 주의·주장이나 사물의 존재·효능 따위를 많은 사람에게 이해시켜 공감을 얻을 목적으로 잘 설명하여 널리 알리는 일
(宣戰) : 다른 나라에 대하여 전쟁개시를 선언함

세대 (世帶) : 집안 식구
(世代) : 어떤 연대를 갈라서 나눈 층

소화 (消火) : 불을 끄는 일
(消化) : 먹은 음식물을 삭임

수도 (水道) : 물이 흘러들어오거나 흘러나가게 된 통로
(首都) : 한 나라의 중앙정부가 있는 도시

습득 (拾得) : 주워 얻음
(習得) : 배워 터득함

시장 (市長) : 시를 대표하고 시의 행정을 관장하는 직
(市場) : 여러 가지 상품을 팔고 사는 장소

시청 (市廳) : 시의 행정사무를 맡아보는 곳
(視聽) : 눈으로 보고 귀로 들음

식수 (食水) : 식용으로 쓰는 물
(植樹) : 나무를 심음

신부 (神父) : 천주교 사제나 서품을 받은 성직자
(新婦) : 갓 결혼한 여자나 곧 결혼할 여자

신임 (信任) : 믿고 일을 맡김
(新任) : 새로 임명됨 또는 그 사람

신장 (新裝) : 설비나 외관 따위를 새롭게 꾸밈
(身長) : 키

신축 (伸縮) : 늘고 주는 것 또는 늘이고 줄이는 것
(新築) : 축조하거나 건축함

실신 (失身) : 절개를 지키지 못함
(失神) : 정신을 잃음

애호 (愛好) : 사랑하여 즐김, 좋아함
(愛護) : 아끼고 소중히 다루며 보호함

야심 (夜深) : 밤이 깊음
(野心) : 크게 무엇을 이루어 보겠다는 마음

양호 (良好) : 아주 좋음
(養護) : 기르고 보호함

역사	(力士)	뛰어나게 힘이 센 사람
	(歷史)	인간 사회가 거쳐 온 변천의 모습
연기	(煙氣)	물건이 탈 때에 빛깔이 있는 기체
	(演技)	관객 앞에서 연극, 노래, 춤 등의 재주를 나타내 보임
영화	(映畵)	어떠한 주제 (主題)를 움직이는 영상
	(榮華)	권력과 부귀를 마음껏 누리는 일
예방	(豫防)	(질병·재해) 따위를 미리 대처하여 막는 것
	(禮訪)	의례적인 방문
외형	(外兄)	이종형
	(外形)	사물의 겉모양
원고	(原告)	소송을 제기하여 재판을 청구한 사람
	(原稿)	인쇄하거나 발표하기 위하여 쓴 글이나 그림 따위
유세	(有勢)	자랑삼아 세도를 부리는 것
	(遊說)	자기 의견 또는 자기 소속정당의 주장을 설파하며 돌아다니는 것
유전	(油田)	석유가 나는곳, 석유가 땅속에 묻혀있는 지역
	(遺傳)	어버이의 성질·체질·형상 등이 자손에게 전해지는 일
유치	(留置)	맡아두는 것, 사람이나 물건을 일정한 지배하에 두는 것
	(幼稚)	나이가 어림, 정도가 낮음
의사	(意思)	무엇을 하려고 하는 생각이나 마음
	(醫師)	의술과 약으로 병을 고치는 일을 업으로 하는 사람
이상	(異常)	정상적인 것과 다른 상태나 현상
	(理想)	이성으로 생각할 수 있는 사물의 가장 완전한 상태나 모습
이성	(異性)	남성쪽에서 본 여성, 또는 여성 쪽에서 본 남성
	(理性)	사물의 이치를 논리적으로 생각하고 판단하는 능력
인사	(人士)	사회적인 지위가 있는 사람
	(人事)	남에게 공경하는 뜻으로 하는 예
인상	(引上)	물건값, 요금, 봉급 등을 올림
	(印象)	보거나 듣거나 했을 때 대상물이 사람의 마음에 주는 느낌
인정	(人情)	사람이 본디 지니고 있는 모든 감정
	(認定)	옳다고 믿고 정함
자모	(子母)	아들과 어머니
	(字母)	표음 문자의 음절을 이루는 단위인 하나하나의 글자
자수	(自手)	자기 혼자의 노력이나 힘
	(自首)	죄를 지은 사람이 경찰에 붙잡히기 전 스스로 자신을 신고하는 일
자신	(自身)	제 몸, 자기
	(自信)	자기의 값어치나 능력을 믿음
자원	(自願)	어떤 일을 자기 스스로 하고자 바라거나 나섬
	(資源)	생산의 바탕이 되는 여러 가지 물자
자제	(子弟)	남을 높이어 그의 아들을 이르는 말
	(自制)	욕망·감정 따위를 스스로 억제함

장관	(壯觀)	굉장하여 볼만한 경관
	(長官)	국무를 맡아보는 행정 각부의 책임자
재고	(再考)	다시 한 번 생각함
	(在庫)	창고에 있음
전기	(傳記)	한 개인의 일생에 관해 적은 기록
	(電氣)	전자의 이동으로 생기는 에너지의 한 형태
정당	(正當)	바르고 마땅함
	(政黨)	정치상의 이념이나 이상을 함께 한 사람들이 모여서 만든 단체
정상	(正常)	바른 상태
	(頂上)	산의 맨 꼭대기. 최고의 상태. 국가의 최고 수뇌
조기	(早起)	아침에 일찍 일어남
	(早期)	이른 시기
조작	(造作)	좋지 못한 목적아래 무슨 일을 지어냄
	(操作)	기계나 장치를 다루어 움직이게 함
조화	(造花)	종이나 헝겊 따위로 만든 꽃
	(調和)	서로 잘 어울림. 균형이 잘 잡힘
주의	(主義)	굳게 지키는 일정한 주장이나 방침
	(注意)	마음에 새겨두어 조심함
지원	(支院)	지방법원이나 가정법원 등에서 따로 분산된 하부기관
	(志願)	무엇을 하고 싶어 바라고 원함
천재	(天才)	태어날 때부터 갖춘 뛰어난 재주를 가진 사람
	(天災)	지진, 홍수 따위와 같이 자연현상으로 일어나는 재난
초대	(初代)	어떤 계통의 첫 번째 사람
	(招待)	남을 청하여 대접함
최고	(最古)	가장 오래됨
	(最高)	가장 높음
최소	(最小)	가장 작음
	(最少)	가장 적음 또는 가장 젊음
출장	(出張)	용무로 어떤 곳에 가거나 임시로 파견됨
	(出場)	어떤 장소에 나가는 것
통상	(通常)	특별하지 않고 예사임. 보통
	(通商)	나라 사이에 서로 상업을 함
통화	(通貨)	한 나라 안에서 사용된 화폐
	(通話)	전화로 말을 주고 받음
항구	(恒久)	변하지 아니하고 오래감
	(港口)	바닷가에 배를 댈 수 있게 설비한 곳
해산	(解産)	아이를 낳는 일. 분만
	(解散)	모인 사람이 헤어짐
호전	(好戰)	싸우기를 좋아함
	(好轉)	일이나 병 따위가 잘 되거나 낫기 시작함
회의	(會議)	여럿이 모여 의논하는것
	(懷疑)	의심을 품음

3級 II 漢字語 쓰기 및 단어익히기

※ 다음 漢字語를 써보고 읽으시오. ※3급 II 쓰기문제는 4급 II(750字) 범위 내에서 출제됨.

價格 (가격) 돈으로 나타낸 상품의 값

加減 (가감) 더하거나 뺌

間食 (간식) 군음식을 먹음

感情 (감정) 느끼어 일어나는 심정

監視 (감시) 경계하여 지켜봄

强要 (강요) 무리하게 요구함

健康 (건강) 육체가 아무 탈없이 정상적이고 튼튼함

改造 (개조) 고치어 다시 만듦

客觀 (객관) 제 삼자의 처지에서 사물을 보거나 생각하는 일

擧動 (거동) 몸을 움직이는 짓이나 태도

健在 (건재) 아무 탈없이 잘 있음

建設 (건설) 건물이나 그 밖의 시설물을 만들어 세움

格言 (격언) 인생에 대한 교훈·경계가 되는 짧은 말

堅固 (견고) 굳고 튼튼함

決定 (결정) 결단을 내려 확정함

結論 (결론) 말이나 글에서 끝맺는 부분

境界 (경계) 지역이 갈라지는 한계

慶事 (경사) 매우 즐겁고 기쁜 일

景致 (경치) 자연의 아름다운 모습

競爭 (경쟁) 서로 이기려고 다툼

經書 (경서) 유교의 가르침을 적은 서적

關係 (관계) 어떤 것이 다른 것에 영향을 미치는 일

季節 (계절) 한 해를 날씨에 따라 나눈 그 한 철

財界 (재계) 실업가나 금융업자의 사회

固有 (고유) 본디부터 지니고 있거나 그 사물에나 특별히 있음

故意 (고의) 일부러 하는 생각이나 태도

苦痛 (고통) 괴롭고 아픔

高空 (고공) 높은 공중

骨格 (골격) 몸을 지탱하는 여러 가지 뼈의 조직

公的 (공적) 딸려있는 기관이나 사회 일반에 관련된 것

共用 (공용) 공동으로 씀

果實 (과실) 먹을 수 있는 나무의 열매

科目 (과목) 교과를 구성하는 단위

過誤 (과오) 잘못이나 허물

觀望 (관망) 형세 따위를 넌지시 바라봄

關係 (관계) 어떤 것이 다른 것에 영향을 미치는 일

光線 (광선) 빛살

廣場 (광장) 넓은 곳이나 넓게 비어 있는 곳

交際 (교제) 사람과 사람이 서로 사귐

登校 (등교) 학교에 감

口傳 (구전) 말로 전함

道具 (도구) 어떤 일을 할 때 쓰이는 연장

區域 (구역) 갈라놓은 지역

句節 (구절) 토막글

要求 (요구) 달라고 청함

軍隊 (군대) 군인들의 집단

勸學 (권학) 학문에 힘쓰도록 권함

貴下 (귀하) 상대편을 높여 그의 이름 뒤에 쓰는 말

南極 (남극) 지축의 남쪽 끝

等級 (등급) 좋고 나쁨의 차이를 두어 여러 층으로 나누어 구별하는 수

給食 (급식) 학교나 공장 등에서 아동이나 종업원에게 끼니 음식을 주는 일

器具 (기구) 세간·그릇·연장 따위를 통틀어 이루는 말

基本 (기본) 사물의 가장 중요한 밑바탕

記錄 (기록) 뒤에 남기려고 적음

暖房 (난방) 건물 또는 방안을 따뜻하게 하는 일

納稅 (납세) 세금을 바침

案內 (안내) 어떤 곳에 데려다 줌

怒氣 (노기) 성난 기색

農夫 (농부) 농업에 종사하는 사람

單獨 (단독) 혼자

團員 (단원) 단체를 구성하는 사람

斷定 (단정) 분명한 태도로 결정함

檀君 (단군) 우리 겨레의 시조로 받드는 태초의 임금

達成 (달성) 뜻한 바를 이룸

談話 (담화) 허물없이 이야기를 나눔

解答 (해답) 풀어서 밝히거나 답함

當然 (당연) 일의 전후사정을 놓고 볼 때 마땅히 그러함

對答 (대답) 묻는 말에 자기 뜻을 나타냄

待望 (대망) 기다리고 바람

到着 (도착) 목적지에 다다름

指導 (지도) 어떤 목적이나 방향에 따라 가르치어 이끎

半島 (반도) 삼면이 바다인 큰 육지

道德 (도덕) 사람으로서 마땅히 지켜야 할 도리

毒感 (독감) 아주 독한 감기

監督 (감독) 보살피고 지도 단속함

讀音 (독음) 글 읽는 소리나 한자의 음

運動 (운동) 몸을 단련하거나 건강보조하기 위해 몸을 움직이는 일

同窓 (동창) 같은 학교나 같은 스승 밑에서 공부한 관계

樂園 (낙원) 아무 근심없이 즐거움이 넘쳐 흐르는 곳

落葉 (낙엽) 나뭇잎이 떨어짐

力量 (역량) 일을 해낼 수 있는 능력

思慮 (사려) 여러 가지로 신중하게 생각함

旅路 (여로) 나그네 길

歷史 (역사) 인간사회가 거쳐온 변천의 모습

號令 (호령) 큰소리로 꾸짖음

禮儀 (예의) 공경의 뜻을 표하는 말투나 몸가짐

勞使 (노사) 노동자와 사용자

船路 (선로) 뱃길

綠陰 (녹음) 푸른 잎이 우거진 나무의 그늘

收錄 (수록) 기록하여 넣거나 모아서 실음

流通 (유통) 흘러 움직이거나 생산자 소비자 사이에 거래되는 일

留學 (유학) 외국에 머물러 공부함

道理 (도리) 사람이 마땅히 지켜야 할 바른 길

※ 다음 漢字語를 써보고 읽으시오.

鄕里(향리) 고향

林業(임업) 이득을 얻고자 삼림을 경영하는 사업

滿期(만기) 정해진 기한이 참

每週(매주) 그 주일

不買(불매) 사지 아니함

賣店(매점) 일상용품을 파는 소규모의 가게

面相(면상) 사람 얼굴 모습만을 본떠 만든 석상이나 동상

名醫(명의) 병을 잘 고치는 이름난 의사

命中(명중) 겨냥한 곳을 쏘아 바로 맞히거나 맞음

母乳(모유) 어머니의 젖

牧場(목장) 말·소·양 따위를 놓아 기르는 일정 구역의 땅

職務(직무) 직업으로서 맡아서 하는 일

文武(문무) 문관과 무관

問責(문책) 일의 책임을 물어 꾸짖음

事物(사물) 일이나 물건

味覺(미각) 혀 따위로 맛을 느끼는 감각

米食(미식) 쌀로 하는 음식이나 쌀밥을 늘 먹음

密度(밀도) 빽빽한 정도

博識(박식) 널리 보고 들어서 아는 것이 많음

反復(반복) 되풀이 함

發展(발전) 세력 따위가 성하게 뻗어나감

妨害(방해) 남의 일을 못하게 함

放牧(방목) 소·말·양 따위를 놓아 기름

背後(배후) 등뒤나 뒤쪽 또는 표면에 드러나지 않는 부분

配慮(배려) 여러모로 자상하게 마음을 씀

伐木(벌목) 나무를 벰

賞罰(상벌) 상과 벌

變化(변화) 사물의 모양이나 성질이 바뀜

身邊(신변) 몸의 주변

個別(개별) 따로따로임

報恩(보은) 은혜를 갚음

寶物(보물) 보배로운 물건

復活(부활) 죽었다가 다시 살아남

本質(본질) 가장 중요한 근본적 성질

奉養(봉양) 받들어 모심

婦女(부녀) 부인과 여자라는 뜻으로 여성을 말함

部類(부류) 공통적인 성격 등에 따라 나눈 갈래

北極(북극) 지구 북쪽의 끝

不變(불변) 변하지 않음

具備(구비) 빠짐없이 갖춤

悲劇(비극) 슬픈 결말의 극 (영화)

比例(비례) 예를 들어 견주어 봄

消費(소비) 물건이나 시간, 노력 따위를 쓰는 것

非難(비난) 나쁘게 말함

貧困(빈곤) 살림살이가 어려움

氷河(빙하) 빙산이 깎여서 강을 이루는 것

奉仕(봉사) 남을 위해 일함

師弟(사제) 스승과 제자

査察(사찰) 조사하여 살핌

謝禮(사례) 고마운 뜻을 나타내는 인사

辭任(사임) 맡고 있는 자리에서 스스로 물러남

殺伐(살벌) 거동이나 분위기가 거칠고 무시무시함

上席(상석) 윗자리

常用(상용) 일상적으로 늘 사용함

序頭(서두) 어떤 차례의 첫머리

客席(객석) 구경하는 사람이 앉는 자리

神仙(신선) 도를 닦아 신통력이 있는 사람

選擧(선거) 대표자나 임원을 투표 등의 방법으로 뽑음

新鮮(신선) 새롭고 산뜻함

毒舌(독설) 남을 사납고 날카롭게 매도하는 말

設置(설치) 기계나 설비 따위를 마련하여 둠

說得(설득) 잘 설명하거나 타일러서 납득시킴

都城(도성) 서울, 수도

性質(성질) 날 때부터 가지고 있는 기질

反省(반성) 자기의 행동을 스스로 돌이켜 살핌

聖人(성인) 지덕이 뛰어나 숭상받는 사람

忠誠(충성) 나라나 임금에게 바치는 곧은 마음

氣勢(기세) 기운차게 내뻗는 형세

細密(세밀) 가늘고 빽빽함

淸掃(청소) 깨끗이 쓸고 닦음

俗談(속담) 널리 구전되는 민간 격언

團束(단속) 주의를 기울여 단단히 살핌

損益(손익) 손실과 이익

硏修(연수) 그 분야의 필요한 지식을 익히기 위해 공부하는 일

受賞(수상) 상을 받음

守護(수호) 지키고 보호함

授業(수업) 학업이나 기술을 가르쳐줌

收益(수익) 일이나 사업을 통한 이익

秀麗(수려) 어떤 물건이 곱고 화려함

首都(수도) 한 나라의 중앙정부가 있는 도시

宿願(숙원) 오래전부터 바라던 소원

順序(순서) 정해진 차례

始初(시초) 맨 처음

施設(시설) 베풀어서 차림

示威(시위) 위력이나 기세를 드러내 보임

試驗(시험) 지식수준이나 기술의 능률정도를 알아보는 일

舊式(구식) 예전 형식

休息(휴식) 잠깐 쉬어가는 일

移植(이식) 농작물이나 나무를 옮겨 심음

學識(학식) 학문으로 얻은 지식의 정도

新郞(신랑) 곧 결혼할 남자나 갓 결혼한 남자

得失(득실) 얻음과 잃음

實感(실감) 실제로 대한 것처럼 느낌

申告(신고) 조직의 구성원이 윗사람에게 보고하는 일

惡德(악덕) 도의에 어긋나는 마음이나 행동

治安(치안) 잘 다스려 편안하게 함

暗殺(암살) 몰래 죽임

制壓(제압) 기세나 세력을 억누름

液體(액체) 부피는 있으나 모양없이 변하는 물결

野球(야구) 공과 방망이를 가지고 하는 구기종목의 한 가지

虛弱(허약) 몸이나 세력 따위가 약함

約婚(약혼) 결혼하기로 서로 약속함

藥房(약방) 약을 파는 곳

漁船(어선) 고기잡이 배

論語(논어) 공자의 언행이나 문답 등을 기록한 책

格言(격언) 인생에 교훈이나 경계가 되는 말

授與(수여) 증서나 상 따위를 줌

簡易(간이) 간단하고 쉬움

演劇(연극) 배우가 동작이나 대사를 통해 표현하는 예술

熱意(열의) 열성을 다하는 마음

英雄(영웅) 재주와 담력이 뛰어난 인물

藝術(예술) 미를 창조하고 표현하는 행위

玉座(옥좌) 임금이 앉는 자리

號外(호외) 정기적이 아닌 임시로 발행하는 인쇄물

歌謠(가요) 민요나 동요, 유행가를 통틀어 이루는 말

容易(용이) 아주 쉬움

運送(운송) 사람이나 물건을 실어나름

元祖(원조) 한 겨레의 맨 처음 조상

減員(감원) 인원을 줄임

遠近(원근) 멀고 가까움

月給(월급) 다달이 받는 일정금액의 돈

威勢(위세) 위엄이 있는 기세

防衛(방위) 적이 쳐들어오는 것을 막음

報恩(보은) 은혜를 갚음

綠陰(녹음) 푸른 잎이 우거진 나무의 그늘

應急(응급) 급한대로 우선 처리함

醫師(의사) 의술로 병을 고치는 사람

差異(차이) 서로 다른 점

耳順(이순) 60세를 이르는 말

引證(인증) 인용하여 증거로 삼음

週日(주일) 일요일부터 토요일까지의 기간

姿態(자태) 몸가짐과 맵시

將軍(장군) 군을 통솔하는 무관

印章(인장) 도장

材質(재질) 재료와 성질

災難(재난) 뜻밖의 불행한 일

爭點(쟁점) 논쟁의 중심이 되는 점

低價(저가) 낮은 값

天敵(천적) 어떤 생물에 대하여 해로운 적이 되는 생물

傳達(전달) 전하여 이르게 함

典故(전고) 전례와 고사가 되는 옛일

戰勢(전세) 싸움의 형세

田園(전원) 논밭과 동산

切斷(절단) 끊어냄

絶壁(절벽) 깎은듯이 험한 벼랑

接待(접대) 맞이하여 대면함

校庭(교정) 학교의 운동장

政權(정권) 정치하는 권력

正確(정확) 바르고 확실함

精誠(정성) 성의를 다하는 마음

經濟(경제) 돈을 벌기 위해 이용하는 모든 활동

製造(제조) 물건을 만듬

宿題(숙제) 학생들에게 내어주는 과제

早退(조퇴) 직장이나 학교 등에서 끝나기 전에 일찍 돌아감

始祖(시조) 한 가정이나 나라의 초대가 되는 사람

造船(조선) 배를 건조함

鳥類(조류) 새 무리

尊敬(존경) 인격 등을 높여 공경함

將卒(장졸) 장수와 병졸

宗敎(종교) 신을 믿고 마음의 행복을 얻고자 하는 체계

種類(종류) 어떤 기준으로 나눈 갈래

座席(좌석) 앉는 자리

移住(이주) 다른 곳이나 다른 나라에 옮기어 삶

晝間(주간) 낮 동안

洋酒(양주) 서양에서 들어온 술

竹葉(죽엽) 대나무잎

觀衆(관중) 구경거리를 보려고 모인 관중

意志(의지) 목적이 뚜렷한 생각

收支(수지) 수입과 지출

止血(지혈) 흘러나오는 피를 멎게 함

就職(취직) 직업을 얻음

進展(진전) 진행되어 나아감

差異(차이) 서로 다름

着陸(착륙) 땅위에 내림

創造(창조) 어떤 목적으로 문화적·물질적 가치를 이룩함

合唱(합창) 여러 사람이 화성을 이루면서 노래함

溫泉(온천) 지열로 데워진 물이 자연적으로 솟아나는 샘

鐵物(철물) 쇠로 만든 온갖 물건

總合(총합) 전부를 합함

建築(건축) 건물을 만드는 일

充滿(충만) 가득하게 참

忠誠(충성) 참 마음에서 우러나는 정성

取材(취재) 재료나 제재를 찾아서 얻음

測量(측량) 생각하여 헤아림

筆致(필치) 글이나 글씨 쓰는 솜씨

親切(친절) 정성스럽고 정다움

快樂(쾌락) 기분이 좋고 즐거움

圓卓(원탁) 둥근 탁자

形態(형태) 사물의 생긴 모양

傳統(전통) 지난 날로부터 이어내려오는 양식 또는 정신

退場(퇴장) 장내·무대 따위에서 물러남

判定(판정) 어떤 일을 판별하여 결정함

便利(편리) 어떤 일을 하거나 이용하기 쉬움

內包(내포) 내부에 포함되어 가짐

砲擊(포격) 대포로 사격함

得票(득표) 투표에서 얻은 표 수

代表(대표) 전체를 표시할만한 사물이나 인물

豊作(풍작) 풍년이 들어 잘 된 농사

限界(한계) 사물이 정해진 범위

航海(항해) 배와 항공기가 다니는 길

讀解(독해) 글을 읽어 이해함

虛實(허실) 거짓과 참

特許(특허) 특별히 허가함

現實(현실) 눈앞에 있는 사실

協助(협조) 남이 하는 일을 도와줌

形狀(형상) 생긴 모양

信號(신호) 일정한 부호로 의사를 전달하는 일

紅葉(홍엽) 붉은 잎, 단풍

畫報(화보) 그림이나 사진 등을 위주로 한 인쇄물

花壇(화단) 꽃밭

財貨(재화) 재물

病患(병환) 병의 높임말

會議(회의) 모여서 의논함

無效(무효) 효력이 없음

訓戒(훈계) 타일러 경계함

✿ 모양이 닮은 漢字

間 (사이 간)
聞 (들을 문)
問 (물을 문)

看 (볼 간)
着 (붙을 착)

監 (볼 감)
覽 (볼 람)

儉 (검소할 검)
檢 (검사할 검)

境 (지경 경)
鏡 (거울 경)

警 (깨우칠 경)
驚 (놀랄 경)

頃 (이랑 경)
項 (항목 항)

季 (철 계)
李 (오얏 리)

考 (생각할 고)
孝 (효도 효)

球 (공 구)
救 (구원할 구)
求 (구할 구)

壞 (무너질 괴)
壤 (흙덩이 양)
懷 (품을 회)

丘 (언덕 구)
兵 (병사 병)

句 (글귀 구)
旬 (열흘 순)

群 (무리 군)
郡 (고을 군)

卷 (책 권)
券 (문서 권)

勸 (권할 권)
觀 (볼 관)

歸 (돌아갈 귀)
掃 (쓸 소)

劇 (심할 극)
據 (근거 거)

級 (등급 급)
給 (줄 급)

己 (몸 기)
已 (이미 이)
巳 (뱀 사)

怒 (성낼 노)
奴 (사내종 노)

旦 (아침 단)
且 (또 차)

堂 (집 당)
當 (마땅할 당)

代 (대신할 대)
伐 (칠 벌)

帶 (띠 대)
隊 (무리 대)
待 (기다릴 대)
侍 (모실 시)

到 (이를 도)
致 (이를 치)

徒 (무리 도)
從 (좇을 종)

亂 (어지러울 란)
難 (어려울 난)

陸 (뭍 륙)
睦 (화목할 목)

微 (가늘 미)
徵 (부를 징)

武 (호반 무)
式 (법 식)

薄 (엷을 박)
簿 (문서 부)

防 (막을 방)
妨 (방해할 방)

紛 (어지러울 분)
粉 (가루 분)

佛 (부처 불)
拂 (떨칠 불)

貧 (가난할 빈)
貪 (탐할 탐)

謝 (사례할 사)
射 (쏠 사)

師 (스승 사)
帥 (장수 수)

使 (부릴 사)
便 (편할 편)

思 (생각 사)
恩 (은혜 은)

城 (재 성)
域 (지경 역)

詩 (시 시)
討 (칠 토)

緣 (인연 연)
綠 (푸를 록)

熱 (더울 열)
勢 (형세 세)

哀 (슬플 애)
衰 (쇠할 쇠)

榮 (영화로울 영)
營 (경영할 영)

圍 (에워쌀 위)
圓 (둥글 원)

腸 (창자 장)
陽 (볕 양)

裝 (꾸밀 장)
獎 (장려할 장)

栽 (심을 재)
裁 (마를 재)
載 (나를 재)

材 (재목 재)
村 (마디 촌)

積 (쌓을 적)
績 (공 적)

傳 (전할 전)
停 (머무를 정)

錢 (돈 전)
殘 (남을 잔)

條 (가지 조)
修 (닦을 수)

指 (가리킬 지)
持 (가질 지)

知 (알 지)
和 (화할 화)

職 (직분 직)
識 (알 식)

着 (붙을 착)
差 (다를 차)

忠 (충성 충)
患 (근심할 환)

側 (곁 측)
測 (헤아릴 측)

親 (친할 친)
新 (새 신)

探 (찾을 탐)
深 (깊을 심)

澤 (연못 택)
擇 (가릴 택)

砲 (대포 포)
胞 (세포 포)

閉 (닫을 폐)
閑 (한가할 한)

疲 (지칠 피)
波 (물결 파)

虛 (빌 허)
處 (곳 처)

畫 (그림 화)
晝 (낮 주)

歡 (기쁠 환)
歎 (탄식할 탄)

✖ 일자다음자(一字多音字), 동자이음자(同字異音字) ■ 두 가지 이상의 음을 가진 한자

훈음(訓音)			예(例)	훈음(訓音)			예(例)	훈음(訓音)			예(例)
降	강	내리다	降雪 (강설)	北	북	북녘	南北 (남북)	食	식	먹다	飮食 (음식)
	항	항복하다	降伏 (항복)		배	달아나다	敗北 (패배)		사	밥	簞食瓢飮 (단사표음)
更	갱	다시	更新 (갱신)	不	부	아니다	不當 (부당)	識	식	알다	知識 (지식)
	경	고치다	變更 (변경)		불	아니다	不可能 (불가능)		지	기록하다	標識 (표지)
車	거	수레	人力車 (인력거)	寺	사	절	寺刹 (사찰)	沈	침	잠기다	沈沒 (침몰)
	차	수레	自動車 (자동차)		시	내관	內寺 (내시)		심	성씨	沈氏 (심씨)
乾	건	하늘,마르다	乾坤 (건곤)	邪	사	간사하다	邪惡 (사악)	惡	악	악하다	惡人 (악인)
	간	마르다	乾物 (간물)		야	희롱하다	邪楡 (야유)		오	미워하다	憎惡 (증오)
見	견	보다	見學 (견학)	殺	살	죽이다	殺生 (살생)	樂	요	좋아하다	樂山樂水 (요산요수)
	현	뵙다	謁見 (알현)		쇄	덜다	相殺 (상쇄)		락	즐기다	樂園 (낙원)
金	금	쇠	千金 (천금)	參	삼	석	參千 (삼천)		악	노래	音樂 (음악)
	김	성	金氏 (김씨)		참	참여하다	參加 (참가)	易	역	바꾸다	貿易 (무역)
茶	다	차	茶房 (다방)	狀	상	형상	現狀 (현상)		이	쉽다	難易 (난이)
	차	차	葉茶 (엽차)		장	문서	賞狀 (상장)	刺	자	찌르다	刺客 (자객)
丹	단	붉다	丹楓 (단풍)	塞	새	변방	要塞 (요새)		척	찌르다	刺殺 (척살)
	란	꽃이름	牡丹 (모란)		색	막다	閉塞 (폐색)	切	절	끊다	切斷 (절단)
糖	당	엿	糖尿 (당뇨)	索	색	찾다	索出 (색출)		체	온통	一切 (일체)
	탕	사탕	雪糖 (설탕)		삭	흩어지다	索莫 (삭막)	辰	진	별	壬辰 (임진)
宅	택	집	住宅 (주택)	說	설	말씀	說話 (설화)		신	태어나다	生辰 (생신)
	댁	집안	宅內 (댁내)		세	달래다	遊說 (유세)	推	추	옮기다	推進 (추진)
度	도	법도	程度 (정도)		열	기뻐하다	說樂 (열락)		퇴	밀다	推敲 (퇴고)
	탁	헤아리다	度地 (탁지)	省	성	살피다	反省 (반성)	則	칙	법칙	法則 (법칙)
讀	독	읽다	讀書 (독서)		생	덜	省略 (생략)		즉	곧	則 (즉)–다시말하면
	두	구절	句讀 (구두)	率	솔	거느리다	引率 (인솔)	布	포	베, 펴다	布告 (포고)
洞	동	고을	洞里 (동리)		률	비율	能率 (능률)		보	베풀다	布施 (보시)
	통	통하다	洞察 (통찰)	帥	수	장수	元帥 (원수)	暴	폭	나타내다	暴露 (폭로)
便	변	똥오줌	便所 (변소)		솔	거느리다	帥先 (솔선)		포	사납다	暴惡 (포악)
	편	편하다	便利 (편리)	宿	숙	묵다	旅人宿 (여인숙)	行	행	다니다	行動 (행동)
復	복	회복하다	復舊 (복구)		수	성수	星宿 (성수)		항	항렬	行列 (항렬)
	부	다시	復興 (부흥)	拾	습	줍다	拾得 (습득)	畫	화	그림	畫家 (화가)
					십	열	拾圓 (십원)		획	그으다	計畫 (계획)

角者無齒(각자무치) : 뿔이 있는 짐승은 이가 없다는 뜻으로 한 사
람이 여러가지 복을 다 가질 수 없다는 말

敢不生心(감불생심) : 감히 엄두도 내지 못함

甘言利說(감언이설) : 귀가 솔깃하도록 남의 비위를 맞추거나 이
로운 조건을 내세워 꾀는 말

江湖煙波(강호연파) : 강이나 호수 위에 안개처럼 보얗게 이는
기운

居安思危(거안사위) : 편안히 살 때 닥쳐올 위태로움을 생각함

見利思義(견리사의) : 눈 앞에 이익이 보일 때 의리를 먼저 생각함

見危授命(견위수명) : 나라가 위급할 때 자기 몸을 나라에 바침

結草報恩(결초보은) : 죽은 뒤에라도 은혜를 잊지 않고 갚음을
이르는 말

經世濟民(경세제민) : 세상을 다스리고 백성을 구함

敬天勤民(경천근민) : 하늘을 공경하고 백성을 위하여 부지런히
일함

鷄卵有骨(계란유골) : 달걀에도 뼈가 있다는 말로 운수가 나쁜
사람은 모처럼 좋은 기회를 만나도 역시
일이 잘 안된다는 뜻

苦盡甘來(고진감래) : 쓴 것이 다하면 단 것이 온다는 말로, 고생
끝에 즐거움이 온다는 뜻

空前絶後(공전절후) : 전에도 없었고 앞으로도 없을 일

過大評價(과대평가) : 실제보다 지나치게 높이 평가함

九牛一毛(구우일모) : 매우 많은 것 가운데 극히 적은 수를 이르
는 말

九折羊腸(구절양장) : 꼬불꼬불하며 험한 산길을 이르는 말

君臣有義(군신유의) : 임금과 신하 사이의 도리는 의리에 있음

權不十年(권불십년) : 권세가 10년을 가지 못함

極惡無道(극악무도) : 지극히 악하고도 도의심이 없음

起死回生(기사회생) : 죽을 뻔하다가 다시 살아남

難攻不落(난공불락) : 공격하기가 어려워 좀처럼 함락되지 아니
함

難兄難弟(난형난제) : 두 사물이 비슷하여 낫고 못함을 정하기
어려움을 이르는 말

怒發大發(노발대발) : 크게 성을 냄

論功行賞(논공행상) : 세운 공을 논하여 상을 줌

多多益善(다다익선) : 많으면 많을수록 더욱 좋음

多聞博識(다문박식) : 견문이 넓고 학식이 많음

大義名分(대의명분) : 사람으로서 마땅히 지키고 행하여야 할 도
리나 본분

大同小異(대동소이) : 큰 차이 없이 거의 같음

獨不將軍(독불장군) : 남의 의견은 무시하고 혼자 모든 일을 처
리함.

得意滿面(득의만면) : 일이 뜻대로 이루어져 기쁜 표정이 얼굴에
가득함

燈下不明(등하불명) : 등잔 밑이 어둡다는 뜻으로 가까이 있는 것
이 오히려 알아내기가 어려움을 이르는 말

燈火可親(등화가친) : 시원한 가을 밤은 등불을 가까이 하여 책
읽기에 좋다는 뜻

明鏡止水(명경지수) : 맑은 거울과 고요한 물

目不識丁(목불식정) : 아주 간단한 글자인 '丁'자를 보고도 그것
이 '고무래'인 줄을 알지 못한다는 뜻으로,
아주 까막눈임을 이르는 말

無爲徒食(무위도식) : 하는 일 없이 놀고 먹음

美風良俗(미풍양속) : 아름답고 좋은 풍속이나 기풍

博學多識(박학다식) : 학식이 넓고 아는 것이 많음

百家爭鳴(백가쟁명) : 많은 학자나 문화인 등이 자기의 학설이나
주장을 자유롭게 발표하여, 논쟁하고 토론
하는 일

百害無益(백해무익) : 해롭기만 하고 조금도 이로울 것이 없음

父傳子傳(부전자전) : 아버지가 아들에게 대대로 전함

思考方式(사고방식) : 어떤 문제에 대하여 생각하고 궁리하는 방
법이나 태도

死生決斷(사생결단) : 죽고 사는 것을 거들떠보지 않고 끝장을
내려고 덤벼 듦

事實無根(사실무근) : 근거가 없음. 또는 터무니 없음

事親以孝(사친이효) : 어버이를 섬기기를 효도로써 함

事必歸正(사필귀정) : 모든 일은 반드시 바른길로 돌아감

四通五達(사통오달) : 길이나 교통상태가 사방으로 막힘없이 통함

山海珍味(산해진미) : 산과 바다에서 나는 온갖 진귀한 물건으로
차린 맛있는 음식

殺身成仁(살신성인) : 자기의 몸을 희생하여 인(仁)을 이룸

生面不知(생면부지) : 서로 한 번도 만난 적이 없어서 전혀 알지
못하는 사람

生不如死(생불여사) : 삶이 죽음만 같지 못하다는 매우 곤경에
처해 있음을 이르는 말

善因善果(선인선과) : 선업을 쌓으면 반드시 좋은 결과가 따름

仙姿玉質(선자옥질) : 신선의 자태에 옥의 바탕이라는 뜻으로, 몸
과 마음이 매우 아름다운 사람을 이르는 말

❌ 四字成語(故事成語)

說往說來(설왕설래) : 서로 자신의 주장을 내세우며 옥신각신하
　　　　　　　　 는 것을 말함

歲時風俗(세시풍속) : 해마다 행하여지는 전통적인 행사

速戰速決(속전속결) : 싸움을 오래 끌지 아니하고 빨리 몰아쳐
　　　　　　　　 이기고 짐을 결정함

送舊迎新(송구영신) : 이 해를 보내고 새해를 맞음

始終如一(시종여일) : 처음부터 끝까지 한결 같아서 변함 없음

信賞必罰(신상필벌) : 상과 벌을 공정하고 엄중하게 하는 일을
　　　　　　　　 이르는 말

身言書判(신언서판) : 예전에 인물을 선발하는 데 표준으로 삼던
　　　　　　　　 조건

實事求是(실사구시) : 사실에 토대를 두어 진리를 탐구하는 일

十年知己(십년지기) : 오래전부터 친히 사귀어 잘 아는 사람

眼下無人(안하무인) : 눈 아래에 사람이 없다는 뜻으로, 방자하
　　　　　　　　 고 교만하여 다른 사람을 업신여김을 이르
　　　　　　　　 는 말

安貧樂道(안빈낙도) : 가난한 생활을 하면서도 편안한 마음으로
　　　　　　　　 도를 즐겨 지킴

惡戰苦鬪(악전고투) : 몹시 어렵게 싸우는 것

藥房甘草(약방감초) : 한약 속에는 반드시 감초가 들어 있듯이,
　　　　　　　　 무슨 일이나 빠짐없이 끼임

弱肉强食(약육강식) : 약한 놈이 강한 놈에게 먹힘

魚東肉西(어동육서) : 제사음식을 차릴 때, 생선은 동쪽에 고기
　　　　　　　　 는 서쪽에 놓는다는 뜻

言文一致(언문일치) : 실제로 쓰는 말과 그 말을 적은 글이 일치
　　　　　　　　 함

言語道斷(언어도단) : 말할 길이 끊어졌다는 뜻으로, 어이가 없
　　　　　　　　 어서 말하려 해도 말할 수 없음을 이르는
　　　　　　　　 말

言行一致(언행일치) : 말과 행동이 서로 같음

如出一口(여출일구) : 여러 사람의 말이 한결같이 같음

女必從夫(여필종부) : 아내는 반드시 남편에게 순종해야 한다는
　　　　　　　　 말

緣木求魚(연목구어) : 나무에 올라가서 물고기를 구한다는 뜻으
　　　　　　　　 로, 도저히 불가능한 일을 굳이 하려 함을
　　　　　　　　 비유적으로 이르는 말

連戰連勝(연전연승) : 싸울 때마다 계속하여 이김

英才敎育(영재교육) : 천재아의 재능을 훌륭하게 발전시키기 위
　　　　　　　　 한 특수 교육

五穀百果(오곡백과) : 온갖 곡식과 온갖 과일

玉骨仙風(옥골선풍) : 옥과 같은 골격과 선인과 같은 풍채

溫故知新(온고지신) : 옛것을 익히고 그것을 미루어서 새것을 앎

右往左往(우왕좌왕) : 이리저리 왔다갔다 하며 일이 나아가는 방
　　　　　　　　 향을 잡지 못함

危機一髮(위기일발) : 여유가 조금도 없이 몹시 절박한 순간

有備無患(유비무환) : 미리 준비를 해두면 어려운 일이 닥쳐도
　　　　　　　　 걱정이 없다는 뜻

類類相從(유유상종) : 같은 무리끼리 서로 사귐

以實直告(이실직고) : 사실 그대로 고함

二律背反(이율배반) : 서로 모순되어 양립할 수 없는 두 개의 명
　　　　　　　　 제

以卵擊石(이란격석) : 달걀로 돌을 친다는 뜻으로 턱없이 약한
　　　　　　　　 것으로 강한 것을 당해내려는 어리석음

異口同聲(이구동성) : 다른 입에서 같은 소리를 낸다는 데서, 여
　　　　　　　　 러 사람의 말이 한결같음을 말함

利用厚生(이용후생) : 기물의 사용을 편리하게 하고 백성의 생활
　　　　　　　　 을 윤택하게 함

以心傳心(이심전심) : 마음과 마음으로 서로 뜻이 통함

以熱治熱(이열치열) : 열로써 열을 다스림

離合集散(이합집산) : 헤어졌다가 모였다가 하는 일

因果應報(인과응보) : 좋은 일에는 좋은 결과가, 나쁜 일에는 나
　　　　　　　　 쁜 결과가 따름

人生無常(인생무상) : 인생이 덧없음

人死留名(인사유명) : 사람은 죽어서 이름을 남긴다는 말

仁者無敵(인자무적) : 어진 사람은 모든 사람을 사랑하고, 또 사
　　　　　　　　 랑을 받으므로 세상에 적이 없음

一擧兩得(일거양득) : 한 가지 일로써 두 가지 이득을 얻음

一脈相通(일맥상통) : 하나의 맥락으로 서로 통한다는 데서 솜씨
　　　　　　　　 나 성격 등이 서로 비슷함을 말함

一絲不亂(일사불란) : 한 타레의 실이 조금도 헝클어짐이 없이
　　　　　　　　 질서정연하게 잘 풀림

一言半句(일언반구) : 한 마디의 말과 한 구의 반, 아주 짧은 말
　　　　　　　　 이나 글귀

一波萬波(일파만파) : 하나의 물결이 수많은 물결이 된다는 데서,
　　　　　　　　 하나의 사건이 여러 가지로 자꾸 확대되는
　　　　　　　　 것을 말함

日就月將(일취월장) : 나날이 다달이 자라거나 발전함

一喜一悲(일희일비) : 한편은 기쁘고 한편은 슬픔

一衣帶水(일의대수) : 한 줄기 좁은 강물이나 바닷물

❎ 四字成語 (故事成語)

一石二鳥 (일석이조) : 돌한 개를 던져 새 두 마리를 잡는다는 뜻으로, 동시에 두 가지 이득을 봄을 이르는 말

一罰百戒 (일벌백계) : 한 사람이나 한 가지 죄를 벌줌으로써 여러 사람을 경계함

自手成家 (자수성가) : 부모가 물려준 재산없이 자기 혼자의 힘으로 집안을 일으키고 재산을 모음

自强不息 (자강불식) : 스스로 힘써 몸과 마음을 가다듬어 쉬지 아니함

自業自得 (자업자득) : 자기가 저지른 일의 결과를 자기가 받음

自畵自讚 (자화자찬) : 자기가 한 일을 스스로 자랑함을 이르는 말

張三李四 (장삼이사) : 평범한 사람을 일컫는 말

適者生存 (적자생존) : 환경에 적응한 생물만이 살아남고, 그렇지 못한 것은 멸망하는 자연의 현실

適材適所 (적재적소) : 적당한 인재를 적당한 자리에 씀

戰爭英雄 (전쟁영웅) : 전쟁에 뛰어나고 용맹하여 보통 사람이 하기 어려운 일을 해내는 사람

全知全能 (전지전능) : 어떠한 사물이라도 잘 알고, 모든 일을 다 행할 수 있는 신(神)의 능력

前代未聞 (전대미문) : 이제까지 들어본 적이 없는 일

朝變夕改 (조변석개) : 아침저녁으로 뜯어 고침 곧 일을 자주 뜯어 고침

走馬看山 (주마간산) : 자세히 살피지 아니하고 대충대충 보고 지나감을 이르는 말

竹馬故友 (죽마고우) : 어릴 때부터 대나무를 타면서 같이 놀고 자랐던 옛 친구

衆口難防 (중구난방) : 여럿이 마구 지껄이는 말은 막기가 어렵다는 뜻

晝夜長川 (주야장천) : 밤낮으로 쉬지 아니하고 연달아

知過必改 (지과필개) : 자신의 잘못을 알면 반드시 고쳐야 한다는 뜻

至誠感天 (지성감천) : 지극한 정성을 하늘이 감동함

知行合一 (지행합일) : 지식과 행동이 서로 맞음

盡忠報國 (진충보국) : 충성을 다하여 나라의 은혜에 보답함

進退兩難 (진퇴양난) : 이러지도 저러지도 못하는 어려운 처지

天生緣分 (천생연분) : 세상에 태어날 때 부터 하늘이 정해준 남녀간의 인연

千慮一得 (천려일득) : 어리석은 사람이라도 많은 생각을 하면 한 가지쯤은 좋은 것이 나올 수 있음

千慮一失 (천려일실) : 지혜로운 사람도 많은 생각 가운데는 간혹

실책이 있을 수 있다는 말

千差萬別 (천차만별) : 여러 가지 사물이 모두 차이가 있고 구별이 있음

千篇一律 (천편일률) : 여러 시문의 격조(格調)가 모두 비슷하여 개별적 특성이 없음

天人共怒 (천인공노) : 하늘과 사람이 함께 노한다는 뜻으로 누구나 분노할 만큼 증오스럽거나 도저히 용납할 수 없음을 이르는 말

天災地變 (천재지변) : 지진, 홍수, 태풍 따위의 자연현상으로 인한 재앙과 피해

靑山流水 (청산유수) : 푸른 산에 맑은 물이라는 뜻으로 막힘없이 말을 잘 한다는 뜻

寸鐵殺人 (촌철살인) : 간단한 말로도 남을 감동시키거나 남의 약점을 찌를 수 있음

秋風落葉 (추풍낙엽) : 가을바람에 떨어지는 나뭇잎

出將入相 (출장입상) : 문무를 겸비하여 장상의 벼슬을 모두 지낸 사람

忠言逆耳 (충언역이) : 충직한 말은 귀에 거슬림

卓上空論 (탁상공론) : 현실성이 없는 허황한 이론이나 논의

敗家亡身 (패가망신) : 집안의 재산을 다 써 없애고 자신의 몸도 망침

風待歲月 (풍대세월) : 아무리 바라고 기다려도 실현될 가망성이 없는 일

風前燈火 (풍전등화) : 일의 사정이 위태로운 처지에 놓여 있음을 뜻함

必有曲折 (필유곡절) : 반드시 무슨 까닭이 있음

漢江投石 (한강투석) : 한강에 아무리 돌을 던져도 테가 나지 않듯이 지나치게 미비하여 아무 효과도 없음

海水浴場 (해수욕장) : 해수욕을 할 수 있는 환경과 시설이 갖추어진 바닷가

行動擧止 (행동거지) : 몸을 움직여 하는 모든 것

虛張聲勢 (허장성세) : 실속 없이 허세만 부림

好衣好食 (호의호식) : 잘 입고 잘 먹고 삶

呼兄呼弟 (호형호제) : 형이니 아우니 하면서 매우 가까운 사이로 지내며 산다는 뜻

花容月態 (화용월태) : 아름다운 여인의 얼굴과 맵시를 이르는 말

會者定離 (회자정리) : 만난 자는 언젠가 반드시 헤어짐

興盡悲來 (흥진비래) : 즐거움이 다하면 슬픔이 닥쳐옴

佳人薄命 (가인박명) : 여자의 용모가 너무 아름다우면 명이 짧고 운명이 기박하다는 뜻

刻骨銘心 (각골명심) : 뼈 속에 새기고 마음 속에 새긴다는 뜻으로 잊혀지지 않음

刻舟求劍 (각주구검) : 어리석고 미련하여 융통성이 없음을 이르는 말 (유) 守株待兎

干城之材 (간성지재) : 나라를 지키는 인재 (유) 棟梁之器

感之德之 (감지덕지) : 감사하게 여기고 덕으로 여긴다는 데서, 대단히 고맙게 여기는 것을 말함

甲男乙女 (갑남을녀) : 이름도 알려지지 않은 평범한 보통 사람들

改過遷善 (개과천선) : 잘못을 고치고 착하게 살아갈 때 쓰는 말

蓋世之才 (개세지재) : 온 세상을 덮을 만큼 뛰어난 재주

居安思危 (거안사위) : 편안한 때에 있어서도 앞으로 닥칠 위태로움을 생각함

隔世之感 (격세지감) : 오래지 않은 동안에 몰라보게 변하여 아주 다른 세상이 된 것 같은 느낌

犬馬之勞 (견마지로) : 자기의 노력을 낮추어 일컫는 말, 개나 말의 수고로움

見善從之 (견선종지) : 남의 착한 일을 본받고 착한 사람이 됨

堅忍不拔 (견인불발) : 굳게 참아내고 마음이 흔들리지 않음

見危授命 (견위수명) : 위태함을 보고 목숨을 주어 버림. 곧 나라의 위태로움을 보고 목숨을 아끼지 않고 나라를 위하여 싸움

結者解之 (결자해지) : 일을 만든 사람이 일을 해결해야 한다는 뜻

結草報恩 (결초보은) : '풀을 엮어서 은혜를 갚는다'는 뜻으로 죽어서도 은혜를 잊지 않고 갚음

兼人之勇 (겸인지용) : 혼자서 몇 사람을 당해낼 만한 용기

輕擧妄動 (경거망동) : 경솔하고 망령된 행동

傾國之色 (경국지색) : 한 나라를 기울게 할 만큼 용모가 빼어난 미인

鷄卵有骨 (계란유골) : 달걀에도 뼈가 있다는 뜻으로 공교롭게 일이 방해됨을 이르는 말

孤軍奮鬪 (고군분투) : 적은 인원의 약한 힘으로 남의 도움 없이 힘에 겨운 일을 함

高臺廣室 (고대광실) : 높은 대와 넓은 집이란 뜻에서 굉장히 크고 좋은 집을 말함

鼓腹擊壤 (고복격양) : 의식 (衣食) 이 풍부하여 안락하며 태평세월을 즐기는 일

姑息之計 (고식지계) : 당장의 편안함만을 꾀하는 일시적인 방편

苦肉之策 (고육지책) : 적을 속이는 수단으로서 제 몸 괴롭히는 것을 돌보지 않고 쓰는 계책

孤掌難鳴 (고장난명) : 외손뼉은 울리지 않는다는 데서, 혼자만의 힘으로는 어떤 일을 하기가 어렵다는 것을 비유함

苦盡甘來 (고진감래) : 고생 끝에 즐거움이 옴

曲學阿世 (곡학아세) : 학문을 왜곡하여 세속에 아부함. 자신의 소신이나 철학을 굽혀 권세나 시세에 아첨함

骨肉相爭 (골육상쟁) : 형제나 동족끼리 서로 다툼을 뜻함

空中樓閣 (공중누각) : 공중에 누각을 지은 것처럼 근거가 없는 가공의 사물

過恭非禮 (과공비례) : 지나친 공손은 도리어 예의가 아님

誇大妄想 (과대망상) : 턱없이 과장하여 엉뚱하게 생각함

過猶不及 (과유불급) : 정도를 지나침은 미치지 못함과 같음

巧言令色 (교언영색) : 남의 환심을 사려고 아첨하는 교묘한 말과 보기 좋게 꾸미는 표정을 이르는 말

九曲肝腸 (구곡간장) : 아홉 번 구부러진 간과 창자라는 뜻으로 굽이굽이 사무침. 마음 속

九死一生 (구사일생) : 여러 번 죽을 고비를 넘기고 간신히 살아남

九牛一毛 (구우일모) : 많은 것 가운데 가장 적은 것을 비유하는 말

口禍之門 (구화지문) : 입은 재앙을 불러들이는 문

國泰民安 (국태민안) : 나라가 태평하고 백성이 살기가 평안함

群鷄一鶴 (군계일학) : 평범한 사람 가운데 뛰어난 한 사람을 비유함

群雄割據 (군웅할거) : 많은 영웅들이 각지에 자리잡고 서로 세력을 다툼

君爲臣綱 (군위신강) : 임금은 신하의 모범이 되어야 한다는 말

窮餘之策 (궁여지책) : 궁한 끝에 나는 한 꾀

權謀術數 (권모술수) : 목적을 위해서는 가리지 않고 쓰는 온갖 술책

克己復禮 (극기복례) : 사욕을 누르고 예의 범절을 좇음

近墨者黑 (근묵자흑) : 먹을 가까이 하는 사람은 검어진다. 나쁜 사람과 어울리면 그의 좋지 못한 행실에 물듦

金科玉條 (금과옥조) : 금이나 옥과 같이 귀중하게 여기어 지킬 법규나 규정

金蘭之契 (금란지계) : 다정한 친구사이의 우정

金石之交 (금석지교) : 쇠나 돌처럼 굳고 변함없는 교제

金城湯池 (금성탕지) : 방비가 완벽함

錦衣夜行 (금의야행) : 비단옷을 입고 밤에 다닌다는 뜻으로 아무 보람이 없는 행동을 비유함

錦衣玉食 (금의옥식) : 비단옷과 옥같이 흰 쌀밥이란 뜻에서 사치스러운 생활을 이르는 말

錦衣還鄕 (금의환향) : 비단옷을 입고 고향으로 돌아온다는데서 성공하여 고향에 돌아옴을 말함

金枝玉葉 (금지옥엽) : 임금의 집안과 자손. 귀여운 자손

氣高萬丈 (기고만장) : 기격의 높이가 만 발이나 된다는 데서, 기운이 펄펄 나는 모양을 말함

✳ 사자성어 (四字成語)

吉凶禍福(길흉화복) : 길하고 흉함과 재앙과 복

內憂外患(내우외환) : 나라 안의 걱정과 외적의 침입에 대한 근심. 나라 안팎의 여러 가지 어려운 일들

內柔外剛(내유외강) : 사실은 마음이 약한데도 외부에는 강하게 나타남

內助之功(내조지공) : 아내가 가정에서 남편이 바깥일을 잘 할 수 있도록 도와줌

怒甲移乙(노갑이을) : 갑에게 당한 노염을 을에게 옮긴다는 뜻으로 어떤 사람에게 당한 화풀이를 다른 사람에게 해댐

怒氣衝天(노기충천) : 성난 기색이 하늘을 찌를 정도로 잔뜩 성이 나 있음

老馬之智(노마지지) : 늙은 말의 지혜란 뜻으로 아무리 하찮은 것일지라도 저마다 장기나 장점을 지니고 있음

怒髮衝冠(노발충관) : 몹시 화가 나서 일어선 머리카락이 관을 추켜올림

路不拾遺(노불습유) : 길에 떨어진 물건도 주워 가지 않음

綠林豪傑(녹림호걸) : 푸른 숲 속의 호걸이란 뜻으로 화적이나 도둑을 달리 이르는 말

綠陰芳草(녹음방초) : 푸른 나무 그늘과 꽃다운 풀, 곧, 여름의 자연경치

弄瓦之慶(농와지경) : 딸을 낳은 즐거움

累卵之勢(누란지세) : 알을 쌓아 놓은 듯한 형세. 곧, 매우 위태로운 형세

能小能大(능소능대) : 작은 일도 큰 일도 능히 해낼 수 있음

多多益善(다다익선) : 많으면 많을수록 더욱 좋음

斷機之敎(단기지교) : 학문을 중도에서 그만두는 것은 짜던 베의 날을 끊는 것과 같다는 가르침

斷金之交(단금지교) : 친구 사이의 사귀는 정이 두텁고 깊은 것

單刀直入(단도직입) : 한칼로 바로 적진에 쳐들어간다는 뜻으로, 문장이나 언론에 여러 말을 늘어놓지 않고 바로 요점이나 본문제를 중심적으로 말함을 이르는 말

大器晚成(대기만성) : 크게 될 사람은 성공이 늦다는 말

大聲痛哭(대성통곡) : 큰 목소리로 슬피 욺

對牛彈琴(대우탄금) : 소귀에 거문고 소리, 아무리 일러주어도 이해하지 못함

大義滅親(대의멸친) : 국가나 사회의 대의를 위해서는 부모 형제의 정도 돌보지 않음

桃園結義(도원결의) : 의형제를 맺음

讀書三到(독서삼도) : 독서는 눈으로 보고, 입으로 읽고, 마음으로 깨우쳐야 함

獨也靑靑(독야청청) : 홀로 푸르름. 혼탁한 세상에서 홀로 높은 절개를 드러내고 있다는 말

同價紅裳(동가홍상) : 같은 값이면 다홍치마. 같은 조건이라면 좀 낫고 편리한 것을 택함

東奔西走(동분서주) : 부산하게 이리저리 돌아다님

同床異夢(동상이몽) : 같은 잠자리에서 다른 꿈을 꾼다는 데서 같은 처지에서도 서로 다른 생각을 함

東衝西突(동충서돌) : 동쪽에서 부딪히고 서쪽에서 부딪힘

登高自卑(등고자비) : 높이 오르려면 낮은 곳에서부터 오른다는 말로, 무슨 일이든지 순서가 있음을 일컫는 말

登龍門(등용문) : 용문(龍門)은 중국 황하의 상류에 있는 급류로, 잉어가 그 곳에 오르면 용이 된다는 전설이 있음. 곧, 사람이 영달하는 관문

莫上莫下(막상막하) : 위도 없고 아래도 없다는 뜻에서 우열의 차이가 없다는 뜻

莫逆之友(막역지우) : 마음이 맞아 서로 거슬리는 일이 없는 친한 벗

萬頃蒼波(만경창파) : 한없이 넓고 푸른 바다

晩時之歎(만시지탄) : 시기가 늦었음을 원통해하는 탄식

晩食當肉(만식당육) : 늦게 배고플 때 먹는 것은 무엇이든 고기 맛과 같게 느껴짐

亡國之音(망국지음) : 나라를 망하게 할 음악, 저속하고 잡스러운 음악

亡國之歎(망국지탄) : 고국의 멸망을 한탄함

亡羊之歎(망양지탄) : 갈림길에서 양을 잃고 탄식한다는 뜻으로 학문의 길이 여러 갈래여서 잡기 어렵다는 말로 쓰임

望雲之情(망운지정) : 타향에서 부모님을 그리워하는 자식의 애틋한 심정을 이르는 말

梅妻鶴子(매처학자) : 속세를 떠나 유유자적하게 생활하는 것

麥秀之歎(맥수지탄) : 고국의 멸망을 한탄함

孟母三遷(맹모삼천) : 맹자의 어머니가 맹자에 훌륭한 교육환경을 만들어 주기 위해 세번 이사한 일

面從腹背(면종복배) : 겉으로는 복종하면서도 속으로는 배반함

滅私奉公(멸사봉공) : 사적인 것을 버리고 공적인 것을 위하여 힘써 일함

明若觀火(명약관화) : 불빛을 보는 것처럼 환하게 분명히 알 수 있음, 곧, 더할 나위 없이 분명함

明哲保身(명철보신) : 총명하고 사리에 밝아 일을 잘 처리하여 자기 몸을 보존한다는 뜻

命在頃刻(명재경각) : 목숨이 경각에 달렸다는 뜻으로 금방 숨이 끊어질 지경에 이름

사자성어(四字成語)

名實相符(명실상부) : 명목과 실상이 서로 부합함
目不忍見(목불인견) : 차마 눈 뜨고 볼 수 없는 참상이나 꼴불견
武陵桃源(무릉도원) : 속세를 떠난 별천지
門前成市(문전성시) : 방문객이 많음을 비유한 말
勿輕小事(물경소사) : 작은 일이라도 가벼이 보지 말라는 뜻
勿失好機(물실호기) : 좋은 기회를 놓치지 않음
美人薄命(미인박명) : 미인의 목숨은 짧다는 뜻
拍掌大笑(박장대소) : 손뼉을 치고 크게 웃음
博而不精(박이부정) : 여러 방면으로 널리 아나, 정통하지 못함
半面之識(반면지식) : 얼굴만 약간 알 정도의 교분이 두텁지 못한 사이
拔本塞源(발본색원) : 일을 올바로 처리하기 위하여 폐단의 근본을 뽑고 근원을 없애버림
傍若無人(방약무인) : 남의 입장이나 형편을 살피지 않고 언행을 제멋대로 행동함
方底圓蓋(방저원개) : 밑바닥은 모나고 덮개는 둥긂.
背水之陣(배수지진) : 강이나 바다를 등지고 치는 진, 더 이상 물러설 곳이없는 결사항전 의지의 표현
百家爭鳴(백가쟁명) : 많은 학자나 논객들이 거리낌 없이 자유롭게 논쟁함
百年佳約(백년가약) : 젊은 남녀가 부부가 되어 평생을 같이 지낼 것을 굳게 다짐하는 언약
百折不屈(백절불굴) : 백번 꺾여도 굽히지 않는데서 모든 어려움을 극복해나간 다는 뜻
百計無策(백계무책) : 어떤 어려운 일을 당해 아무리 생각해도 베풀만한 계교가 없음
伯仲之勢(백중지세) : 맏형과 다음의 사이처럼 서로 우열을 가리기 어려움을 말함
夫爲婦綱(부위부강) : 남편은 아내의 모범이 되어야 한다는 말
父爲子綱(부위자강) : 부모는 자식의 모범이 되어야 한다는 말
不知其數(부지기수) : 그 수를 알 수 없다는 뜻으로, 무수히 많음
夫唱婦隨(부창부수) : 남편이 부르면 아내가 따른다는 말
附和雷同(부화뇌동) : 제 주견은 없고 남이 하는 대로 그대로 좇아 따르거나 같이 행동함을 이르는 말
不恥下問(불치하문) : 지위나 학식이 자기보다 못한 사람에게 묻기를 부끄러워하지 않음
不偏不黨(불편부당) : 어느 한쪽으로 치우치거나 기울어짐 없이 아주 공평함을 말함
非夢似夢(비몽사몽) : 완전히 잠이 들지도 잠에서 깨어나지도 않은 어렴풋한 상태
氷炭之間(빙탄지간) : 얼음과 숯의 사이처럼 서로 화합할 수 없는 사이를 말함
沙上樓閣(사상누각) : 모래 위의 누각이라는 뜻으로 어떤 일의 기초가 튼튼하지 못하여 오래 견디지 못함을 비유하는 말
辭讓之心(사양지심) : 사람의 본성에서 우러나오는 겸손히 남에게 사양하는 마음
使人勿疑(사인물의) : 의심스러운 사람은 부리지 말고 일단 사람을 부리게 되면 그 사람을 의심하지 말아야 함
山紫水明(산자수명) : 산천의 경치가 아주 아름다움
森羅萬象(삼라만상) : 우주 속에 존재하는 모든 사물과 모든 현상
三旬九食(삼순구식) : '서른날에 아홉끼니 밖에 먹지 못했다'는 뜻으로 가난하여 끼니를 많이 거름
三人成虎(삼인성호) : 근거없는 말이라도 여러 사람에게 듣게되면 진실로 여겨짐을 뜻함
三從之道(삼종지도) : 여자는 어렸을 때는 아버지를 따르고, 시집을 가서는 남편을 따르고, 남편이 죽으면 아들을 따라야 한다는 유교 규범
三遷之敎(삼천지교) : 맹모삼천(孟母三遷)과 같은 뜻
傷弓之鳥(상궁지조) : 한 번 화살에 맞은 새는 구부러진 나무만 보아도 놀람, 한 번 혼이 난 일로 늘 의심과 두려운 마음을 품은다는 뜻
桑田碧海(상전벽해) : 세상 일이 덧없이 바뀜을 뜻함.
生者必滅(생자필멸) : 생명이 있는 것은 반드시 죽음
先見之明(선견지명) : 닥쳐올 일을 미리 앎
雪上加霜(설상가상) : 불행이 엎친데 덮친 격으로 거듭 생김
盛者必衰(성자필쇠) : 융성하는 것은 결국 쇠퇴해짐
城下之盟(성하지맹) : 성 밑까지 쳐들어온 적군과 맺는 맹약, 항복한 나라가 적국과 맺는 굴욕적인 맹약을 뜻함
笑裏藏刀(소리장도) : 웃는 마음속에 칼이 있음. 겉으로는 웃고 있으나 마음속에는 해칠 마음을 품고 있음
騷人墨客(소인묵객) : 시문과 서화에 종사하는 사람
束手無策(속수무책) : 어찌할 방책없이 꼼짝 못함
首丘初心(수구초심) : 여우가 죽을 때 고향쪽으로 머리를 두고 죽는다는 데서 비롯한 것으로 고향을 그리워하는 마음을 말함
壽福康寧(수복강녕) : 오래 살고 복되며 건강하고 편안함
手不釋卷(수불석권) : 손에서 책을 놓지 않음. 늘 책을 가까이 하며 학문을 열심히 함

修身齊家 (수신제가) : 몸을 닦고 집안을 바로 잡음

水魚之交 (수어지교) : 물과 고기의 사이처럼 아주 친밀하여 떨어
질 수 없는 사이

守株待兔 (수주대토) : 달리 변통할 줄을 모르고 한가지만을 내내
고집함을 말함

壽則多辱 (수즉다욕) : 오래 살수록 그만큼 욕된 일이 많음

宿虎衝鼻 (숙호충비) : 잠자는 범의 코를 찌른다는 뜻으로 공연한
일은 해서 도리어 큰 화를 자초함

是非之心 (시비지심) : 옳고 그름을 가릴줄 아는 마음

始終一貫 (시종일관) : 처음부터 끝까지 한결같이 관철함

識字憂患 (식자우환) : 아는 것이 오히려 근심이 된다는 말

神出鬼沒 (신출귀몰) : 나타났다 사라졌다 하는 변화가 아주 많아
헤아릴 수 없음

深思熟考 (심사숙고) : 깊이 생각하고 곰곰이 생각함

深山幽谷 (심산유곡) : 깊은 산의 으슥한 골짜기

十伐之木 (십벌지목) : 열 번 찍어 베는 나무, 열 번 찍어 안 넘어
가는 나무가 없다는 뜻

十日之菊 (십일지국) : 한창 때인 9월 9일이 지난 9월 10일의 국
화, 이미 때가 늦은 일

我田引水 (아전인수) : 제 논에 물대기와 같은 말로 자기좋은 대
로 이기적인 행동을 함

眼中之人 (안중지인) : 눈 속에 있는 사람, 마음의 눈 앞에 있는
사람이나 눈 앞에 없어도 평생 사귄 사람
을 일컬음

良禽擇木 (양금택목) : 새도 가지를 가려 앉음, 현명한 선비는 좋
은 군주를 가려서 섬긴다는 뜻

梁上君子 (양상군자) : 들보 위의 군자. 도둑. 천장 위의 쥐

養虎遺患 (양호유환) : 범을 길러서 화근을 남김. 화근이 될 것을
길러서 나중에 화를 당하게 된다는 뜻
(유) 養虎後患

魚頭肉尾 (어두육미) : 물고기는 머리 쪽이, 짐승의 고기는 꼬리
쪽이 맛있다는 말

漁父之利 (어부지리) : 둘이 다투는 사이에 제 삼자가 이익을 취
함을 이르는 말

抑强扶弱 (억강부약) : 강한 자를 누르고 약한 자를 도움

億兆蒼生 (억조창생) : 수많은 백성. 수많은 사람

言笑自若 (언소자약) : 웃고 이야기하며 침착함

嚴妻侍下 (엄처시하) : 무서운 아내를 아래에서 모시고 있는 데
서, 아내의 주장 밑에서 쥐어 사는 남편을
조롱하는 말

如履薄氷 (여리박빙) : 살얼음을 밟는 것과 같이 매우 조심하는
경우에 쓰는 말

女尊男卑 (여존남비) : 여자를 남자보다 우대하고 존중하는 일

易地思之 (역지사지) : 처지를 바꾸어 생각함

榮枯盛衰 (영고성쇠) : 개인이나 사회가 성하기도 하고 쇠하기도 함

五車之書 (오거지서) : 장서가 매우 많음을 이르는 말

吾不關焉 (오불관언) : 나는 관계하지 않음

吾鼻三尺 (오비삼척) : 내 코가 석자라는 말로 자신의 어려움이
심하여 남의 사정을 돌볼 겨를이 없음

烏合之卒 (오합지졸) : 까마귀가 모인 것처럼 질서없이 어중이 떠
중이가 모인 군중을 뜻함

屋烏之愛 (옥오지애) : 어떤 사람을 사랑하면 그의 집 지붕에 있
는 까마귀까지도 사랑스럽게 보인다는 뜻
으로 깊은 사랑을 의미함

屋下架屋 (옥하가옥) : 지붕 아래 또 지붕을 만듦, 선인(先人)들
이 이루어 놓은 일을 후세의 사람들이 그
대로 반복하여 발전한 바가 조금도 없음

瓦合之卒 (와합지졸) : 쉽게 깨지는 기와를 모아 놓은 듯한 허약
한 병졸 (유)烏合之卒

外柔內剛 (외유내강) : 겉으로는 부드럽고 순하나 속은 곧고 꿋꿋
하다

欲取先與 (욕취선여) : 얻으려면 먼저 주어야 함

欲速不達 (욕속부달) : 일을 빨리 하려고 하면 도리어 이루지 못
함

龍頭蛇尾 (용두사미) : 용의 머리와 뱀의 꼬리란 뜻에서 시작만
좋고 나중은 좋지 않음을 비유함

龍味鳳湯 (용미봉탕) : 맛이 썩 좋은 음식

愚公移山 (우공이산) : 우공이 산을 옮김, 어리석은 일 같아도 끝
까지 밀고 나가면 목적을 달성할 수 있다
는 말

優柔不斷 (우유부단) : 어물저물하며 딱 잘라 결단을 내리지 못함

羽化登仙 (우화등선) : 사람의 몸에 날개가 돋아 하늘로 올라가 신선
이 됨

雨後竹筍 (우후죽순) : 어떠한 일이 일시에 많이 일어남

雲泥之差 (운니지차) : 구름과 진흙의 차이, 서로 간의 차이가 매
우 심함

雲中白鶴 (운중백학) : 구름 속을 나는 백학, 고상한 기품을 가진 사
람

遠禍召福 (원화소복) : 화를 멀리 하고 복을 불러들임

月明星稀 (월명성희) : 달이 밝으면 별빛이 희미해지듯 새로운 영
웅이 나타나면 다른 군웅(群雄)의 존재가
희미해 진다는 뜻

危機一髮 (위기일발) : 위급함이 매우 절박한 순간

⚙ 사자성어 (四字成語)

悠悠自適 (유유자적) : 속세를 떠나 아무것에도 속박되지 않고 조용하고 편안히 생활함

六尺之孤 (육척지고) : 6尺은 15세를 의미, 15세의 고아, 나이가 젊은 후계자

隱忍自重 (은인자중) : 괴로움을 감추어 참고 스스로 몸가짐은 신중히 함

二姓之樂 (이성지락) : 남성과 여성의 즐거움

二律背反 (이율배반) : 서로 모순되는 두 개의 명제가 동등한 권리로 주장되는 일

人琴之歎 (인금지탄) : 사람과 거문고의 탄식, 사람의 죽음을 몹시 슬퍼함

仁者無敵 (인자무적) : 어진 사람은 모든 사람을 사랑하므로 적이 없음

人面獸心 (인면수심) : 남의 은혜를 모르거나 행동이 흉악하고 음탕한 사람

日久月深 (일구월심) : 날이 갈수록 바라는 마음이 더욱 간절해짐

一刀兩斷 (일도양단) : 한 칼로 쳐서 두 동강이를 내듯이 머뭇거리지 않고 일어나 행동을 선뜻 결정함

一飯千金 (일반천금) : 한끼의 밥을 얻어먹고 뒤에 천금으로 사례하였다는데서 조그만 은혜에 크게 보답함

一葉片舟 (일엽편주) : 한 척의 쪽배

一脈相通 (일맥상통) : 생각, 처지, 성질 등이 한 줄기로 서로 통함

一絲不亂 (일사불란) : 질서나 체계가 정연하여 조금도 어지러운 데가 없음

一以貫之 (일이관지) : 하나의 이치로서 모든 것을 꿰뚫었다는 뜻으로, 처음부터 끝까지 변하지 않음

一日之長 (일일지장) : 하루 먼저 태어나서 나이가 조금 위가 된다는 뜻, 조금 나음을 이름

一場春夢 (일장춘몽) : 덧없는 부귀영화

一觸卽發 (일촉즉발) : 조그만 자극에도 큰 일이 벌어질 것 같은 아슬아슬한 상태를 이르는 말

一片丹心 (일편단심) : 변치 않는 참된 마음

一筆揮之 (일필휘지) : 글씨를 단숨에 힘차고 시원하게 써 내려감

臨機應變 (임기응변) : 그때그때의 형편에 따라 변통성 있게 적당히 대처함

立身揚名 (입신양명) : 사회적으로 인정받고 출세하여 이름을 널리 알림

自激之心 (자격지심) : 자기가 한 일에 대해 스스로 미흡하다고 생각하는 것

自中之亂 (자중지란) : 같은 패 안에서 일어나는 다툼이나 혼란

自暴自棄 (자포자기) : 절망상태에 빠져서 자신을 포기하고 돌보지 않음

自畵自讚 (자화자찬) : 제가 한 일을 스스로 칭찬하여 자랑함

賊反荷杖 (적반하장) : 도둑이 도리어 매를 든다는 뜻으로, 잘못한 사람이 도리어 잘한 사람을 나무라는 경우

赤手空拳 (적수공권) : 맨손과 맨주먹이란 뜻으로 아무것도 가진 것이 없음

赤子之心 (적자지심) : 赤子는 갓난아이를 뜻한데서 죄악에 물들지 아니하고 순수하며 거짓이 없는 마음을 의미한다.

田夫之功 (전부지공) : 농부의 공덕

前人未踏 (전인미답) : 지금까지 들어본 적이 없다는 것으로, 놀라운 일이나 새로운 것을 이르는 말

轉禍爲福 (전화위복) : 화가 바뀌어 복이 됨. 언짢은 일이 계기가 되어 오히려 다른 좋은 일이 있음

絶世佳人 (절세가인) : 매우 뛰어난 미인을 일컫는 말

絶長補短 (절장보단) : 남는 것을 옮겨서 부족한 데를 채움

切齒腐心 (절치부심) : 몹시 분하여 이를 갈면서 속을 썩힘

漸入佳境 (점입가경) : 갈수록 점점 재미있는 경지로 들어감

朝令暮改 (조령모개) : 아침에 내린 영을 저녁에 고침. 곧, 법령 등이 빈번하게 바뀜

鳥足之血 (조족지혈) : '새발의 피'라는 뜻으로 아주 적은 분량을 비유하는 말

足脫不及 (족탈불급) : 맨발로 뛰어도 미치지 못함을 말하는 것으로 능력이나 역량 따위가 뚜렷한 차이가 있음을 이름

存亡之秋 (존망지추) : 나라가 죽고 사느냐의 절박한 상황

縱橫無盡 (종횡무진) : 세로와 가로로 다함이 없다는 데서, 자유자재하여 끝이 없는 상태를 말함

坐不安席 (좌불안석) : 마음에 초조·불안·근심 등이 있어 한 자리에 오래 앉아 있지 못함

坐井觀天 (좌정관천) : 우물에 앉아 하늘을 본다는 뜻으로, 견문이 좁아 세상물정에 어두움

左之右之 (좌지우지) : 제 마음대로 다루거나 휘두름

左衝右突 (좌충우돌) : 이리저리 닥치는대로 부딪힘. 아무 사람이나 구분하지 않고 함부로 맞닥뜨림

晝耕夜讀 (주경야독) : 낮에는 일하고 밤에는 책을 읽는다는 뜻으로 바쁜 틈을 내서 공부한다는 뜻

酒池肉林 (주지육림) : 술은 못을 이루고 고기는 숲을 이룬다는 뜻으로 굉장하게 차린 술잔치를 가리키는 말. 호화로운 생활

衆寡不敵 (중과부적) : 적은 수로써는 많은 수를 대적할 수 없음

衆口難防 (중구난방) : 여러 사람의 입은 막기 어려움. 곧, 여러

🎴 사자성어 (四字成語)

사람들의 떠드는 원성 따위를 이루 막아내지 못함

知己之友 (지기지우) : 자기를 알아주는 친한 벗

知難而退 (지난이퇴) : 형세가 불리한 것을 알면 물러서야 함

知命之年 (지명지년) : 천명을 알 나이라는 뜻으로, 쉰 살의 나이를 달리 이르는 말

池魚之殃 (지어지앙) : 못 속의 물고기의 재앙 (유)殃及池魚

知足不辱 (지족불욕) : 분수를 지켜 매사에 만족할 줄 아는 사람은 욕되지 아니함

指呼之間 (지호지간) : 손짓하여 부르면 대답할 수 있을 정도의 가까운 거리

支離滅裂 (지리멸렬) : 서로 갈라져 흩어지고 나눠져서 멸망함

進退維谷 (진퇴유곡) : 앞으로 나아갈 수도 뒤로 물러날 수도 없이 꼼짝할 수 없는 궁지에 빠짐

此日彼日 (차일피일) : 이날저날 하고 자꾸 기일을 미루어 가는 경우에 씀

借廳入室 (차청입실) : 대청을 빌려 쓰다가 점점 욕심이 생겨 안방까지 들어간다는데서 처음에는 남에게 조금 의지하다가 나중에는 그의 권리까지 침범한다는 뜻

妻城子獄 (처성자옥) : 아내는 성 (城) 이고 자식은 감옥이란 뜻으로 처자가 있는 사람은 거기에 얽매여 자유롭게 활동할 수 없음

天高馬肥 (천고마비) : 하늘은 높고 말은 살찐다는 뜻으로, '가을'을 일컫는 말

天壤之差 (천양지차) : 하늘과 땅의 차이. 곧, 매우 큰 차이를 이르는 말

千載一遇 (천재일우) : 좀처럼 얻기 어려운 좋은 기회

徹頭徹尾 (철두철미) : 처음부터 끝까지 빈틈이 없이 일을 처리함

徹天之恨 (철천지한) : 하늘에 사무치는 크나큰 원한

靑雲之志 (청운지지) : 높고 큰 뜻을 펼치기 위해 높은 지위에 오르고자 하는 욕망

追友江南 (추우강남) : 친구 따라 강남에 감, 자기주장이 없이 남을 따라하는 언행

醉生夢死 (취생몽사) : 술에 취하여 꿈을 꾸다가 죽는다는 말로, 아무 의미 없이, 이룬 일도 없이 한 평생을 흐리멍텅하게 보내는 것을 말함

置之度外 (치지도외) : 내버려 두고 더 이상 문제삼지 않음

七去之惡 (칠거지악) : 아내를 내쫓는 이유가 되는 일곱가지 사항

七步之才 (칠보지재) : 일곱 걸음을 걸을 동안에 시를 지을 만큼 아주 뛰어난 글재주를 가진 사람

脫兔之勢 (탈토지세) : 우리를 빠져나가 마음껏 달아나는 토끼처럼 매우 빠르고 날랜 기세

泰山北斗 (태산북두) : 태산과 북두성을 이르는 말로 세상 사람들로부터 가장 존경받는 사람들을 일컫는 말

破鏡之歎 (파경지탄) : 깨어진 거울 조각을 들고 하는 탄식, 즉 부부의 이별을 서러워하는 탄식

破邪顯正 (파사현정) : 그릇된 생각을 깨뜨리고 바른 도리를 드러냄

破顔大笑 (파안대소) : 즐거운 표정으로 한바탕 웃음

破竹之勢 (파죽지세) : 대를 쪼개는 것과 같은 기세로, 세력이 강하여 막을 수 없는 형세를 말함

布衣之交 (포의지교) : 벼슬을 하기 전 선비 시절에 베옷을 입고 다닐때의 사귐

表裏不同 (표리부동) : 겉과 속이 다름

風樹之歎 (풍수지탄) : 나무는 고요하고자 하나 바람은 그치지 않고, 자식은 봉양하고자 하나 부모님은 기다려 주시지 않는다는데서 효도를 다하지 못한채 어버이를 여읜 자식의 슬픔을 이르는 말

風雲之會 (풍운지회) : 영웅호걸이 때를 만나 뜻을 이룰 수 있는 좋은 기회

皮骨相接 (피골상접) : 살가죽과 뼈가 맞붙을 정도로 몹시 마름

彼此一般 (피차일반) : 저편이나 이편이나 한가지, 두 편이 서로 같음

下石上臺 (하석상대) : 아랫돌 빼서 윗돌 괴고 윗돌 빼서 아랫돌 괴기

鶴首苦待 (학수고대) : 학의 목처럼 목을 길게 늘여 애태우며 기다린다는 뜻으로 몹시 기다림을 말함

學而知之 (학이지지) : 배워서야 앎에 이름

咸興差使 (함흥차사) : 심부름을 가서 오지 아니하거나 더디 올때 쓰는 말

恒茶飯事 (항다반사) : 늘 있는 일

賢母良妻 (현모양처) : 어진 어머니이면서 착한 아내

懸河之辯 (현하지변) : 거침없이 유창하게 말을 잘함

胡馬望北 (호마망북) : 북쪽오랑캐의 말이 북쪽을 바라봄 (유)首丘初心

浩然之氣 (호연지기) : 공명정대하여 조금도 부끄러울 바가 없는 도덕적 용기

忽顯忽沒 (홀현홀몰) : 문득 나타났다 문득 없어짐

紅爐點雪 (홍로점설) : 빨갛게 달아오른 화로 위에 눈을 뿌리면 순식간에 녹듯이 사욕이나 의혹이 일순간에 꺼져 없어짐

厚顔無恥 (후안무치) : 뻔뻔스러워서 부끄러움이 없음

興亡盛衰 (흥망성쇠) : 흥하고 망하고 성하고 쇠하는 일

喜怒哀樂 (희로애락) : 기쁨과 노여움과 슬픔과 즐거움, 사람의 온갖 감정

假(거짓 가) →仮　　圖(그림 도) →図　　聲(소리 성) →声　　濟(건널 제) →済

價(값 가) →価　　獨(홀로 독) →独　　世(인간 세) →古　　卒(마칠 졸) →卆

監(볼 감) →监　　讀(읽을 독) →読　　續(이을 속) →続　　晝(낮 주) →昼

强(강할 강) →強　　同(한가지 동)→仝　　收(거둘 수) →収　　從(좇을 종) →从

擧(들 거) →挙　　燈(등 등) →灯　　數(셈할 수) →数　　質(바탕 질) →貭

檢(검사할 검)→検　　樂(풍류 악, 즐길 락)→楽　　術(재주 술) →朮　　參(참여할 참)→参

缺(이지러질 결) →欠　　來(올 래) →来　　實(열매 실) →実　　處(곳 처) →処

經(지날 경) →経　　兩(두 량) →両　　兒(아이 아) →児　　鐵(쇠 철) →鉄

輕(가벼울 경)→軽　　麗(고울 려) →麗　　惡(악할 악) →悪　　體(몸 체) →体

觀(볼 관) →覌, 覎　　禮(예도 례) →礼　　壓(누를 압) →圧　　總(다 총) →総

關(관계할 관) →関　　勞(일할 로) →労　　藥(약 약) →薬　　蟲(벌레 충) →虫

廣(넓을 광) →広　　滿(가득할 만)→満　　業(업 업) →业　　齒(이 치) →歯

區(나눌 구) →区　　萬(일만 만) →万　　餘(남을 여) →余　　豐(풍년 풍) →豊

舊(옛 구) →旧　　賣(팔 매) →売　　榮(영화 영) →栄　　學(배울 학) →学

國(나라 국) →国　　脈(줄기 맥) →脉　　藝(재주 예) →芸, 芸　　解(풀 해) →觧

權(권세 권) →权　　無(없을 무) →无　　員(인원 원) →貟　　虛(빌 허) →虚

氣(기운 기) →気　　發(필 발) →発　　爲(위할 위) →為　　驗(시험할 험)→験

農(농사 농) →农　　變(변할 변) →変　　陰(그늘 음) →陰　　賢(어질 현) →賢

單(홑 단) →単　　邊(가 변)→辺, 边　　應(응할 응) →応　　號(이름 호) →号

團(모을 단) →団　　寶(보배 보) →宝　　醫(의원 의) →医　　畫(그림 화) →画

斷(끊을 단)→断　　佛(부처 불) →仏　　將(장수 장) →将　　會(모일 회) →会

擔(멜 담) →担　　冰(얼음 빙) →氷　　爭(다툴 쟁) →争　　興(일어날 흥)→兴

當(마땅할 당)→当　　寫(베낄 사) →写　　傳(전할 전) →伝

黨(무리 당) →党　　師(스승 사) →帅　　戰(싸울 전) →战

對(대할 대) →対　　狀(형상 상) →状　　定(정할 정) →㝎

활음조현상(滑音調現象)

미끄러질 활(滑), 소리 음(音), 고를 조(調)

'활음조'는, 소리를 미끄러지듯 부드럽게 골라주는 현상이란 뜻입니다.

활음조현상은 발음하기가 어렵고 듣기 거슬리는 소리에 어떤 소리를 더하거나 바꾸어, 발음하기가 쉽고 듣기 부드러운 소리로 되게 하는 음운 현상입니다.

음조를 부드럽게 하기 위하여 ㄴ음이 ㄹ로 바뀌거나, 발음을 쉽게 하기 위하여 ㄹ음이 ㄴ따위로 바뀌는 현상이 활음조현상입니다.

두음법칙(頭音法則)도 활음조현상의 일종입니다.(5급, 4급에 수록)

활음조현상은 'ㄴ, ㄹ'이 '모음이나 유성자음(주로 'ㄴ')' 뒤에 연결될 때 이루어집니다.

大怒(대노) ― 대로	喜怒(희노) ― 희로	龜裂(균렬) ― 균열
困難(곤난) ― 곤란	六月(육월) ― 유월	優劣(우렬) ― 우열
受諾(수낙) ― 수락	十月(십월) ― 시월	先烈(선렬) ― 선열
許諾(허낙) ― 허락	智異山(지이산) ― 지리산	陳列(진렬) ― 진열
議論(의론) ― 의논	漢拏山(한나산) ― 한라산	千兩(천량) ― 천냥
論難(논난) ― 논란	系列(계렬) ― 계열	
寒暖(한난) ― 한란	規律(규률) ― 규율	

◆이체자(異體字) ― 모양만 다를 뿐 서로 같은 글자

裡(속 리) ― 裏	煙(연기 연) ― 烟	針(바늘 침) ― 鍼
糧(양식 량) ― 粮	研(갈 연) ― 硏	耻(부끄러울 치) ― 恥
免(면할 면) ― 免	映(비칠 영) ― 暎	歎(탄식할 탄) ― 嘆
幷(합할 병) ― 并	豫(미리 예) ― 預	兔(토끼 토) ― 兎
祕(숨길 비) ― 秘	弔(조상할 조) ― 吊	效(본받을 효) ― 効
盃(잔 배) ― 杯	讃(기릴 찬) ― 讚	
疏(소통할 소) ― 疎		

지금껏 여러분께서는 기본과정을 열심히 공부해 왔습니다.
이제부터는 '각 유형별 문제익히기'를 풀 차례입니다.

각 급수책의 독음(讀音)과 훈·음(訓·音) 쓰기는 앞에서 말한 '섞음漢字'를 사용해서 완벽하게 숙지(熟知)할 수가 있고, 나머지 유형별(類形別) 중 ①반대어 및 반의 결합어 ②유의결합어 ③동음이의어 ④약자 이 네 종류는 어느 정도 한정(限定)되어 있는 분야이기 때문에 거의 숙지(熟知)가 가능하므로 이상 네 가지에 관해서 조언(助言)의 말씀을 드리자면 각 유형별 기본학습과정을 충실히 마친 학생일지라도 막상 '각 유형별 문제 익히기'의 문제를 풀 때면 거의 대부분 틀릴 것입니다. 그러나 문제될 것이 없습니다. 正答을 보고 여러 번 쓰기 연습을 한 후에 시험을 보고, 틀린 문제는 표시해서 다시 몇 차례 쓰고 암기한 후 재시험을 본다면 대부분의 학생이 강한 자신감을 갖게 될 것입니다. 물론 예상문제를 풀 때도 모르는 문제도 있겠지만, 그 양(量)이 현저하게 줄어들 것이며, 예상문제를 끝낸 과정에서 거의 완벽한 실력이 확충될 것입니다.

정답은 (64) 쪽에 있습니다.

각 유형별 문제 익히기

※3급Ⅱ에서 漢字 쓰기 문제는
4級Ⅱ(750字) 내에서 출제됨.
정답은 64쪽에 있음.

※ 다음 漢字와 뜻이 反對 (또는 相對)되는 漢字를 넣어 單語를 完成하시오.

1. 開 ↔ ( )	12. 需 ↔ ( )	23. 是 ↔ ( )	34. 功 ↔ ( )	45. 乘 ↔ ( )
2. 如 ↔ ( )	13. 晝 ↔ ( )	24. 緩 ↔ ( )	35. 遠 ↔ ( )	46. 昇 ↔ ( )
3. 正 ↔ ( )	14. 貧 ↔ ( )	25. 言 ↔ ( )	36. 喜 ↔ ( )	47. 與 ↔ ( )
4. 寡 ↔ ( )	15. 禍 ↔ ( )	26. 陸 ↔ ( )	37. 續 ↔ ( )	48. 怨 ↔ ( )
5. 散 ↔ ( )	16. 尾 ↔ ( )	27. 發 ↔ ( )	38. 損 ↔ ( )	49. 贊 ↔ ( )
6. 收 ↔ ( )	17. 輕 ↔ ( )	28. 將 ↔ ( )	39. 哀 ↔ ( )	50. 始 ↔ ( )
7. 和 ↔ ( )	18. 興 ↔ ( )	29. 進 ↔ ( )	40. 難 ↔ ( )	51. 存 ↔ ( )
8. 授 ↔ ( )	19. 增 ↔ ( )	30. 順 ↔ ( )	41. 溫 ↔ ( )	52. 自 ↔ ( )
9. 教 ↔ ( )	20. 隱 ↔ ( )	31. 新 ↔ ( )	42. 攻 ↔ ( )	53. 曲 ↔ ( )
10. 虛 ↔ ( )	21. 勞 ↔ ( )	32. 吉 ↔ ( )	43. 旦 ↔ ( )	54. 姑 ↔ ( )
11. 逢 ↔ ( )	22. 師 ↔ ( )	33. 賞 ↔ ( )	44. 安 ↔ ( )	55. 離 ↔ ( )

※ 다음 漢字와 뜻이 비슷한 漢字를 써서 漢字語를 만드시오.

56. (인) 慈	79. 競 (쟁)	102. 境 (계)	125. 珠 (옥)	148. (명) 哲
57. (가) 謠	80. 徒 (보)	103. 保 (위)	126. 征 (벌)	149. (가) 値
58. (모) 髮	81. 調 (화)	104. 逃 (망)	127. 陳 (열)	150. (접) 觸
59. (감) 覺	82. 生 (산)	105. 想 (고)	128. 錯 (오)	151. (식) 栽
60. (관) 覽	83. 兵 (졸)	106. 堅 (고)	129. 丈 (부)	152. (단) 緒
61. (중) 央	84. 健 (강)	107. 奔 (주)	130. 租 (세)	153. (배) 偶
62. (축) 積	85. 音 (악)	108. 壽 (명)	131. 疾 (병)	154. (허) 諾
63. (성) 就	86. 攻 (격)	109. 詳 (세)	132. 到 (착)	155. (청) 淡
64. (급) 與	87. 退 (거)	110. 腐 (패)	133. 緊 (급)	156. (연) 絡
65. (비) 較	88. 參 (여)	111. 鬼 (신)	134. 鎭 (압)	157. (안) 寧
66. 監 (시)	89. 圖 (화)	112. 拘 (속)	135. 顔 (면)	158. (제) 祀
67. 技 (술)	90. 教 (훈)	113. 慣 (습)	136. 獲 (득)	159. (연) 磨
68. 增 (가)	91. 接 (속)	114. 繁 (성)	137. 疏 (원)	160. (폭) 露
69. 質 (문)	92. 尊 (경)	115. 收 (납)	138. 賦 (과)	161. (영) 久
70. 羅 (열)	93. 繼 (속)	116. 微 (세)	139. 連 (속)	162. (애) 惜
71. 要 (구)	94. 希 (망)	117. 森 (림)	140. (관) 吏	163. (통) 率
72. 孤 (독)	95. 副 (차)	118. 熟 (련)	141. (사) 役	164. (선) 拔
73. 談 (화)	96. 至 (극)	119. 訣 (별)	142. (용) 貌	165. (교) 梁
74. 道 (로)	97. 念 (사)	120. 削 (감)	143. (안) 逸	166. (보) 償
75. 滅 (망)	98. 測 (량)	121. 喪 (실)	144. (조) 廷	167. (치) 牙
76. 海 (양)	99. 製 (작)	122. 企 (도)	145. (장) 帥	168. (지) 摘
77. 財 (화)	100. 選 (택)	123. 抑 (압)	146. (화) 炎	169. (성) 察
78. 旋 (회)	101. 樹 (목)	124. 秩 (서)	147. (축) 賀	170. 監 (독)

1. 單 (독)	9. 佛 (사)	17. 停 (류)	25. 責 (임)	33. 認 (식)
2. 怪 (이)	10. 戀 (애)	18. 輸 (송)	26. 光 (경)	34. 統 (합)
3. 擔 (임)	11. 律 (법)	19. 運 (동)	27. 集 (합)	35. 便 (안)
4. 交 (대)	12. 守 (위)	20. 援 (조)	28. 絶 (단)	36. 形 (태)
5. 逃 (망)	13. 養 (육)	21. 委 (임)	29. 繼 (속)	37. 恒 (상)
6. 同 (등)	14. 狀 (황)	22. 試 (험)	30. 轉 (이)	38. 背 (후)
7. 窮 (극)	15. 素 (질)	23. 村 (락)	31. 殘 (여)	39. 政 (치)
8. 分 (별)	16. 藝 (술)	24. 尺 (도)	32. 資 (질)	40. 居 (주)

※ 다음 漢字와 뜻이 비슷한 漢字를 써서 漢字語를 만드시오.

41. 巨 (대)	62. 改 (혁)	83. 文 (장)	104. 釋 (방)	125. (극) 盡
42. 眼 (목)	63. 都 (시)	84. 恭 (경)	105. 議 (논)	126. (명) 令
43. 根 (본)	64. 硏 (구)	85. 思 (고)	106. 區 (역)	127. (기) 錄
44. 精 (밀)	65. 緣 (유)	86. 衣 (복)	107. 屈 (곡)	128. (정) 治
45. 姿 (태)	66. 怨 (한)	87. 規 (칙)	108. 模 (사)	129. (서) 籍
46. 淸 (결)	67. 聽 (문)	88. 終 (말)	109. 等 (급)	130. (아) 童
47. 扶 (조)	68. 恩 (혜)	89. 創 (시)	110. 虛 (공)	131. (상) 況
48. 具 (비)	69. 鬪 (쟁)	90. 心 (정)	111. 慈 (애)	132. (영) 久
49. 均 (등)	70. 崇 (고)	91. 貫 (통)	112. 衰 (약)	133. (교) 換
50. 傷 (해)	71. 停 (지)	92. 群 (중)	113. 回 (전)	134. (온) 暖
51. 朱 (홍)	72. 身 (체)	93. 練 (습)	114. 興 (기)	135. (방) 衛
52. 暗 (흑)	73. 申 (고)	94. 堅 (고)	115. 疾 (환)	136. (습) 慣
53. 空 (허)	74. 帝 (왕)	95. 快 (락)	116. (선) 擇	137. (규) 律
54. 充 (만)	75. 貯 (축)	96. 種 (자)	117. (관) 覽	138. (해) 釋
55. 施 (설)	76. 授 (여)	97. 庭 (원)	118. (법) 規	139. (평) 均
56. 尋 (방)	77. 困 (궁)	98. 純 (결)	119. (치) 牙	140. (정) 留
57. 處 (소)	78. 到 (착)	99. 階 (급)	120. (나) 列	141. (인) 緣
58. 寒 (랭)	79. 旅 (객)	100. 報 (고)	121. (궁) 殿	142. (운) 轉
59. 休 (식)	80. 優 (량)	101. 附 (착)	122. (면) 貌	143. (도) 達
60. 存 (재)	81. 肉 (신)	102. 偉 (대)	123. (영) 遠	144. (자) 息
61. 隆 (성)	82. 討 (벌)	103. 斷 (절)	124. (영) 受	145. (회) 社

※ 다음 漢字의 略字를 쓰시오.

146. 變 ( )	150. 黨 ( )	154. 爲 ( )	158. 收 ( )	162. 榮 ( )
147. 價 ( )	151. 藝 ( )	155. 觀 ( )	159. 擔 ( )	163. 業 ( )
148. 賢 ( )	152. 佛 ( )	156. 餘 ( )	160. 聲 ( )	
149. 擧 ( )	153. 虛 ( )	157. 壓 ( )	161. 麗 ( )	

1. (　　) ↔ 迎
2. (　　) ↔ 辱
3. (　　) ↔ 僞
4. (　　) ↔ 近
5. (　　) ↔ 免
6. (　　) ↔ 登
7. (　　) ↔ 賤
8. (　　) ↔ 複
9. (　　) ↔ 愚
10. (　　) ↔ 逆
11. (　　) ↔ 私
12. (　　) ↔ 妻
13. (　　) ↔ 民
14. (　　) ↔ 答
15. (　　) ↔ 憎
16. (　　) ↔ 易
17. (　　) ↔ 武
18. (　　) ↔ 裏
19. (　　) ↔ 陽
20. (　　) ↔ 舊

21. (　　) ↔ 富
22. (　　) ↔ 過
23. (　　) ↔ 否
24. (　　) ↔ 吸
25. (　　) ↔ 鄕
26. (　　) ↔ 暑
27. (　　) ↔ 假
28. (　　) ↔ 短
29. (　　) ↔ 復
30. (　　) ↔ 卑
31. (　　) ↔ 川
32. (　　) ↔ 晩
33. (　　) ↔ 散
34. (　　) ↔ 寡
35. (　　) ↔ 伏
36. (　　) ↔ 失
37. (　　) ↔ 減
38. (　　) ↔ 地
39. (　　) ↔ 淺
40. (　　) ↔ 樂

41. (　　) ↔ 背
42. (　　) ↔ 落
43. (　　) ↔ 靜
44. (　　) ↔ 海
45. (　　) ↔ 兵
46. (　　) ↔ 至
47. (　　) ↔ 衰
48. (　　) ↔ 遠
49. (　　) ↔ 暗
50. (　　) ↔ 亡
51. (　　) ↔ 戈
52. (　　) ↔ 來
53. (　　) ↔ 果
54. (　　) ↔ 惡
55. (　　) ↔ 使
56. (　　) ↔ 苦
57. (　　) ↔ 弱
58. (　　) ↔ 守
59. (　　) ↔ 常
60. (　　) ↔ 活

61. (　　) ↔ 負
62. (　　) ↔ 敗
63. (　　) ↔ 身
64. (　　) ↔ 他
65. (　　) ↔ 害
66. (　　) ↔ 末
67. (　　) ↔ 客
68. (　　) ↔ 納
69. (　　) ↔ 從
70. (　　) ↔ 非
71. 君 ↔ (　　)
72. (　　) ↔ 復
73. 敎 ↔ (　　)
74. 丹 ↔ (　　)
75. 當 ↔ (　　)
76. 成 ↔ (　　)
77. 疏 ↔ (　　)
78. 授 ↔ (　　)
79. 哀 ↔ (　　)
80. 朝 ↔ (　　)

81. 都 ↔ (　　)
82. 利 ↔ (　　)
83. 離 ↔ (　　)
84. 腹 ↔ (　　)
85. 昨 ↔ (　　)
86. 將 ↔ (　　)
87. 向 ↔ (　　)
88. (　　) ↔ 廢
89. (　　) ↔ 配
90. (　　) ↔ 壞
91. (　　) ↔ 濁
92. (　　) ↔ 孫
93. (　　) ↔ 冷
94. (　　) ↔ 殺
95. (　　) ↔ 寢
96. (　　) ↔ 伏
97. (　　) ↔ 圓
98. (　　) ↔ 幼
99. (　　) ↔ 往
100. (　　) ↔ 孫

101. 好調 ↔ (　　)
102. 稀貴 ↔ (　　)
103. 守勢 ↔ (　　)
104. 落第 ↔ (　　)
105. 分離 ↔ (　　)
106. 豊年 ↔ (　　)
107. 和睦 ↔ (　　)
108. 未備 ↔ (　　)
109. 漠然 ↔ (　　)
110. 閉鎖 ↔ (　　)
111. 靜的 ↔ (　　)
112. 架空 ↔ (　　)
113. 現在 ↔ (　　)

114. 從屬 ↔ (　　)
115. 幹線 ↔ (　　)
116. 地獄 ↔ (　　)
117. 形式 ↔ (　　)
118. 增進 ↔ (　　)
119. 長篇 ↔ (　　)
120. 單一 ↔ (　　)
121. 善意 ↔ (　　)
122. 幸福 ↔ (　　)
123. 文化 ↔ (　　)
124. 絶望 ↔ (　　)
125. 體言 ↔ (　　)
126. 脫退 ↔ (　　)

127. 勝利 ↔ (　　)
128. 悲運 ↔ (　　)
129. 晝間 ↔ (　　)
130. 專擔 ↔ (　　)
131. 質疑 ↔ (　　)
132. 直接 ↔ (　　)
133. 增加 ↔ (　　)
134. 正當 ↔ (　　)
135. 精神 ↔ (　　)
136. 進級 ↔ (　　)
137. 差別 ↔ (　　)
138. 退去 ↔ (　　)
139. 登場 ↔ (　　)

140. 長點 ↔ (　　)
141. 巨富 ↔ (　　)
142. 空想 ↔ (　　)
143. 緩行 ↔ (　　)
144. 高調 ↔ (　　)
145. 過去 ↔ (　　)
146. 對話 ↔ (　　)
147. 未熟 ↔ (　　)
148. 密集 ↔ (　　)
149. 貧賤 ↔ (　　)
150. 當番 ↔ (　　)
151. 疏遠 ↔ (　　)
152. 好材 ↔ (　　)

※ 다음 漢字語의 同音異義語를 쓰되 제시된 뜻에 맞게 쓰시오.

1. 假定 － (　　　) : 한 집안의 가족 전체
2. 事後 － (　　　) : 죽은 뒤
3. 檢事 － (　　　) : 옳고 그름과 좋고 나쁨을 검토하거나
　　　　　　　　　　조사하여 판정함
4. 造化 － (　　　) : 서로 잘 어울림. 균형이 잘 잡힘
5. 動靜 － (　　　) : 남의 불행이나 슬픔 따위를 자기 일처
　　　　　　　　　　럼 생각하여 위로함
6. 厚謝 － (　　　) : 뒷일
7. 同化 － (　　　) : 어린이를 위해 쓴 이야기
8. 經費 － (　　　) : 미리 살피고 지킴
9. 印象 － (　　　) : 물건 값, 요금, 봉급 등을 올림
10. 自首 － (　　　) : 자기 혼자의 노력이나 힘
11. 交感 － (　　　) : 교장을 보좌하여 학교 일을 감독하는 직책
12. 在庫 － (　　　) : 다시 한 번 생각함
13. 開庭 － (　　　) : 바르게 고침
14. 科擧 － (　　　) : 지나간 때
15. 人士 － (　　　) : 남에게 공경하는 뜻으로 하는 예
16. 對備 － (　　　) : 서로 맞대어 비교함
17. 教師 － (　　　) : 학교의 건물
18. 時機 － (　　　) : 정해진 때
19. 寶庫 － (　　　) : 자기 임무에 대해서 윗사람에게 알림
20. 弱國 － (　　　) : 약을 지어주는 곳
21. 毒酒 － (　　　) : 경주에서 남을 앞질러 혼자 달림
22. 告知 － (　　　) : 높은 땅
23. 野戰 － (　　　) : 밤에 싸우는 전투
24. 演技 － (　　　) : 물건이 탈 때에 빛깔이 있는 기체
25. 文句 － (　　　) : 문방구의 준말
26. 補修 － (　　　) : 오랜 습관 제도 등을 그대로 지킴

※ 다음 漢字語의 反義語 또는 相對語를 漢字로 쓰시오.

27. 默讀 ↔ (　　　)
28. 正午 ↔ (　　　)
29. 公的 ↔ (　　　)
30. 恩惠 ↔ (　　　)
31. 問題 ↔ (　　　)
32. 無形 ↔ (　　　)
33. 原因 ↔ (　　　)
34. 正常 ↔ (　　　)
35. 快樂 ↔ (　　　)
36. 戰爭 ↔ (　　　)
37. 複雜 ↔ (　　　)
38. 文化 ↔ (　　　)
39. 放心 ↔ (　　　)
40. 溫情 ↔ (　　　)
41. 被動 ↔ (　　　)
42. 閉鎖 ↔ (　　　)
43. 曲線 ↔ (　　　)
44. 長壽 ↔ (　　　)
45. 部分 ↔ (　　　)
46. 損失 ↔ (　　　)
47. 點火 ↔ (　　　)
48. 悲觀 ↔ (　　　)
49. 富者 ↔ (　　　)
50. 希望 ↔ (　　　)
51. 消費 ↔ (　　　)
52. 分離 ↔ (　　　)
53. 虛僞 ↔ (　　　)
54. 理想 ↔ (　　　)

55. 最初 ↔ (　　　)
56. 退化 ↔ (　　　)
57. 發達 ↔ (　　　)
58. 從屬 ↔ (　　　)
59. 祕密 ↔ (　　　)
60. 被告 ↔ (　　　)
61. 敵對 ↔ (　　　)
62. 過失 ↔ (　　　)
63. 悲觀 ↔ (　　　)
64. 動機 ↔ (　　　)
65. 文語 ↔ (　　　)
66. 分斷 ↔ (　　　)
67. 成功 ↔ (　　　)
68. 始發 ↔ (　　　)
69. 偶然 ↔ (　　　)
70. 怨恨 ↔ (　　　)
71. 應用 ↔ (　　　)
72. 異常 ↔ (　　　)
73. 臨時 ↔ (　　　)
74. 立體 ↔ (　　　)
75. 自動 ↔ (　　　)
76. 切斷 ↔ (　　　)
77. 增進 ↔ (　　　)
78. 贊成 ↔ (　　　)
79. 稱讚 ↔ (　　　)
80. 解散 ↔ (　　　)
81. 光明 ↔ (　　　)
82. 弄談 ↔ (　　　)

83. 文官 ↔ (　　　)
84. 疏遠 ↔ (　　　)
85. 保守 ↔ (　　　)
86. 相對 ↔ (　　　)
87. 先天 ↔ (　　　)
88. 容易 ↔ (　　　)
89. 優良 ↔ (　　　)
90. 遠洋 ↔ (　　　)
91. 異端 ↔ (　　　)
92. 裏面 ↔ (　　　)
93. 人爲 ↔ (　　　)
94. 入金 ↔ (　　　)
95. 前進 ↔ (　　　)
96. 支出 ↔ (　　　)
97. 總角 ↔ (　　　)
98. 退步 ↔ (　　　)
99. 向上 ↔ (　　　)
100. 遠隔 ↔ (　　　)
101. 來生 ↔ (　　　)
102. 白晝 ↔ (　　　)
103. 消滅 ↔ (　　　)
104. 本業 ↔ (　　　)
105. 紛爭 ↔ (　　　)
106. 死後 ↔ (　　　)
107. 損失 ↔ (　　　)
108. 實質 ↔ (　　　)
109. 安全 ↔ (　　　)
110. 逆行 ↔ (　　　)

111. 溫暖 ↔ (　　　)
112. 遠心 ↔ (　　　)
113. 理想 ↔ (　　　)
114. 自意 ↔ (　　　)
115. 漸進 ↔ (　　　)
116. 亂世 ↔ (　　　)
117. 敗戰 ↔ (　　　)
118. 許可 ↔ (　　　)
119. (　　　) ↔ 朗讀
120. (　　　) ↔ 形式
121. (　　　) ↔ 複雜
122. (　　　) ↔ 複式
123. (　　　) ↔ 精神
124. (　　　) ↔ 分離
125. (　　　) ↔ 幸運
126. (　　　) ↔ 熟面
127. (　　　) ↔ 譯書
128. (　　　) ↔ 迎新
129. (　　　) ↔ 新郎
130. (　　　) ↔ 好轉
131. (　　　) ↔ 排氣
132. (　　　) ↔ 分散
133. (　　　) ↔ 逆臣
134. (　　　) ↔ 廢業
135. (　　　) ↔ 恭待
136. (　　　) ↔ 死藏

※ 다음 漢字語의 同音異義語를 쓰되 제시된 뜻에 맞게 쓰시오.

1. 招待 － (　　) : 어떤 계통의 첫 번째 사람
2. 否認 － (　　) : 결혼한 여자
3. 家名 － (　　) : 거짓 이름
4. 感査 － (　　) : 감독하고 검사함
5. 厚待 － (　　) : 뒷 세대
6. 年賀 － (　　) : 나이가 아래임
7. 大使 － (　　) : 큰 일
8. 病歷 － (　　) : 군대의 힘
9. 私有 － (　　) : 일의 까닭
10. 遺傳 － (　　) : 석유가 나는 곳
11. 死傷 － (　　) : 생각, 의견
12. 半身 － (　　) : 반쪽 믿음
13. 司會 － (　　) : 공동생활을 하는 인간의 집단
14. 拾得 : 배워 터득함 ---------------------------- (　　)
15. 國史 : 나라의 중대한 일 ------------------- (　　)
16. 待機 : 지구 둘레를 싸고 있는 공기 ----- (　　)
17. 異常 : 이성으로 생각할 수 있는 사물의 가장 완전한 상태나 모습 --------------------- (　　)
18. 假裝 : 집안 어른 -------------------------- (　　)
19. 解散 : 아이를 낳는 일 ------------------- (　　)
20. 稅收 : 낮을 씻음 ---------------------------- (　　)
21. 武器 : 무기한 ----------------------------- (　　)
22. 綠陰 : 소리를 재생할 수 있도록 기계로 기록하는 일 (　　)
23. 異性 : 사물의 이치를 논리적으로 판단하는 능력 --- (　　)
24. 資源 : 자기 스스로 하고자 바람 ----------- (　　)
25. 對韓 : 24절기의 하나, 극심한 추위 -------- (　　)

※ 다음 漢字의 略字를 쓰시오.

26. 廣 (　　)　　31. 應 (　　)　　36. 總 (　　)　　41. 濟 (　　)　　46. 寶 (　　)
27. 續 (　　)　　32. 興 (　　)　　37. 傳 (　　)　　42. 勞 (　　)　　47. 陰 (　　)
28. 解 (　　)　　33. 農 (　　)　　38. 燈 (　　)　　43. 鐵 (　　)　　48. 關 (　　)
29. 觀 (　　)　　34. 師 (　　)　　39. 實 (　　)　　44. 當 (　　)　　49. 齒 (　　)
30. 權 (　　)　　35. 醫 (　　)　　40. 參 (　　)　　45. 來 (　　)

※ 다음 漢字의 部首를 쓰시오.

50. 虎 (　　)　　59. 凡 (　　)　　68. 業 (　　)　　77. 奮 (　　)　　86. 獄 (　　)
51. 幹 (　　)　　60. 單 (　　)　　69. 養 (　　)　　78. 豪 (　　)　　87. 幸 (　　)
52. 弄 (　　)　　61. 京 (　　)　　70. 旦 (　　)　　79. 其 (　　)　　88. 寒 (　　)
53. 以 (　　)　　62. 鮮 (　　)　　71. 此 (　　)　　80. 帥 (　　)　　89. 戒 (　　)
54. 畫 (　　)　　63. 恭 (　　)　　72. 史 (　　)　　81. 永 (　　)　　90. 之 (　　)
55. 歷 (　　)　　64. 免 (　　)　　73. 司 (　　)　　82. 去 (　　)
56. 啓 (　　)　　65. 丹 (　　)　　74. 者 (　　)　　83. 興 (　　)
57. 含 (　　)　　66. 墨 (　　)　　75. 勝 (　　)　　84. 兆 (　　)
58. 隔 (　　)　　67. 羅 (　　)　　76. 申 (　　)　　85. 鬼 (　　)

※ 다음 漢字의 部首를 쓰시오.

91. 再 (　　)　　100. 船 (　　)　　109. 善 (　　)　　118. 午 (　　)　　127. 全 (　　)
92. 巨 (　　)　　101. 酉 (　　)　　110. 聖 (　　)　　119. 失 (　　)　　128. 句 (　　)
93. 出 (　　)　　102. 半 (　　)　　111. 狀 (　　)　　120. 承 (　　)　　129. 栽 (　　)
94. 默 (　　)　　103. 未 (　　)　　112. 商 (　　)　　121. 享 (　　)　　130. 載 (　　)
95. 與 (　　)　　104. 武 (　　)　　113. 卑 (　　)　　122. 辛 (　　)　　131. 也 (　　)
96. 反 (　　)　　105. 條 (　　)　　114. 乘 (　　)　　123. 乎 (　　)　　132. 不 (　　)
97. 丙 (　　)　　106. 孟 (　　)　　115. 丈 (　　)　　124. 和 (　　)
98. 步 (　　)　　107. 垂 (　　)　　116. 將 (　　)　　125. 化 (　　)
99. 世 (　　)　　108. 省 (　　)　　117. 威 (　　)　　126. 丸 (　　)

1. 力士－(　　)
2. 步道－(　　)
3. 古史－(　　)
4. 拒否－(　　)
5. 壯觀－(　　)
6. 發展－(　　)
7. 聲明－(　　)
8. 洋書－(　　)
9. 醫師－(　　)
10. 神父－(　　)
11. 最古－(　　)
12. 經路－(　　)
13. 實名－(　　)
14. 死後－(　　)
15. 感謝－(　　)
16. 恭尊－(　　)
17. 情夫－(　　)
18. 病源－(　　)
19. 浮上－(　　)
20. 長者－(　　)

※ 다음 漢字語의 反對 또는 對立되는 漢字語를 漢字로 쓰시오.

21. 不實 ↔ (　　)
22. 善意 ↔ (　　)
23. 高尙 ↔ (　　)
24. 直接 ↔ (　　)
25. 拒絶 ↔ (　　)
26. 困難 ↔ (　　)
27. 文官 ↔ (　　)
28. 改革 ↔ (　　)
29. 溫情 ↔ (　　)
30. 生花 ↔ (　　)
31. 疏遠 ↔ (　　)
32. 暗示 ↔ (　　)
33. 前半 ↔ (　　)
34. 登場 ↔ (　　)
35. 健康 ↔ (　　)
36. 義務 ↔ (　　)
37. 物質 ↔ (　　)
38. 複雜 ↔ (　　)
39. 被告 ↔ (　　)
40. 感情 ↔ (　　)
41. 否認 ↔ (　　)
42. 靈魂 ↔ (　　)
43. 退院 ↔ (　　)
44. 降等 ↔ (　　)
45. 脫退 ↔ (　　)
46. 君子 ↔ (　　)
47. 個別 ↔ (　　)
48. 固定 ↔ (　　)
49. 母音 ↔ (　　)
50. 開會 ↔ (　　)
51. 客觀 ↔ (　　)
52. 入港 ↔ (　　)
53. 知的 ↔ (　　)
54. 着席 ↔ (　　)
55. 缺席 ↔ (　　)
56. 複式 ↔ (　　)
57. 背恩 ↔ (　　)
58. 積極 ↔ (　　)
59. 依存 ↔ (　　)
60. 破壞 ↔ (　　)
61. 不法 ↔ (　　)
62. 自律 ↔ (　　)
63. 輕視 ↔ (　　)
64. 否決 ↔ (　　)
65. 輕減 ↔ (　　)
66. 解決 ↔ (　　)
67. 別居 ↔ (　　)
68. 危險 ↔ (　　)
69. 我軍 ↔ (　　)
70. 高潔 ↔ (　　)

※ 다음 (　)속에 알맞은 漢字를 써 넣어 四字成語(漢字語)를 完成하시오.

71. (동)(상)異夢
72. (곡)學阿(세)
73. 易(지)(사)之
74. 孤(　)奮鬪
75. 漁(부)之(리)
76. (　)載一遇
77. 漸入佳(　)
78. (목)不忍(견)
79. 蓋世之(　)
80. 錦(의)還(향)
81. (대)(성)痛哭
82. (일)觸卽(발)
83. 莫(역)之(우)
84. (칠)(거)之惡
85. 坐井(관)(천)
86. (족)(탈)不及
87. (오)車之(서)
88. 滅(　)奉公
89. (좌)衝(우)突
90. 浩(연)之(기)
91. (파)竹之(세)
92. 臨機(응)(변)
93. 彼此(　)般
94. (입)身揚(명)
95. 壽(복)(강)寧
96. 不(지)其(수)
97. 晩時之(　)
98. (과)猶(불)及
99. (결)(자)解之
100. (면)從腹(배)
101. 酒池(육)(림)
102. 森(　)萬象
103. (국)泰(민)安
104. 一刀(양)(단)
105. (감)之(덕)之

106. 徹(　)徹尾
107. 徹(천)之(한)
108. 靑雲之(　)
109. 追(　)江南
110. 七步之(　)
111. (내)柔(외)剛
112. 優柔不(　)
113. 羽化登(　)
114. 壽則(　)辱
115. 知(　)不辱
116. 望雲之(　)
117. 借(　)入室
118. 風樹之(　)
119. 知(　)之友
120. 知難而(　)
121. (　)魚之殃
122. 妻(　)子獄
123. 風雲之(　)
124. 縣河之(　)
125. 胡馬望(　)
126. 忽(　)忽沒
127. (　)顔無恥
128. 泰(산)北(두)
129. 破(　)之歎
130. 過恭非(　)
131. (　)人未踏
132. (　)人勿疑
133. 梅妻(　)子
134. 麥秀之(　)
135. 明哲保(　)
136. 遠禍召(　)
137. 月(　)星稀
138. 傷弓之(　)
139. 絶長補(　)
140. (양)禽擇(목)

※ 다음 ( )속에 알맞은 漢字를 써 넣어 故事成語(熟語)를 完成하시오.

1. 佳人薄( )	15. 紅爐點( )	29. (일)(장)春夢	43. (권)謀(술)數
2. 刻骨銘( )	16. 君(위)(신)綱	30. (경)擧妄(동)	44. (삼)從之(도)
3. 拍掌大( )	17. 夫( )婦隨	31. 嚴妻侍( )	45. (자)激之(심)
4. 縱橫( )盡	18. 勿失( )機	32. (구)(곡)肝腸	46. (시)(종)一貫
5. 進( )維谷	19. ( )山之石	33. (단)機之(교)	47. (길)(흉)禍福
6. (식)字憂(환)	20. 烏(합)之(졸)	34. (노)氣衝(천)	48. 下(석)(상)臺
7. 興亡( )衰	21. 鳥(족)之(혈)	35. 坐不(안)(석)	49. (중)寡不(적)
8. 莫(상)莫(하)	22. 我田( )水	36. 人(면)獸(심)	50. (일)日之(장)
9. 孤掌( )鳴	23. 傾(국)之色	37. (심)思熟(고)	51. (좌)之(우)之
10. (백)(계)無策	24. (파)邪顯(정)	38. (표)裏不(동)	52. 鶴(수)(고)待
11. (금)石之(교)	25. 泰(산)(북)斗	39. (동)奔西(주)	53. 喜(노)哀(락)
12. 氷( )之間	26. (주)耕(야)讀	40. 錦衣玉( )	54. ( )壤之差
13. ( )刀直入	27. 錦( )夜行	41. (선)(견)之明	55. 皮骨(상)(접)
14. 高臺( )室	28. 恒茶飯( )	42. 甲(남)乙(녀)	56. (수)(불)釋卷

57. ( )身齊家	73. 兼(인)之(용)	89. (내)柔(외)剛	105. 轉禍(위)(복)
58. 一片丹( )	74. (기)高(만)丈	90. 天(고)(마)肥	106. (숙)虎衝(비)
59. 沙( )樓閣	75. (억)兆蒼(생)	91. 一( )貫之	107. (등)高(자)卑
60. 一( )揮之	76. 悠悠(자)(적)	92. (설)(상)加霜	108. 隱忍(자)(중)
61. (삼)旬九(식)	77. (심)(산)幽谷	93. (수)魚之(교)	109. (명)(재)頃刻
62. ( )肉之策	78. 群( )割據	94. 姑(식)之(계)	110. (여)履薄(빙)
63. (지)命之(년)	79. 滅私奉( )	95. 同(가)(홍)裳	111. 此(일)彼(일)
64. (내)憂外(환)	80. (신)(출)鬼沒	96. 日久月( )	112. 克己(복)(례)
65. (파)顔大(소)	81. 醉(생)夢(사)	97. (현)(모)良妻	113. 不恥(하)(문)
66. 犬(마)之(로)	82. 巧(언)令(색)	98. ( )蘭之契	114. 夫爲( )綱
67. 優柔不( )	83. 群鷄( )鶴	99. ( )甲移乙	115. 名( )相符
68. (부)爲(자)綱	84. (속)手(무)策	100. (자)(중)之亂	116. 明若( )火
69. 抑(강)扶(약)	85. 窮( )之策	101. 存(망)之(추)	117. 武陵桃( )
70. 隔( )之感	86. 面( )腹背	102. 金( )湯池	118. ( )芳百世
71. 伯仲之( )	87. ( )偏不黨	103. 魚( )肉尾	119. 龍( )鳳湯
72. 龍( )蛇尾	88. 首丘( )心	104. ( )株待兎	120. ( )忍不拔

121. 刻舟( )劍	127. 學而( )之	133. 勿( )小事	139. 脫兎之( )
122. 傍若( )人	128. 咸興( )使	134. 美人薄( )	140. 雲泥之( )
123. 方底( )蓋	129. ( )不拾遺	135. 笑裏( )刀	141. ( )中白鶴
124. 屋下架( )	130. (녹)(림)豪傑	136. 人琴之( )	142. 弄瓦之( )
125. ( )髮衝冠	131. 晚食當( )	137. 一飯( )金	143. 背水之( )
126. 愚公( )山	132. 對牛( )琴	138. ( )夢似夢	144. 屋烏之( )

3級 II 同字異音字에서 造成된 중요 漢字語 수록

※ 여기 讀音문제를 풀때 미흡하면 同字異音字를 다시 복습합니다.

1. 快擧 ( )	39. 甘受 ( )	77. 佛寺 ( )	115. 競爭 ( )
2. 紛爭 ( )	40. 現狀 ( )	78. 內侍 ( )	116. 色盲 ( )
3. 拾億 ( )	41. 賞狀 ( )	79. 宿命 ( )	117. 稀微 ( )
4. 拾得 ( )	42. 老衰 ( )	80. 戶籍 ( )	118. 糖分 ( )
5. 殘像 ( )	43. 降雪 ( )	81. 甚深 ( )	119. 雪糖 ( )
6. 抑留 ( )	44. 降伏 ( )	82. 便利 ( )	120. 畢竟 ( )
7. 索出 ( )	45. 看護 ( )	83. 便所 ( )	121. 聯盟 ( )
8. 索莫 ( )	46. 洞長 ( )	84. 移種 ( )	122. 姿態 ( )
9. 二元 ( )	47. 洞察 ( )	85. 避雷 ( )	123. 切斷 ( )
10. 獸醫 ( )	48. 裏面 ( )	86. 更新 ( )	124. 一切 ( )
11. 柔軟 ( )	49. 肥滿 ( )	87. 變更 ( )	125. 緩化 ( )
12. 推進 ( )	50. 簡素 ( )	88. 乘船 ( )	126. 殘業 ( )
13. 推敲 ( )	51. 祭祀 ( )	89. 伯父 ( )	127. 反省 ( )
14. 潛伏 ( )	52. 引率 ( )	90. 督促 ( )	128. 省略 ( )
15. 謝過 ( )	53. 能率 ( )	91. 參與 ( )	129. 敵對 ( )
16. 肥料 ( )	54. 秘訣 ( )	92. 參兆 ( )	130. 默認 ( )
17. 承諾 ( )	55. 寒波 ( )	93. 將帥 ( )	131. 知識 ( )
18. 碧溪 ( )	56. 復舊 ( )	94. 御製 ( )	132. 標識 ( )
19. 休息 ( )	57. 說明 ( )	95. 住宅 ( )	133. 幹線 ( )
20. 行動 ( )	58. 遊說 ( )	96. 宅內 ( )	134. 洞徹 ( )
21. 行列 ( )	59. 說樂 ( )	97. 複雜 ( )	135. 符籍 ( )
22. 銅錢 ( )	60. 麻衣 ( )	98. 侵鬪 ( )	136. 崇拜 ( )
23. 唐突 ( )	61. 趣味 ( )	99. 勇敢 ( )	137. 布告 ( )
24. 鑑賞 ( )	62. 壬辰 ( )	100. 暴利 ( )	138. 布施 ( )
25. 伐草 ( )	63. 生辰 ( )	101. 暴惡 ( )	139. 出仕 ( )
26. 沈沒 ( )	64. 勸獎 ( )	102. 停留 ( )	140. 長銃 ( )
27. 沈氏 ( )	65. 復興 ( )	103. 浪說 ( )	141. 投宿 ( )
28. 吸收 ( )	66. 要塞 ( )	104. 殺生 ( )	142. 星宿 ( )
29. 敗北 ( )	67. 閉塞 ( )	105. 相殺 ( )	143. 暗記 ( )
30. 北斗 ( )	68. 稅源 ( )	106. 街路 ( )	144. 亞流 ( )
31. 邪惡 ( )	69. 履行 ( )	107. 共協 ( )	145. 必隨 ( )
32. 度地 ( )	70. 葉茶 ( )	108. 讀書 ( )	146. 謙虛 ( )
33. 程度 ( )	71. 茶房 ( )	109. 句讀 ( )	147. 反共 ( )
34. 詳細 ( )	72. 壓迫 ( )	110. 眼目 ( )	148. 釋放 ( )
35. 捕獲 ( )	73. 誘導 ( )	111. 讚揚 ( )	149. 校舍 ( )
36. 齊唱 ( )	74. 監査 ( )	112. 管掌 ( )	150. 否認 ( )
37. 仰望 ( )	75. 術數 ( )	113. 刺客 ( )	
38. 壁報 ( )	76. 威信 ( )	114. 刺殺 ( )	

여기 讀音문제를 1줄 풀었을 때 80% 이하로 틀릴 때는 섞음漢字를 다시 복습하고 나서 다음 문제를 푸는 식으로 해나가세요.

1. 石塔 ( )	39. 基礎 ( )	77. 雪辱 ( )	115. 熟考 ( )
2. 扶助 ( )	40. 鬼才 ( )	78. 靈魂 ( )	116. 虛妄 ( )
3. 茶禮 ( )	41. 換算 ( )	79. 土壤 ( )	117. 疎脫 ( )
4. 索出 ( )	42. 價値 ( )	80. 伯氏 ( )	118. 恩澤 ( )
5. 鼓吹 ( )	43. 周旋 ( )	81. 家禽 ( )	119. 幽明 ( )
6. 露宿 ( )	44. 陶器 ( )	82. 淺見 ( )	120. 佳人 ( )
7. 距離 ( )	45. 冊曆 ( )	83. 徐行 ( )	121. 照準 ( )
8. 技巧 ( )	46. 昇級 ( )	84. 秩序 ( )	122. 摘示 ( )
9. 供養 ( )	47. 放縱 ( )	85. 率直 ( )	123. 國弓 ( )
10. 音響 ( )	48. 收藏 ( )	86. 壽宴 ( )	124. 泰斗 ( )
11. 繁昌 ( )	49. 巡察 ( )	87. 熟語 ( )	125. 惠澤 ( )
12. 執權 ( )	50. 紅顔 ( )	88. 娘子 ( )	126. 愚弄 ( )
13. 浮沈 ( )	51. 補助 ( )	89. 巧妙 ( )	127. 祝賀 ( )
14. 危殆 ( )	52. 懸案 ( )	90. 巖壁 ( )	128. 悔恨 ( )
15. 昇降 ( )	53. 昇天 ( )	91. 倫理 ( )	129. 贊助 ( )
16. 淨化 ( )	54. 望臺 ( )	92. 內臟 ( )	130. 微力 ( )
17. 亦是 ( )	55. 悔改 ( )	93. 謙虛 ( )	131. 數値 ( )
18. 懷疑 ( )	56. 葬儀 ( )	94. 慈堂 ( )	132. 徵稅 ( )
19. 欲求 ( )	57. 特徵 ( )	95. 端雅 ( )	133. 徵兵 ( )
20. 魂靈 ( )	58. 碧空 ( )	96. 徵兆 ( )	134. 聯立 ( )
21. 旋回 ( )	59. 謀陷 ( )	97. 火葬 ( )	135. 實像 ( )
22. 黃菊 ( )	60. 陷沒 ( )	98. 愚直 ( )	136. 沈默 ( )
23. 元旦 ( )	61. 腹部 ( )	99. 後悔 ( )	137. 排他 ( )
24. 卓越 ( )	62. 成熟 ( )	100. 悠長 ( )	138. 拔群 ( )
25. 米壽 ( )	63. 司會 ( )	101. 刊行 ( )	139. 訣別 ( )
26. 妄發 ( )	64. 稀微 ( )	102. 專橫 ( )	140. 租貢 ( )
27. 浪費 ( )	65. 主役 ( )	103. 介入 ( )	141. 俗謠 ( )
28. 乾燥 ( )	66. 伯父 ( )	104. 戲曲 ( )	142. 捕獲 ( )
29. 象徵 ( )	67. 淸雅 ( )	105. 促進 ( )	143. 乾期 ( )
30. 微動 ( )	68. 奮激 ( )	106. 淨潔 ( )	144. 暫定 ( )
31. 落照 ( )	69. 驛村 ( )	107. 橫暴 ( )	145. 侍碑 ( )
32. 西曆 ( )	70. 滿醉 ( )	108. 啓發 ( )	146. 讓步 ( )
33. 王妃 ( )	71. 肥滿 ( )	109. 名著 ( )	147. 元帥 ( )
34. 開拓 ( )	72. 雪嶺 ( )	110. 將帥 ( )	148. 滯症 ( )
35. 黑幕 ( )	73. 被襲 ( )	111. 烏竹 ( )	149. 細菌 ( )
36. 疾病 ( )	74. 裁斷 ( )	112. 奴婢 ( )	150. 割賦 ( )
37. 開幕 ( )	75. 懇請 ( )	113. 輕微 ( )	
38. 對照 ( )	76. 未畢 ( )	114. 疏通 ( )	

1. 辱說 (　　)
2. 獻上 (　　)
3. 兼任 (　　)
4. 熟練 (　　)
5. 耕地 (　　)
6. 沈下 (　　)
7. 衝動 (　　)
8. 詳論 (　　)
9. 突進 (　　)
10. 緊張 (　　)
11. 哀愁 (　　)
12. 猛犬 (　　)
13. 恥辱 (　　)
14. 默契 (　　)
15. 北進 (　　)
16. 提供 (　　)
17. 激勵 (　　)
18. 不滅 (　　)
19. 耕作 (　　)
20. 泰平 (　　)
21. 踏步 (　　)
22. 逆襲 (　　)
23. 閑寂 (　　)
24. 土沙 (　　)
25. 影響 (　　)
26. 安寧 (　　)
27. 奇怪 (　　)
28. 轉換 (　　)
29. 榮譽 (　　)
30. 綠茶 (　　)
31. 同封 (　　)
32. 及第 (　　)
33. 排他 (　　)
34. 殘忍 (　　)
35. 侍立 (　　)
36. 猶豫 (　　)
37. 姑從 (　　)
38. 幹部 (　　)

39. 喪失 (　　)
40. 沈沒 (　　)
41. 賤民 (　　)
42. 楓林 (　　)
43. 蒼天 (　　)
44. 謹信 (　　)
45. 繁榮 (　　)
46. 謀反 (　　)
47. 玉稿 (　　)
48. 感懷 (　　)
49. 壞滅 (　　)
50. 止揚 (　　)
51. 日淺 (　　)
52. 輕薄 (　　)
53. 貢物 (　　)
54. 隆崇 (　　)
55. 溪谷 (　　)
56. 弊端 (　　)
57. 衰弱 (　　)
58. 迫力 (　　)
59. 禽獸 (　　)
60. 色彩 (　　)
61. 分割 (　　)
62. 穀倉 (　　)
63. 弊害 (　　)
64. 豪華 (　　)
65. 拾得 (　　)
66. 候補 (　　)
67. 要衝 (　　)
68. 沿岸 (　　)
69. 幕間 (　　)
70. 獎勵 (　　)
71. 疾走 (　　)
72. 觸覺 (　　)
73. 釋然 (　　)
74. 蒸氣 (　　)
75. 慾心 (　　)
76. 均齊 (　　)

77. 上疏 (　　)
78. 策動 (　　)
79. 割愛 (　　)
80. 拳銃 (　　)
81. 臨終 (　　)
82. 稀少 (　　)
83. 出版 (　　)
84. 彩雲 (　　)
85. 超然 (　　)
86. 漸漸 (　　)
87. 曆官 (　　)
88. 巡訪 (　　)
89. 靈物 (　　)
90. 忍辱 (　　)
91. 胡亂 (　　)
92. 揚名 (　　)
93. 槪觀 (　　)
94. 綿密 (　　)
95. 五臟 (　　)
96. 默過 (　　)
97. 祭祀 (　　)
98. 抑揚 (　　)
99. 端坐 (　　)
100. 所藏 (　　)
101. 發刊 (　　)
102. 鼓舞 (　　)
103. 利潤 (　　)
104. 戀慕 (　　)
105. 賀客 (　　)
106. 草稿 (　　)
107. 貫徹 (　　)
108. 根幹 (　　)
109. 不倫 (　　)
110. 排氣 (　　)
111. 陳列 (　　)
112. 足跡 (　　)
113. 寂然 (　　)
114. 醉氣 (　　)

115. 脚光 (　　)
116. 不惑 (　　)
117. 裏面 (　　)
118. 盲信 (　　)
119. 健脚 (　　)
120. 督促 (　　)
121. 反響 (　　)
122. 抑止 (　　)
123. 超過 (　　)
124. 脚本 (　　)
125. 鄕愁 (　　)
126. 審議 (　　)
127. 振作 (　　)
128. 探索 (　　)
129. 邪惡 (　　)
130. 戲畫 (　　)
131. 輕率 (　　)
132. 觸感 (　　)
133. 萬若 (　　)
134. 客愁 (　　)
135. 被殺 (　　)
136. 均衡 (　　)
137. 眞影 (　　)
138. 皇妃 (　　)
139. 浮刻 (　　)
140. 豪傑 (　　)
141. 讚揚 (　　)
142. 憤激 (　　)
143. 勇猛 (　　)
144. 補充 (　　)
145. 僞裝 (　　)
146. 巡禮 (　　)
147. 妙策 (　　)
148. 爆彈 (　　)
149. 香港 (　　)
150. 佳境 (　　)

1. 默念 (　　)
2. 役割 (　　)
3. 哀願 (　　)
4. 激浪 (　　)
5. 緊密 (　　)
6. 謙辭 (　　)
7. 鳥獸 (　　)
8. 朝飯 (　　)
9. 印刷 (　　)
10. 片雲 (　　)
11. 傳染 (　　)
12. 方策 (　　)
13. 巖石 (　　)
14. 豪氣 (　　)
15. 脫稿 (　　)
16. 症狀 (　　)
17. 對坐 (　　)
18. 憂愁 (　　)
19. 聯想 (　　)
20. 慣習 (　　)
21. 沈着 (　　)
22. 露出 (　　)
23. 靈前 (　　)
24. 猛威 (　　)
25. 補身 (　　)
26. 殆半 (　　)
27. 旅館 (　　)
28. 默坐 (　　)
29. 習慣 (　　)
30. 越等 (　　)
31. 事項 (　　)
32. 置換 (　　)
33. 依賴 (　　)
34. 雙壁 (　　)
35. 詳述 (　　)
36. 沈降 (　　)
37. 登載 (　　)
38. 如何 (　　)

39. 包含 (　　)
40. 著錄 (　　)
41. 寧日 (　　)
42. 露天 (　　)
43. 役事 (　　)
44. 戀愛 (　　)
45. 主幹 (　　)
46. 滅族 (　　)
47. 額面 (　　)
48. 官吏 (　　)
49. 玉笛 (　　)
50. 著名 (　　)
51. 剛斷 (　　)
52. 策略 (　　)
53. 著書 (　　)
54. 滅種 (　　)
55. 終幕 (　　)
56. 對策 (　　)
57. 殊常 (　　)
58. 執行 (　　)
59. 槪念 (　　)
60. 陷落 (　　)
61. 附加 (　　)
62. 柔順 (　　)
63. 假飾 (　　)
64. 品詞 (　　)
65. 乘馬 (　　)
66. 時祀 (　　)
67. 紛爭 (　　)
68. 補充 (　　)
69. 寒梅 (　　)
70. 稿料 (　　)
71. 被害 (　　)
72. 星辰 (　　)
73. 滅絕 (　　)
74. 綱領 (　　)
75. 霜楓 (　　)
76. 暫時 (　　)

77. 熟知 (　　)
78. 禍亂 (　　)
79. 右翼 (　　)
80. 疾患 (　　)
81. 頭緖 (　　)
82. 突起 (　　)
83. 波及 (　　)
84. 連載 (　　)
85. 審問 (　　)
86. 司法 (　　)
87. 刻薄 (　　)
88. 頃刻 (　　)
89. 不眠 (　　)
90. 祕藏 (　　)
91. 抑壓 (　　)
92. 妙策 (　　)
93. 沈默 (　　)
94. 兼職 (　　)
95. 管掌 (　　)
96. 玄孫 (　　)
97. 沙器 (　　)
98. 强豪 (　　)
99. 親戚 (　　)
100. 再唱 (　　)
101. 策定 (　　)
102. 古雅 (　　)
103. 銀幕 (　　)
104. 克己 (　　)
105. 肝臟 (　　)
106. 履歷 (　　)
107. 點滅 (　　)
108. 家率 (　　)
109. 裁量 (　　)
110. 微風 (　　)
111. 妄言 (　　)
112. 沈水 (　　)
113. 莫强 (　　)
114. 史蹟 (　　)

115. 密封 (　　)
116. 普及 (　　)
117. 微弱 (　　)
118. 懇切 (　　)
119. 積載 (　　)
120. 名譽 (　　)
121. 當惑 (　　)
122. 沿海 (　　)
123. 鑑別 (　　)
124. 怪談 (　　)
125. 慾望 (　　)
126. 聯盟 (　　)
127. 追從 (　　)
128. 莫重 (　　)
129. 勸誘 (　　)
130. 突入 (　　)
131. 夢想 (　　)
132. 悲戀 (　　)
133. 記載 (　　)
134. 康寧 (　　)
135. 上昇 (　　)
136. 緩晩 (　　)
137. 史官 (　　)
138. 緊要 (　　)
139. 破裂 (　　)
140. 誘惑 (　　)
141. 凍太 (　　)
142. 避雷 (　　)
143. 哀惜 (　　)
144. 懷疑 (　　)
145. 促進 (　　)
146. 旋盤 (　　)
147. 訴訟 (　　)
148. 債務 (　　)
149. 桃李 (　　)
150. 遷都 (　　)

각 유형별 문제익히기 [53쪽]

1.閉 2.異,他 3.反,誤 4.多 5.集,會 6.支 7.戰 8.受 9.學 10.實 11.別 12.給 13.夜 14.富 15.福 16.首,頭 17.重 18.亡 19.減 20.現 21.使 22.弟 23.非 24.急 25.行 26.海 27.着 28.卒,兵 29.退 30.逆 31.古,舊 32.凶 33.罰 34.過 35.近 36.悲 37.斷,切 38.益 39.歡 40.易 41.冷 42.防,守 43.夕 44.危 45.降 46.降 47.野 48.恩 49.反 50.末,終 51.亡 52.他,至 53.直 54.婦 55.合 56.仁 57.歌 58.毛 59.感 60.觀 61.中 62.蓄 63.進,成 64.參,給 65.比 66.視,督 67.術 68.加,益 69.問 70.列 71.求,請 72.獨 73.話,論 74.路,理 75.亡 76.洋 77.貨,物 78.回 79.爭 80.黨,步 81.和 82.産,活 83.土,卒 84.康 85.樂,聲 86.擊 87.去 88.與 89.畫 90.訓 91.觸,續 92.敬 93.續 94.望 95.次 96.極 97.願,思 98.量 99.作,造 100.擇,別 101.木,林 102.界 103.護,存 104.亡,避 105.考,念 106.固 107.走 108.命 109.細 110.敗 111.神 112.束 113.習 114.盛,榮 115.納 116.細 117.林 118.練 119.別 120.減,除 121.失 122.圖,劃 123.壓 124.序 125.玉 126.伐 127.列 128.誤 129.夫 130.稅 131.病 132.着,達 133.急 134.壓 135.面 136.得 137.遠 138.課 139.續,絡 140.官 141.使,勞 142.容,面 143.安 144.朝 145.將 146.火 147.祝 148.賢,明 149.價 150.接 151.植 152.端 153.配 154.許,承 155.淸 156.連 157.安 158.祭 159.硏 160.暴 161.永 162.愛 163.比,統 164.選 165.橋 166.報 167.齒 168.指 169.監,省,查 170.督,察,視

각 유형별 문제익히기 [54쪽]

1.獨,一 2.奇 3.任 4.代,際 5.亡,避 6.等 7.極 8.別,離 9.寺 10.愛 11.法 12.衛 13.育 14.況 15.朴,質 16.術,技 17.留 18.送 19.動 20.助 21.任 22.驗 23.落 24.度 25.任 26.景 27.合,會 28.斷 29.續 30.移 31.餘 32.質,財 33.識 34.合 35.安 36.狀,態 37.常 38.後 39.治 40.住,處 41.大 42.目 43.本 44.密,誠 45.態 46.潔 47.助 48.備,器 49.等 50.害 51.紅 52.黑 53.虛 54.滿,足 55.設 56.訪 57.所 58.冷 59.息 60.在 61.盛 62.革 63.邑,市 64.究 65.由 66.恨,望 67.聞,惠 69.爭 70.高 71.止 72.體 73.告 74.王 75.蓄 76.與 77.難,窮 78.着,達 79.客 80.良 81.身,體 82.伐,論 83.章,書 84.敬 85.考,想 86.服 87.則,範 88.末 89.始 90.情,思 91.通 92.衆 93.習 94.固 95.樂,速 96.子 97.園 98.潔 99.級 100.告 101.着 102.大 103.絶,切 104.放 105.論 106.別,域 107.曲 108.寫 109.級 110.無,空 111.愛 112.弱 113.轉 114.起 115.病,患 116.選 117.觀 118.法 119.齒 120.羅 121.宮 122.容,面 123.永 124.領 125.極 126.命 127.記 128.政 129.書 130.兒 131.狀 132.永 133.交 134.溫 135.守,防 136.習 137.規 138.解 139.平 140.停 141.因 142.回,運 143.通,到 144.休,子 145.會 146.變 147.価 148.賢 149.挙 150.党 151.芸 152.仏 153.虛 154.為 155.観 156.余 157.圧 158.収 159.担 160.声 161.麗 162.栄 163.业

각 유형별 문제익히기 [55쪽]

1.送 2.榮 3.眞 4.遠 5.任 6.降 7.貴 8.單 9.賢 10.順 11.公 12.夫 13.官 14.問 15.愛 16.難 17.文 18.表 19.陰 20.新 21.貧 22.功 23.可 24.呼 25.京 26.寒 27.眞 28.長 29.往 30.尊 31.山 32.早 33.集 34.衆 35.起 36.得 37.加,增 38.天 39.深 40.苦 41.向 42.當 43.動 44.陸 45.將 46.自 47.盛 48.近 49.明 50.興,存 51.干 52.往,去 53.因 54.善 55.勞 56.甘 57.强 58.攻 59.班 60.死 61.勝 62.勝 63.心 64.自 65.利 66.本 67.主 68.出 69.主 70.是 71.臣 72.往 73.學 74.靑 75.落 76.敗 77.密 78.受 79.樂 80.夕 81.農 82.害 83.合 84.背 85.今 86.卒,兵 87.背,後 88.存 89.集 90.天 91.淸 92.祖 93.溫 94.生 95.起 96.起 97.方 98.長,老 99.來 100.祖 101.難調 102.許多 103.攻勢 104.及第 105.統合 106.凶年 107.反目 108.完備 109.確然 110.開放 111.動的 112.實在 113.過去 114.獨立 115.支線 116.天國 117.內容 118.減退 119.短篇 120.複合 121.惡意 122.不幸 123.自然 124.希望 125.用言 126.加入 127.敗北 128.幸運 129.夜間 130.分擔 131.應答 132.間接 133.減少 134.不當 135.物質 136.降等 137.平等 138.轉入 139.退場 140.短點 141.極貧 142.現實 143.急行 144.低調 145.未來 146.獨白 147.老練 148.散在 149.富貴 150.非番 151.親近 152.惡材

각 유형별 문제익히기 [56쪽]

1.家庭 2.死後 3.檢查 4.調和 5.同情 6.後事 7.童話 8.警備 9.引上 10.自手 11.校監 12.再考 13.改正 14.過去 15.人事 16.對比 17.校舍 18.時期 19.報告 20.藥局 21.獨走 22.高地 23.夜戰 24.煙氣 25.文具 26.保守 27.朗讀 28.子正 29.私的 30.怨恨 31.解答 32.有形 33.結果 34.異常 35.苦痛 36.平和 37.單純 38.自然 39.操心 40.冷情 41.能動 42.開放 43.直線 44.短命 45.全體 46.所得 47.消火 48.樂觀 49.貧者 50.絶望 51.生産 52.統合 53.眞實 54.現實 55.最終 56.進化 57.退步 58.獨立 59.公開 60.原告 61.友好 62.故意 63.樂觀 64.結果 65.口語 66.統合 67.失敗 68.終着 69.必然 70.恩惠 71.原理 72.正常 73.經常 74.平面 75.手動 76.連結 77.減退 78.反對 79.非難 80.集合 81.暗黑 82.眞談 83.武官 84.密接 85.改革,革新 86.絶對 87.後天 88.難解 89.不良 90.近海 91.正統 92.表面 93.自然 94.出金 95.後進 96.收入 97.處女 98.進步 99.低下 100.近接 101.前生 102.深夜 103.生成 104.副業 105.和解 106.生前 107.利得 108.形式 109.危險 110.順行 111.寒冷 112.求心 113.現實 114.他意 115.急進 116.治世 117.勝戰 118.禁止 119.默讀 120.內容 121.單純 122.單式 123.物質 124.統合 125.悲運 126.生面 127.原書 128.送舊 129.新婦 130.惡化 131.吸氣 132.集合 133.忠臣 134.開業 135.下待 136.活用

각 유형별 문제익히기 [57쪽]

1.初代 2.婦人 3.假名 4.監査 5.後代 6.年下 7.大事 8.兵力 9.事由 10.油田 11.思想 12.半信 13.社會 14.習得 15.國事 16.大氣 17.理想 18.家長 19.解産 20.洗手 21.無期 22.錄音 23.理性 24.自願 25.大寒 26.広 27.統 28.解 29.規 30.权 31.応 32.兴 33.农 34.師 35.医 36.総 37.伝 38.灯 39.実 40.参 41.済 42.労 43.鉄 44.当 45.来 46.宝 47.陰 48.関 49.齒 50.虍 51.干 52.廾 53.人 54.田 55.止 56.口 57.口 58.阝(阜) 59.几 60.口 61.一 62.魚 63.心 64.儿 65.丶 66.土 67.罒(网) 68.木 69.食 70.日 71.止 72.口 73.口 74.老 75.力 76.田 77.大 78.豕 79.八 80.巾 81.水 82.厶 83.臼 84.儿 85.鬼 86.犬 87.干 88.宀 89.戈 90.丿 91.門 92.工 93.凵 94.黑 95.臼 96.又 97.一 98.止 99.一 100.舟 101.酉 102.十 103.木 104.止 105.木 106.子 107.土 108.目 109.口 110.耳 111.大 112.大 113.十 114.丿 115.一

116.寸 117.女 118.十 119.大 120.手 121.一 122.干 123.丿 124.口 125.匕 126.丶 127.入 128.囗 129.木 130.車 131.乙 132.一

각 유형별 문제익히기 [58쪽]

1.歷史 2.報道 3.故事 4.巨富 5.長官 6.發電 7.姓名 8.良書 9.意思 10.新婦 11.最高 12.敬老 13.失明 14.事後 15.監査 16.共存 17.政府 18.病院 19.副賞 20.長子 21.充實 22.惡意 23.低俗 24.間接 25.承認 26.容易 27.武官 28.保守 29.冷情 30.造花 31.密接 32.明示 33.後半 34.退場 35.病弱 36.權利 37.精神 38.單純 39.原告 40.理性 41.是認 42.肉身,肉體 43.入院 44.進級 45.加入 46.小人 47.合同 48.流動 49.子音 50.閉會 51.主觀 52.出港 53.情的 54.起立 55.出席 56.單式 57.報恩 58.消極 59.自立 60.建設 61.合法 62.他律 63.重視 64.可決 65.加重 66.未決 67.同居 68.安全 69.敵軍 70.低俗 71.同床 72.曲,世 73.地,思 74.軍 75.父,利 76.千 77.境 78.目,見 79.才 80.衣,鄕 81.大,聲 82.一,發 83.逆,友 84.七,去 85.觀,天 86.足,脫 87.五,書 88.私 89.左,右 90.然,氣 91.破,勢 92.應,變 93.一 94.立,名 95.福,康 96.知,數 97.歡 98.過,不 99.結,者 100.面,背 101.肉,林 102.羅 103.國,民 104.兩,斷 105.感,德 106.頭 107.天,恨 108.志 109.友 110.才 111.內,外 112.斷 113.仙 114.多 115.足 116.情 117.廳 118.歡 119.己 120.退 121.池 122.城 123.會 124.辯 125.北 126.顯 127.厚 128.山,斗 129.鏡 130.禮 131.前 132.使 133.鶴 134.歡 135.身 136.福 137.明 138.鳥 139.短 140.良,木

각 유형별 문제익히기 [59쪽]

1.命 2.心 3.笑 4.無 5.退 6.識,患 7.盛 8.上,下 9.難 10.百,計 11.金,交 12.炭 13.單 14.廣 15.雪 16.爲,臣 17.唱 18.好 19.他 20.合,卒 21.足,血 22.引 23.國 24.破,正 25.山,北 26.晝,夜 27.衣 28.事 29.一,場 30.輕,動 31.下 32.九,曲 33.斷,交 34.怒,天 35.安,席 36.面,心 37.深,考 38.表,同 39.東,走 40.食 41.先,見 42.男,女 43.權,術 44.三,道 45.自,心 46.始,終 47.吉凶 48.石,上 49.衆,敵 50.一,長 51.左,右 52.首,苦 53.怒,樂 54.天 55.相,接 56.手,不 57.修 58.心 59.上 60.筆 61.三,食 62.苦 63.知,年 64.內,患 65.破,笑 66.馬,勞 67.斷 68.父,子 69.强,弱 70.世 71.勢 72.頭 73.人,勇 74.氣,萬 75.億,生 76.自適 77.深山 78.雄 79.公 80.神,出 81.生,死 82.言,色 83.一 84.束,無 85.餘 86.從 87.不 88.初 89.內,外 90.高,馬 91.以 92.雪上 93.水,交 94.息,計 95.價,紅 96.深 97.賢,母 98.金 99.怒 100.自中 101.亡,秋 102.城 103.頭 104.守 105.爲,福 106.宿,鼻 107.登,自 108.自重 109.命在 110.如,水 111.日,日 112.復,禮 113.下,問 114.婦 115.實 116.觀 117.源 118.流 119.味 120.見 121.求 122.無 123.圓 124.屋 125.怒 126.移 127.知 128.差 129.路 130.綠,林 131.肉 132.彈 133.輕 134.命 135.藏 136.歡 137.千 138.非 139.勢 140.差 141.雲 142.慶 143.陣 144.愛

각 유형별 문제익히기 [60쪽]

1.쾌거 2.분쟁 3.십억 4.습득 5.잔상 6.억류 7.색출 8.삭막 9.이원 10.수의 11.유연 12.추진 13.퇴고 14.잠복 15.사과 16.비료 17.승낙 18.벽계 19.휴식 20.행동 21.행렬,항렬 22.동전 23.당돌 24.감상 25.벌초 26.침몰 27.심씨 28.흡수 29.패배 30.북두 31.사악 32.탁지 33.정도 34.상세 35.포획 36.제창 37.앙망 38.벽보 39.감수 40.현상 41.상장 42.노쇠 43.강설 44.항복 45.간호 46.동장 47.통찰 48.이면 49.비만 50.간소 51.제사 52.인솔 53.능략 54.비결 55.한파 56.복구 57.설명 58.유세 59.열락 60.마의 61.취미 62.임진 63.생신

64.권장 65.부흥 66.요새 67.폐색 68.세원 69.이행 70.엽차 71.다방 72.압박 73.유도 74.감사 75.술수 76.위신 77.불사 78.내시 79.숙명 80.호적 81.심심 82.편리 83.변소 84.이종 85.피뢰 86.갱신 87.변경 88.승선 89.백부 90.독촉 91.참여 92.삼조 93.장수 94.어제 95.주택 96.댁내 97.복잡 98.침투 99.용감 100.폭리 101.포악 102.정류 103.낭설 104.살생 105.상쇄 106.가로 107.공협 108.독서 109.구두 110.안목 111.찬양 112.관장 113.자객 114.척살 115.경쟁 116.색맹 117.희미 118.당분 119.설탕 120.필경 121.연맹 122.자태 123.절단 124.일체 125.완화 126.잔업 127.반성 128.생략 129.적대 130.묵인 131.지식 132.표지 133.간선 134.통철 135.부적 136.숭배 137.포고 138.보시 139.출사 140.장총 141.투숙 142.성수 143.암기 144.아류 145.필수 146.겸허 147.반공 148.석방 149.교사 150.부인

각 유형별 문제익히기 [61쪽]

1.석탑 2.부조 3.다례 4.색출 5.고취 6.노숙 7.거리 8.기교 9.공양 10.음향 11.번창 12.집권 13.부침 14.위태 15.승강 16.정화 17.역시 18.회의 19.욕구 20.혼령 21.선화 22.황국 23.원단 24.탁월 25.미수 26.망발 27.낭비 28.건조 29.상징 30.미동 31.낙조 32.서력 33.왕비 34.개척 35.흑막 36.질병 37.개막 38.대조 39.기초 40.귀재 41.환산 42.가치 43.주선 44.도기 45.책략 46.승급 47.방종 48.수장 49.순찰 50.홍안 51.보조 52.현안 53.승천 54.망대 55.회개 56.장의 57.특징 58.벽공 59.모함 60.함몰 61.복부 62.성숙 63.사회 64.희미 65.주억 66.백부 67.청아 68.분격 69.역촌 70.만취 71.비만 72.설령 73.피습 74.재단 75.간척 76.미필 77.설욕 78.영혼 79.토양 80.백씨 81.가금 82.천견 83.서행 84.질서 85.솔직 86.수연 87.숙어 88.낭자 89.교묘 90.암벽 91.윤리 92.내장 93.겸허 94.자당 95.단아 96.징조 97.화장 98.우직 99.후회 100.유장 101.간행 102.전횡 103.개입 104.희곡 105.촉진 106.정결 107.횡포 108.계발 109.명저 110.장수 111.오죽 112.노비 113.경미 114.소통 115.숙고 116.허망 117.소탈 118.은택 119.유명 120.가인 121.조준 122.적시 123.국궁 124.태두 125.혜택 126.우롱 127.축하 128.회한 129.찬조 130.미력 131.수치 132.징세 133.징병 134.연립 135.실상 136.침묵 137.배타 138.발군 139.결별 140.조공 141.속요 142.포획 143.건기 144.잠정 145.시비 146.양보 147.원수 148.체증 149.세균 150.할부

각 유형별 문제익히기 [62쪽]

1.욕설 2.헌상 3.겸임 4.숙련 5.경지 6.침하 7.충동 8.상론 9.돌진 10.긴장 11.애수 12.맹견 13.치욕 14.묵계 15.북진 16.제공 17.격려 18.불멸 19.경작 20.태평 21.답보 22.역습 23.한적 24.토사 25.영향 26.안녕 27.기괴 28.전환 29.영예 30.녹차 31.동봉 32.급제 33.배타 34.잔인 35.시립 36.유예 37.고종 38.간부 39.상실 40.침몰 41.천민 42.풍림 43.창천 44.근신 45.번영 46.모반 47.옥고 48.감회 49.괴멸 50.지양 51.일천 52.경박 53.공물 54.융숭 55.계곡 56.폐단 57.쇠약 58.박력 59.금수 60.색채 61.분할 62.곡창 63.폐해 64.호화 65.습득 66.후보 67.요충 68.연안 69.막간 70.장려 71.질주 72.촉각 73.석연 74.증기 75.욕심 76.균제 77.상소 78.책동 79.할애 80.권총 81.임종 82.희소 83.출판 84.채운 85.초연 86.점점 87.역관 88.순방 89.영물 90.인욕 91.호란 92.양명 93.개관 94.면밀 95.오장 96.묵과 97.제사 98.억양 99.단좌 100.소장 101.발간 102.고무 103.이윤 104.연모 105.하객 106.초고 107.관철 108.근간 109.불륜 110.배기 111.진열 112.족적 113.적연 114.취기 115.각광 116.불혹 117.이면 118.맹신 119.건강 120.독촉 121.반향 122.억지 123.초과 124.각본 125.향수 126.심의 127.진작 128.탐색 129.사악 130.희화 131.경솔 132.촉

감 133.만약 134.객수 135.피살 136.균형 137.진영 138.황비 139.부각 140.호걸 141.찬양 142.분격 143.용맹 144.보충 145.위장 146.순례 147.묘책 148.폭탄 149.항항 150.가경

56.대책 57.수상 58.집행 59.개념 60.함락 61.부가 62.유순 63.가식 64.품사 65.승마 66.시사 67.분쟁 68.보충 69.한매 70.고료 71.피해 72.성진 73.멸절 74.강령 75.상풍 76.잠시 77.숙지 78.화란 79.우익 80.질환 81.두서 82.돌기 83.파급 84.연재 85.심문 86.사법 87.각박 88.경각 89.불면 90.비장 91.억압 92.묘책 93.침묵 94.겸직 95.관장 96.현손 97.사기 98.강호 99.친척 100.재창 101.책정 102.고아 103.은막 104.극기 105.간장 106.이력 107.점멸 108.가솔 109.재량 110.미풍 111.망언 112.침수 113.막강 114.사적 115.밀봉 116.보급 117.미약 118.간절 119.적재 120.명예 121.당혹 122.연해 123.감별 124.괴담 125.욕망 126.연맹 127.추종 128.막중 129.권유 130.돌입 131.몽상 132.비련 133.기재 134.강녕 135.상승 136.완만 137.사관 138.긴요 139.파열 140.유혹 141.동태 142.피뢰 143.애석 144.회의 145.촉진 146.선반 147.소송 148.채무 149.도리 150.천도

각 유형별 문제익히기 [63쪽]

1.묵념 2.역할 3.애원 4.격랑 5.긴밀 6.겸사 7.조수 8.조반 9.인쇄 10.편운 11.전염 12.방책 13.암석 14.호기 15.탈고 16.증상 17.대좌 18.우수 19.연상 20.관습 21.침착 22.노출 23.영전 24.맹위 25.보신 26.태반 27.여관 28.묵좌 29.습관 30.월등 31.사항 32.치환 33.의뢰 34.쌍벽 35.상술 36.침강 37.등재 38.여하 39.포함 40.저록 41.영일 42.노천 43.역사 44.연애 45.주간 46.멸족 47.액면 48.관리 49.옥적 50.저명 51.강단 52.책략 53.저서 54.멸종 55.종막

⊙ 섞음漢字 나형을 한번 더 하시고 예상문제를 푸세요.

한자능력 검정시험3급 II 예상문제(1회~13회)

예상문제를 푸는 동안 '讀音'과 '訓音' 부분에서 5문제 이상 틀릴 때는 '섞음漢字' 전체읽기를 하여 틀린 글자는 3번씩 쓰고 외우기를 2회 정도 하면 72문제를 거의 맞출 수 있습니다. '섞음漢字' 사용은 학생의 상황에 따라 신속하게 이용할 수 있고 경우에 따라서는 4급용도 익힐 필요가 있습니다.

정답은 123쪽에 있습니다.

어문회 3급 Ⅱ '섞음漢字' 訓·音표 (배정漢字 500字)

※ 여기 訓·音표에 쓰인 번호와 뒷쪽부분 '섞음漢字'에 쓰인 번호가 같으므로 '섞음漢字'를 익힐 때에 모르는 글자는 번호를 찾아 확인하여 암기합니다.

1 佳 아름다울 가	26 硬 굳을 경	51 較 견줄 교	76 奴 종 노	101 浪 물결 랑	126 率 비율 률 거느릴 솔	151 慕 그리워할 모	176 伯 맏 백	201 婢 계집종 비	226 恕 용서할 서
2 架 시렁 가	27 械 기계 계	52 巧 공교할 교	77 腦 골 뇌 뇌수 뇌	102 郎 사내 랑	127 隆 높을 륭	152 謀 꾀 모	177 繁 번성할 번	202 卑 낮을 비	227 徐 천천할 서
3 閣 집 각	28 契 맺을 계	53 拘 잡을 구	78 泥 진흙 니	103 凉 서늘할 량	128 吏 관리 리 벼슬아치 리	153 貌 모양 모	178 凡 무릇 범	203 肥 살찔 비	228 釋 풀 석 놓을 석
4 脚 다리 각	29 啓 열 계	54 久 오랠 구	79 茶 차 다 차 차	104 梁 들보 량 돌다리 량	129 履 밟을 리	154 睦 화목할 목	179 碧 푸를 벽	204 妃 왕비 비	229 惜 아낄 석
5 肝 간 간	30 溪 시내 계	55 丘 언덕 구	80 旦 아침 단	105 勵 힘쓸 려	130 裏 속 리	155 沒 빠질 몰	180 丙 남녘 병 세번째천간 병	205 邪 간사할 사	230 旋 돌 선
6 懇 간절할 간	31 桂 계수나무 계	56 菊 국화 국	81 但 다만 단	106 曆 책력 력	131 臨 임할 림	156 夢 꿈 몽	181 補 기울 보	206 詞 말 사	231 禪 선 선
7 刊 새길 간	32 鼓 북 고	57 弓 활 궁	82 丹 붉을 단	107 戀 그리워할 련	132 磨 갈 마	157 蒙 어릴 몽	182 譜 족보 보	207 司 맡을 사	232 蘇 되살아날 소
8 幹 줄기 간	33 姑 시어미 고	58 菌 버섯 균	83 淡 맑을 담	108 鍊 쇠불릴 련 단련할 련	133 麻 삼 마	158 貿 무역할 무	183 腹 배 복	208 沙 모래 사	233 訴 호소할 소
9 鑑 거울 감 거울삼을 감	34 稿 원고 고 볏짚 고	59 拳 주먹 권	84 踏 밟을 답	109 聯 연이을 련	134 晩 늦을 만	159 茂 무성할 무	184 覆 덮을 부 다시 복	209 祀 제사 사	234 疏 소통할 소 멀 소
10 剛 굳셀 강	35 哭 울 곡	60 鬼 귀신 귀	85 唐 당나라 당 당황할 당	110 蓮 연꽃 련	135 漠 넓을 막	160 墨 먹 묵	185 峯 봉우리 봉	210 斜 비낄 사	235 燒 사를 소
11 綱 벼리 강	36 谷 골 곡	61 克 이길 극	86 糖 엿 당	111 裂 찢어질 렬	136 莫 없을 막	161 默 잠잠할 묵	186 封 봉할 봉	211 蛇 긴뱀 사	236 訟 송사할 송
12 鋼 강철 강	37 恭 공손할 공	62 琴 거문고 금	87 臺 대 대	112 嶺 고개 령	137 幕 장막 막	162 紋 무늬 문	187 逢 만날 봉	212 削 깎을 삭	237 刷 인쇄할 쇄
13 介 낄 개	38 恐 두려울 공	63 錦 비단 금	88 貸 빌릴 대	113 靈 신령 령	138 妄 망령될 망	163 勿 말 물	188 鳳 봉새 봉	213 森 수풀 삼	238 鎖 쇠사슬 쇄
14 槪 대개 개	39 貢 바칠 공	64 禽 새 금	89 途 길 도	114 爐 화로 로	139 梅 매화 매	164 微 작을 미	189 簿 문서 부	214 像 모양 상	239 衰 쇠할 쇠
15 蓋 덮을 개	40 供 이바지할 공	65 及 미칠 급	90 陶 질그릇 도	115 露 이슬 로	140 媒 중매 매	165 尾 꼬리 미	190 付 부칠 부	215 詳 자세할 상	240 需 쓰일 수
16 距 상거할 거	41 誇 자랑할 과	66 畿 경기 기	91 刀 칼 도	116 祿 녹 록	141 麥 보리 맥	166 薄 엷을 박	191 符 부호 부 부신 부	216 裳 치마 상	241 殊 다를 수
17 乾 하늘 건 마를 건	42 寡 적을 과	67 企 꾀할 기	92 渡 건널 도	117 弄 희롱할 롱	142 孟 맏 맹	167 迫 핍박할 박	192 附 붙을 부	217 霜 서리 상	242 隨 따를 수
18 劍 칼 검	43 冠 갓 관	68 祈 빌 기	93 倒 넘어질 도	118 賴 의뢰할 뢰	143 盟 맹세 맹	168 般 가지 반 일반 반	193 扶 도울 부	218 尙 오히려 상 숭상할 상	243 輸 보낼 수
19 隔 사이뜰 격	44 貫 꿸 관	69 其 그 기	94 桃 복숭아 도	119 雷 우레 뢰	144 猛 사나울 맹	169 飯 밥 반	194 浮 뜰 부	219 喪 잃을 상 죽을 상	244 帥 장수 수
20 訣 이별할 결	45 寬 너그러울 관	70 騎 말탈 기	95 突 갑자기 돌	120 樓 다락 루	145 盲 소경 맹 눈멀 맹	170 盤 소반 반 쟁반 반	195 賦 부세 부	220 償 갚을 상	245 獸 짐승 수
21 謙 겸손할 겸	46 慣 익숙할 관	71 緊 굳을 긴 긴할 긴	96 凍 얼 동	121 累 여러 루 자주 루	146 綿 솜 면	171 拔 뽑을 발	196 腐 썩을 부	221 桑 뽕나무 상	246 愁 근심 수
22 兼 겸할 겸	47 館 집 관	72 諾 허락할 낙	97 絡 얽힐 락 이을 락	122 漏 샐 루	147 眠 잘 면	172 芳 꽃다울 방	197 奔 달릴 분	222 索 찾을 색 새끼줄 삭	247 壽 목숨 수
23 頃 이랑 경 잠깐 경	48 狂 미칠 광	73 娘 계집 낭	98 欄 난간 란	123 陵 언덕 릉	148 免 면할 면	173 輩 무리 배	198 奮 떨칠 분	223 塞 막힐 색 변방 새	248 垂 드리울 수
24 耕 갈 경	49 怪 괴이할 괴	74 耐 견딜 내	99 蘭 난초 란	124 倫 인륜 륜	149 滅 멸할 멸 꺼질 멸	174 排 밀칠 배	199 紛 어지러울 분	224 署 마을 서 관청 서	249 熟 익을 숙
25 徑 지름길 경 길 경	50 壞 무너질 괴	75 寧 편안할 녕	100 廊 사랑채 랑 행랑 랑	125 栗 밤 률	150 銘 새길 명	175 培 북돋을 배	200 拂 떨칠 불	225 緒 실마리 서	250 淑 맑을 숙

※ 여기 訓·音표에 쓰인 번호와 뒷쪽부분 '섞음漢字'에 쓰인 번호가 같으므로 '섞음漢字'를 익힐 때에 모르는 글자는 번호를 찾아 확인하여 암기합니다.

佳 아름다울 가 1	硬 굳을 경 26	較 견줄 교 51	奴 종 노 76	浪 물결 랑 101	率 비율 률 거느릴 솔 126	慕 그리워할 모 151	伯 맏 백 176	婢 계집종 비 201	恕 용서할 서 226
架 시렁 가 2	械 기계 계 27	巧 공교할 교 52	腦 골 뇌 뇌수 뇌 77	郎 사내 랑 102	隆 높을 륭 127	謀 꾀 모 152	繁 번성할 번 177	卑 낮을 비 202	徐 천천할 서 227
閣 집 각 3	契 맺을 계 28	拘 잡을 구 53	泥 진흙 니 78	凉 서늘할 량 103	吏 관리 리 벼슬아처 리 128	貌 모양 모 153	凡 무릇 범 178	肥 살찔 비 203	釋 풀 석 놓을 석 228
脚 다리 각 4	啓 열 계 29	久 오랠 구 54	茶 차 다 차 차 79	梁 들보 량 돌다리 량 104	履 밟을 리 129	睦 화목할 목 154	碧 푸를 벽 179	妃 왕비 비 204	惜 아낄 석 229
肝 간 간 5	溪 시내 계 30	丘 언덕 구 55	旦 아침 단 80	勵 힘쓸 려 105	裏 속 리 130	沒 빠질 몰 155	丙 남녁 병 세번째천간 병 180	邪 간사할 사 205	旋 돌 선 230
懇 간절할 간 6	桂 계수나무 계 31	菊 국화 국 56	但 다만 단 81	曆 책력 력 106	臨 임할 림 131	夢 꿈 몽 156	補 기울 보 181	詞 말 사 206	禪 선 선 231
刊 새길 간 7	鼓 북 고 32	弓 활 궁 57	丹 붉을 단 82	戀 그리워할 련; 107	磨 갈 마 132	蒙 어릴 몽 157	譜 족보 보 182	司 맡을 사 207	蘇 되살아날 소 232
幹 줄기 간 8	姑 시어미 고 33	菌 버섯 균 58	淡 맑을 담 83	鍊 쇠불릴 련 단련할 련 108	麻 삼 마 133	貿 무역할 무 158	腹 배 복 183	沙 모래 사 208	訴 호소할 소 233
鑑 거울 감 거울삼을 감 9	稿 원고 고 볏짚 고 34	拳 주먹 권 59	踏 밟을 답 84	聯 연이을 련 109	晩 늦을 만 134	茂 무성할 무 159	覆 덮을 부 다시 복 184	祀 제사 사 209	疏 소통할 소 멀 소 234
剛 굳셀 강 10	哭 울 곡 35	鬼 귀신 귀 60	唐 당나라 당 당황할 당 85	蓮 연꽃 련 110	漠 넓을 막 135	墨 먹 묵 160	峯 봉우리 봉 185	斜 비낄 사 210	燒 사를 소 235
綱 벼리 강 11	谷 골 곡 36	克 이길 극 61	糖 엿 당 86	裂 찢어질 렬 111	幕 장막 막 136	默 잠잠할 묵 161	封 봉할 봉 186	蛇 긴뱀 사 211	訟 송사할 송 236
鋼 강철 강 12	恭 공손할 공 37	琴 거문고 금 62	臺 대 대 87	嶺 고개 령 112	莫 없을 막 137	紋 무늬 문 162	逢 만날 봉 187	削 깎을 삭 212	刷 인쇄할 쇄 237
介 낄 개 13	恐 두려울 공 38	錦 비단 금 63	貸 빌릴 대 88	靈 신령 령 113	妄 망령될 망 138	勿 말 물 163	鳳 봉새 봉 188	森 수풀 삼 213	鎖 쇠사슬 쇄 238
槪 대개 개 14	貢 바칠 공 39	禽 새 금 64	途 길 도 89	爐 화로 로 114	梅 매화 매 139	微 작을 미 164	簿 문서 부 189	像 모양 상 214	衰 쇠할 쇠 239
蓋 덮을 개 15	供 이바지할 공 40	及 미칠 급 65	陶 질그릇 도 90	露 이슬 로 115	媒 중매 매 140	尾 꼬리 미 165	付 부칠 부 190	詳 자세할 상 215	需 쓰일 수 240
距 상거할 거 16	誇 자랑할 과 41	畿 경기 기 66	刀 칼 도 91	祿 녹 록 116	麥 보리 맥 141	薄 엷을 박 166	符 부호 부 부신 부 191	裳 치마 상 216	殊 다를 수 241
乾 하늘 건 마를 건 17	寡 적을 과 42	企 꾀할 기 67	渡 건널 도 92	弄 희롱할 롱 117	孟 맏 맹 142	迫 핍박할 박 167	附 붙을 부 192	霜 서리 상 217	隨 따를 수 242
劍 칼 검 18	冠 갓 관 43	祈 빌 기 68	倒 넘어질 도 93	賴 의뢰할 뢰 118	盟 맹세 맹 143	般 가지 반 일반 반 168	扶 도울 부 193	尙 오히려 상 숭상할 상 218	輸 보낼 수 243
隔 사이뜰 격 19	貫 꿸 관 44	其 그 기 69	桃 복숭아 도 94	雷 우레 뢰 119	猛 사나울 맹 144	飯 밥 반 169	浮 뜰 부 194	喪 잃을 상 죽을 상 219	帥 장수 수 244
訣 이별할 결 20	寬 너그러울 관 45	騎 말탈 기 70	突 갑자기 돌 95	樓 다락 루 120	盲 소경 맹 눈멀 맹 145	盤 소반 반 쟁반 반 170	賦 부세 부 195	償 갚을 상 220	獸 짐승 수 245
謙 겸손할 겸 21	慣 익숙할 관 46	緊 긴할 긴 71	凍 얼 동 96	累 여러 루 자주 루 121	綿 솜 면 146	拔 뽑을 발 171	腐 썩을 부 196	桑 뽕나무 상 221	愁 근심 수 246
兼 겸할 겸 22	館 집 관 47	諾 허락할 낙 72	絡 얽힐 락 이을 락 97	漏 샐 루 122	眠 잘 면 147	芳 꽃다울 방 172	奔 달릴 분 197	索 찾을 색 새끼줄 삭 222	壽 목숨 수 247
頃 이랑 경 잠깐 경 23	狂 미칠 광 48	娘 계집 낭 73	欄 난간 란 98	陵 언덕 릉 123	免 면할 면 148	輩 무리 배 173	奮 떨칠 분 198	塞 막힐 색 변방 새 223	垂 드리울 수 248
耕 밭갈 경 24	怪 괴이할 괴 49	耐 견딜 내 74	蘭 난초 란 99	倫 인륜 륜 124	滅 멸할 멸 꺼질 멸 149	排 밀칠 배 174	署 마을 서 관청 서 224	熟 익을 숙 249
徑 지름길 경 길 경 25	壞 무너질 괴 50	寧 편안 녕 75	廊 사랑채 랑 행랑 랑 100	栗 밤 률 125	銘 새길 명 150	培 북돋을 배 175	拂 떨칠 불 200	緖 실마리 서 225	淑 맑을 숙 250

乘 260	翼 331	丈 345	賃 335	曾 386	槪 14	露 115	兎 445	簿 189	飾 262
捕 456	暫 340	封 186	奪 439	栽 349	貞 363	媒 140	緩 305	廊 100	睦 154
盟 143	賤 415	荒 492	溪 30	娘 73	慧 479	詞 206	刺 337	慕 151	宙 376
丙 180	熟 249	賴 118	尾 165	唐 85	喪 219	悟 302	浸 438	署 224	企 67
雅 267	旬 253	畜 428	被 458	惜 229	微 164	契 28	借 400	尙 218	汗 466
編 450	聯 109	巧 52	騎 70	較 51	伯 176	版 448	愼 263	懷 495	戲 499
碧 179	滯 420	豪 482	彩 406	仰 277	梅 139	獻 473	鑄 377	哭 35	郞 102
齊 367	蓋 15	已 330	漸 359	克 61	菊 56	軟 292	倫 124	訟 236	之 388
執 397	菌 58	茂 159	丹 82	劍 18	滅 149	慣 46	倉 403	陵 123	補 181
役 287	塔 440	瓦 304	驛 288	疾 395	貢 39	讓 282	鋼 12	裏 130	拘 53
割 467	礎 423	妻 410	祿 116	綿 146	祀 209	橫 498	兆 370	樓 120	栽 350
眠 147	陶 90	寂 353	征 362	症 384	述 254	佳 1	皮 459	項 470	沿 291
婢 201	覆 184	泰 443	肺 453	壞 50	桂 31	谷 36	謙 21	醉 430	徹 419

怪 ◇ 49	僧 ◇ 259	免 ◇ 148	彼 ◇ 460	茶 ◇ 79	恕 ◇ 226	吹 ◇ 431	謂 ◇ 316	徑 ◇ 25	糖 ◇ 86
殆 ◇ 442	符 ◇ 191	越 ◇ 315	維 ◇ 323	蒙 ◇ 157	靈 ◇ 113	我 ◇ 270	啓 ◇ 29	哀 ◇ 278	蘭 ◇ 99
森 ◇ 213	洪 ◇ 487	恐 ◇ 38	寡 ◇ 42	禪 ◇ 231	脅 ◇ 477	飯 ◇ 169	孟 ◇ 142	珠 ◇ 379	譜 ◇ 182
愁 ◇ 246	鹽 ◇ 297	斜 ◇ 210	削 ◇ 212	透 ◇ 447	蘇 ◇ 232	貫 ◇ 44	芽 ◇ 272	訣 ◇ 20	誘 ◇ 320
柔 ◇ 324	惑 ◇ 484	辱 ◇ 306	鬼 ◇ 60	浪 ◇ 101	幽 ◇ 319	畢 ◇ 461	履 ◇ 129	寬 ◇ 45	玄 ◇ 474
頂 ◇ 366	峯 ◇ 185	腦 ◇ 77	般 ◇ 168	鎭 ◇ 392	倒 ◇ 93	泥 ◇ 78	腹 ◇ 183	弄 ◇ 117	禍 ◇ 488
池 ◇ 387	吐 ◇ 446	顏 ◇ 274	乾 ◇ 17	胸 ◇ 493	昇 ◇ 258	耐 ◇ 74	廢 ◇ 454	晩 ◇ 134	曆 ◇ 106
芳 ◇ 172	謀 ◇ 152	租 ◇ 371	憎 ◇ 383	稿 ◇ 34	械 ◇ 27	薄 ◇ 166	淫 ◇ 329	憶 ◇ 285	莊 ◇ 344
寧 ◇ 75	隨 ◇ 242	卑 ◇ 202	綱 ◇ 11	審 ◇ 264	僑 ◇ 317	肯 ◇ 421	蹟 ◇ 356	紫 ◇ 338	追 ◇ 427
宇 ◇ 312	祈 ◇ 68	貌 ◇ 153	拓 ◇ 411	笛 ◇ 357	隆 ◇ 127	促 ◇ 425	妃 ◇ 204	桃 ◇ 94	梁 ◇ 104
徐 ◇ 227	蒼 ◇ 405	鶴 ◇ 465	栗 ◇ 125	弓 ◇ 57	邪 ◇ 205	幕 ◇ 136	瞬 ◇ 251	劃 ◇ 496	畿 ◇ 66
幹 ◇ 8	胡 ◇ 481	還 ◇ 489	浩 ◇ 480	掌 ◇ 343	悠 ◇ 322	像 ◇ 214	需 ◇ 240	菜 ◇ 407	欄 ◇ 98
亭 ◇ 360	錯 ◇ 401	紋 ◇ 162	燒 ◇ 235	蓮 ◇ 110	逸 ◇ 333	浮 ◇ 194	楓 ◇ 457	凉 ◇ 103	帥 ◇ 244

貸 ◇88	雙 ◇266	凡 ◇178	奮 ◇198	途 ◇89	猶 ◇326	皇 ◇491	染 ◇296	腐 ◇196	諾 ◇72
抑 ◇284	鼓 ◇32	鎖 ◇238	緒 ◇225	陷 ◇469	策 ◇409	霜 ◇217	淡 ◇83	疫 ◇290	淑 ◇250
扶 ◇193	壤 ◇280	架 ◇2	觸 ◇424	衰 ◇239	壬 ◇334	絡 ◇97	漏 ◇122	殿 ◇358	摘 ◇354
恥 ◇434	訴 ◇233	衝 ◇478	凍 ◇96	影 ◇299	獲 ◇497	跡 ◇355	奏 ◇378	逢 ◇187	燕 ◇294
悔 ◇494	尺 ◇413	荷 ◇464	若 ◇279	藏 ◇341	奔 ◇197	岸 ◇273	粧 ◇342	誇 ◇41	牙 ◇271
疏 ◇234	丘 ◇55	稚 ◇435	介 ◇13	拔 ◇171	懇 ◇6	幼 ◇325	諸 ◇368	獄 ◇303	閣 ◇3
憂 ◇311	懸 ◇475	臟 ◇346	欲 ◇308	稀 ◇500	塞 ◇223	賀 ◇463	央 ◇276	司 ◇207	勿 ◇163
拂 ◇200	耕 ◇24	穴 ◇476	昌 ◇404	遷 ◇417	洲 ◇375	沈 ◇436	揚 ◇281	辰 ◇393	阿 ◇269
含 ◇468	磨 ◇132	澤 ◇444	硬 ◇26	踐 ◇414	譽 ◇300	貿 ◇158	秩 ◇396	此 ◇399	沒 ◇155
輸 ◇243	猛 ◇144	震 ◇394	臺 ◇87	鳳 ◇188	肥 ◇203	奴 ◇76	哲 ◇418	悅 ◇295	亦 ◇289
著 ◇352	株 ◇380	催 ◇426	嶺 ◇112	勵 ◇105	刀 ◇91	卽 ◇382	脚 ◇4	索 ◇222	韻 ◇314
刷 ◇237	値 ◇433	宴 ◇293	銘 ◇150	徵 ◇398	縱 ◇372	蒸 ◇385	頃 ◇23	琴 ◇62	陳 ◇391
枝 ◇389	葬 ◇347	剛 ◇10	柱 ◇374	釋 ◇228	換 ◇490	侍 ◇261	鍊 ◇108	戚 ◇412	蛇 ◇211

默 ◇161	甚 ◇265	響 ◇472	振 ◇390	胃 ◇318	旋 ◇230	忽 ◇486	莫 ◇137	炎 ◇298	久 ◇54
偶 ◇310	繁 ◇177	踏 ◇84	償 ◇220	冠 ◇43	兼 ◇22	恭 ◇37	拳 ◇59	片 ◇449	愚 ◇309
刊 ◇7	麥 ◇141	恒 ◇471	浦 ◇455	付 ◇190	賦 ◇195	襲 ◇255	旦 ◇80	更 ◇128	雷 ◇119
姑 ◇33	虎 ◇483	慈 ◇336	狂 ◇48	淨 ◇364	盲 ◇145	抵 ◇351	墨 ◇160	紛 ◇199	照 ◇369
戀 ◇107	漆 ◇437	超 ◇422	載 ◇348	漠 ◇135	烏 ◇301	濕 ◇257	夢 ◇156	但 ◇81	何 ◇462
渡 ◇92	肝 ◇5	供 ◇40	臨 ◇131	率 ◇126	盤 ◇170	偏 ◇451	壽 ◇247	側 ◇432	巡 ◇252
仲 ◇381	裕 ◇321	坐 ◇373	沙 ◇208	突 ◇96	御 ◇283	緊 ◇71	妄 ◇138	獸 ◇245	垂 ◇248
殊 ◇241	距 ◇16	裳 ◇216	其 ◇69	乙 ◇328	及 ◇65	禽 ◇64	贊 ◇402	巖 ◇275	培 ◇175
魂 ◇485	衝 ◇429	羽 ◇313	累 ◇121	淺 ◇416	麻 ◇133	潤 ◇327	爐 ◇114	桑 ◇221	裂 ◇111
鑑 ◇9	館 ◇47	湯 ◇441	迫 ◇167	隔 ◇19	井 ◇365	忍 ◇332	慾 ◇307	附 ◇192	亞 ◇268
廷 ◇361	潛 ◇339	弊 ◇452	輩 ◇173	排 ◇174	詳 ◇215	錦 ◇63	債 ◇408	拾 ◇256	譯 ◇286

1. 다음 漢字語의 讀音을 쓰시오. (1~45)

(1) 吉夢		(2) 突然	
(3) 裏面		(4) 吏讀	
(5) 未詳		(6) 官署	
(7) 家禽		(8) 惜別	
(9) 兼職		(10) 逢着	
(11) 漠然		(12) 連絡	
(13) 莫大		(14) 貢物	
(15) 崇尙		(16) 培養	
(17) 其他		(18) 恭敬	
(19) 紛失		(20) 興奮	
(21) 供給		(22) 及第	
(23) 奴婢		(24) 孟浪	
(25) 唐詩		(26) 新郞	
(27) 蒙古		(28) 才弄	
(29) 克服		(30) 謀士	
(31) 消滅		(32) 流浪	
(33) 肥滿		(34) 卑屈	
(35) 封印		(36) 丙種	
(37) 沙漠		(38) 拘束	
(39) 鍾樓		(40) 幕舍	
(41) 滯症		(42) 恐龍	
(43) 懇曲		(44) 脚本	
(45) 草稿			

2. 다음 漢字의 訓과 音을 쓰시오. (46~72)

(46) 藏	(47) 換	(48) 葬
(49) 胸	(50) 借	(51) 疫
(52) 缺	(53) 甚	(54) 補
(55) 卑	(56) 租	(57) 像
(58) 蹟	(59) 廢	(60) 徑
(61) 牙	(62) 乾	(63) 凍
(64) 忽	(65) 欄	(66) 追
(67) 陳	(68) 唐	(69) 我
(70) 襲	(71) 劍	(72) 絡

3. 다음 글에서 밑줄 친 漢字語 중 한글로 쓴 것은 漢字로, 漢字로 쓴 것은 한글로 바꾸시오. (73~102)

소비[73]와 경쟁[74]은 흔히 현대[75] 사회의 주요한 특징으로 일컬어진다. 소비는 개인[76]의 물질[77]적 정신[78]적 欲求[79]를 만족[80]시켜 줄 뿐만 아니라, 시장[81] 경제[82] 체제를 지탱해주는 삶의 중요한 樣式[83]이다. 국가[84]간 階層[85]간의 심한 소득[86] 隔差[87]에 의해서 삶의 질과 기본[88]적인 권리[89]를 보장[90]받지 못하는 경우가 있는 반면에, 구매력이 있는 사람들의 과거에는 想像[91]할 수도 없었던 소비의 다양성을 경험[92]하고 있다. 현대 인들은 과거의 어떤 세대[93]보다 풍요로운 소비 위주의 삶을 향유[94]하고 있다.

한편 경쟁의 원칙[95]은 오늘날 삶의 모든 領域[96]에 걸쳐서 확산되는 양상을 보인다. 경쟁의 대열[97]에서 낙오되지 않기 위해 사람들은 새로운 지식[98]과 정보[99]를 습득[100]하거나 기존의 사회 組織[101]을 바꾸려는 엄청난 노력[102]을 기울인다.

(73) 소비 [ ]	(74) 경쟁 [ ]	(75) 현대 [ ]
(76) 개인 [ ]	(77) 물질 [ ]	(78) 정신 [ ]
(79) 欲求 [ ]	(80) 만족 [ ]	(81) 시장 [ ]
(82) 경제 [ ]	(83) 樣式 [ ]	(84) 국가 [ ]
(85) 階層 [ ]	(86) 소득 [ ]	(87) 隔差 [ ]
(88) 기본 [ ]	(89) 권리 [ ]	(90) 보장 [ ]
(91) 想像 [ ]	(92) 경험 [ ]	(93) 세대 [ ]
(94) 향유 [ ]	(95) 원칙 [ ]	(96) 領域 [ ]
(97) 대열 [ ]	(88) 지식 [ ]	(99) 정보 [ ]
(100) 습득 [ ]	(101) 組織 [ ]	(102) 노력 [ ]

4. 윗글의 밑줄 친 漢字語중 73~85 중에서 첫소리가 長音으로 소리나는 것을 5개 가려 그 번호를 쓰시오. (103~107)

(103) [ ] (104) [ ] (105) [ ]
(106) [ ] (107) [ ]

5. 다음 漢字와 뜻이 反對(또는 相對)되는 漢字를 [ ]에 적어 單語를 完成하시오.(108~112)

(108) [　] ↔ 吸　　(109) 散 ↔ [　]

(110) [　] ↔ 過　　(111) [　] ↔ 免

(112) [　] ↔ 夜

6. 다음 漢字語와 뜻이 對立되는 漢字語를 쓰시오.
(113~117)

(113) 執權 ↔ [　]　　(114) 忽待 ↔ [　]

(115) 收入 ↔ [　]　　(116) 懷疑 ↔ [　]

(117) 異議 ↔ [　]

7. 다음 漢字와 뜻이 비슷한 漢字를 써서 漢字語를 만드시오.(118~122)

(118) 帝 - [왕]　　(119) 競 - [쟁]

(120) 改 - [혁]　　(121) 兵 - [졸]

(122) 聽 - [문]

8. 다음 빈 곳에 알맞은 漢字를 써 넣어 四字成語 (漢字語)를 完成하시오.(123~132)

(123) 存亡之[　]　　(124) [　]耕夜讀

(125) 恒茶飯[　]　　(126) [　]井觀天

(127) [　]謀術數　　(128) [　]氣衝天

(129) [　]刀直入　　(130) [　]從之道

(131) 泰山[　]斗　　(132) [　]從腹背

9. 다음 漢字語와 音은 같으나 뜻이 다른 漢字語를 쓰시오.(長短音 관계없음).(133~137)

(133) 招待-[　] : 어떤 계통의 첫 번째 사람

(134) 厚謝-[　] : 뒷일

(135) 好轉-[　] : 싸우기를 좋아함

(136) 天災-[　] : 태어날 때부터 뛰어난 재
주를 가진 사람

(137) 死傷-[　] : 생각, 의견

10. 다음 漢字의 部首를 쓰시오.(138~142)

(138) 衝　　　　(139) 戒

(140) 勝　　　　(141) 幹

(142) 此

11. 다음 뜻풀이에 알맞은 漢字語를 [例]에서 찾아 그 번호를 쓰시오.(143~147)

[例]　①樹木 ②木材 ③抗戰 ④海洋 ⑤航海
　　　⑥製造 ⑦成績 ⑧作品 ⑨專攻 ⑩占領

(143) 살아있는 나무

(144) 배로 바다 위를 감

(145) 물건을 만듦

(146) 전문적으로 연구함

(147) 일정한 장소를 차지하여 제 것으로 함

12. 다음 漢字의 略字를 쓰시오.(148~150)

(148) 擔　　　　　(149) 聲

(150) 賢

국가공인
제2회 한자능력검정시험 3급 Ⅱ 예상문제

1. 다음 漢字語의 讀音을 쓰시오. (1~45)

(1) 布施		(2) 毛孔	
(3) 靈威		(4) 微笑	
(5) 假裝		(6) 誘導	
(7) 盲信		(8) 默念	
(9) 畿湖		(10) 恒常	
(11) 後進		(12) 抑揚	
(13) 巡禮		(14) 禍根	
(15) 麥飯		(16) 便乘	
(17) 姉妹		(18) 運輸	
(19) 露宿		(20) 呼吸	
(21) 豪華		(22) 援助	
(23) 細菌		(24) 觸覺	
(25) 宣陵		(26) 批評	
(27) 凍太		(28) 邪念	
(29) 井邑		(30) 喜悅	
(31) 鎭港		(32) 標識	
(33) 栽培		(34) 臨終	
(35) 野獸		(36) 荷役	
(37) 缺席		(38) 胸像	
(39) 茂盛		(40) 迎接	
(41) 管井		(42) 秩序	
(43) 構造		(44) 御製	
(45) 普通			

2. 다음 漢字의 訓과 音을 쓰시오. (46~72)

(46) 蒙		(47) 忍	
(48) 濕		(49) 封	
(50) 裳		(51) 御	
(52) 澤		(53) 荷	
(54) 綱		(55) 宙	
(56) 振		(57) 壤	
(58) 愼		(59) 幽	
(60) 讓		(61) 廷	
(62) 邪		(63) 哲	
(64) 胃		(65) 烏	
(66) 戚		(67) 旦	
(68) 項		(69) 阿	
(70) 漸		(71) 賤	
(72) 潤			

3. 다음 각 문장의 밑줄친 漢字語를 漢字로 쓰시오. (73~97)

㉠ 개인 정보 유출[73]로 인해 피해[74]를 입은 사례[75]가 많다. 최근들어 사이버 공간[76]에서의 비윤리적 행동들이 문제[77]가 되고 있는데, 허위사실 유포, 인신공격 등이 그것이다. 이러한 상황은 사이버 공간의 특성[78] 때문에 생겨나는 것이다.

㉡ 현대 사회에서는 인구[79]가 증가[80]하면서 다양한 욕구가 분출하고 있다.

㉢ 조화[81]로운 사회를 만들기 위해서는 서로 협력[82]하는 자세를 가져야 한다.

㉣ 우리나라 헌법에서는 성별[83]에 의한 차별을 금지[84]하고 있다.

㉤ 교육[85]을 대하는 학습자[86]의 태도[87]가 능동[88]적으로 바뀌어야 한다.

㉥ 민주[89]주의는 모든 국민[90]이 정치[91]과정에 적극[92]적으로 참여[93]하기를 바란다.

㉦ 사람은 성장[94]하면서 대부분 부모나 학교[95], 국가, 사회[96], 교회[97] 등을 통해서 만들어진 규범을 비판 없이 수용하게 된다.

(73) [ ]		(74) [ ]		(75) [ ]	
(76) [ ]		(77) [ ]		(78) [ ]	
(79) [ ]		(80) [ ]		(81) [ ]	
(82) [ ]		(83) [ ]		(84) [ ]	
(85) [ ]		(86) [ ]		(87) [ ]	
(88) [ ]		(89) [ ]		(90) [ ]	
(91) [ ]		(92) [ ]		(93) [ ]	
(94) [ ]		(95) [ ]		(96) [ ]	
(97) [ ]					

4. 다음 漢字와 뜻이 反對 또는 相對되는 漢字를 빈 칸에 적어 漢字語를 完成하시오.(98～107)

(98) [　] ↔ 幼　　(99) 收 ↔ [　]
(100) [　] ↔ 惡　　(101) 如 ↔ [　]
(102) [　] ↔ 鄕　　(103) [　] ↔ 晩
(104) [　] ↔ 樂　　(105) 順 ↔ [　]
(106) [　] ↔ 背　　(107) [　] ↔ 濁

5. 다음 漢字語의 反對語, 相對語를 쓰시오.

(108～112)

(108) [　] ↔ 寒流　　(109) [　] ↔ 薄待
(110) [　] ↔ 養家　　(111) [　] ↔ 逆行
(112) [　] ↔ 疏遠

6. 다음 漢字와 뜻이 비슷한 漢字를 써서 漢字語를 完成하시오.(113～117)

(113) [비] 較　　(114) 境 [계]
(115) [관] 覽　　(116) 測 [량]
(117) [해] 洋

7. 다음 빈 곳에 알맞은 漢字를 써 넣어 四字成語(漢字語)를 完成하시오..(118～127)

(118) 不知[　]數　　(119) 萬頃蒼[　]
(120) 夫爲[　]綱　　(121) 拍掌大[　]
(122) [　]炭之間　　(123) 一觸卽[　]
(124) [　]己復禮　　(125) 一場春[　]
(126) [　]地思之　　(127) 此日彼[　]

8. 다음 漢字語의 同音異義語를 쓰되 제시된 뜻에 맞게 쓰시오.(長短音 관계없음)(128～132)

(128) 原稿－[　] : 소송을 제기하여 재판을
　　　　　　　　　청구한 사람
(129) 年賀－[　] : 나이가 아래임

(130) 人士－[　] : 남에게 공경하는 뜻으로
　　　　　　　　　하는 예
(131) 稅收－[　] : 낯을 씻음
(132) 武器－[　] : 무기한

9. 다음 漢字의 部首를 쓰시오.(133～137)

(133) 不　　　　　　(134) 條
(135) 羅　　　　　　(136) 畫
(137) 平

10. 다음 漢字語 가운데 첫 音節이 길게 발음되는 것을 골라 그 번호를 쓰시오.(138～142)

(138) [　] : ①走者 ②防衛 ③伐木 ④豫想
(139) [　] : ①合意 ②探究 ③座席 ④議論
(140) [　] : ①話題 ②財産 ③永遠 ④別居
(141) [　] : ①形象 ②重傷 ③陰地 ④遺産
(142) [　] : ①形象 ②粉食 ③活動 ④損害

11. 다음 뜻풀이에 적합한 漢字語를 [例]에서 찾아 그 번호를 쓰시오.(143～147)

[例]　①用役　②容易　③改革　④誠意
　　　⑤義務　⑥勞使　⑦改造　⑧勞動
　　　⑨移動　⑩移植

(143) 아주 쉬움
(144) 마땅히 해야 하는 일
(145) 노동자와 사용자(회사)
(146) 고치어 다시 만듦
(147) 옮겨 심음

12. 다음 漢字의 略字를 쓰시오.(148～150)

(148) 壓　　　　(149) 黨
(150) 榮

1. 다음 漢字語의 讀音을 쓰시오. (1~45)

(1) 扶助	(2) 奔走
(3) 當付	(4) 祭祀
(5) 臨終	(6) 隆起
(7) 風蘭	(8) 浮力
(9) 盟約	(10) 頭緒
(11) 拳銃	(12) 冬眠
(13) 幹部	(14) 統率
(15) 短刀	(16) 告訴
(17) 王妃	(18) 碑銘
(19) 緊張	(20) 菊花
(21) 淸溪	(22) 排除
(23) 改閣	(24) 伯父
(25) 先輩	(26) 補講
(27) 踏査	(28) 館長
(29) 老鍊	(30) 平凡
(31) 怪力	(32) 履修
(33) 戀歌	(34) 徐行
(35) 關聯	(36) 培養
(37) 佳景	(38) 生栗
(39) 火爐	(40) 嶺東
(41) 王陵	(42) 洋弓
(43) 腹案	(44) 計巧
(45) 痛哭	

2. 다음 漢字의 訓과 音을 쓰시오. (46~72)

(46) 祈	(47) 瞬
(48) 掌	(49) 湯
(50) 懇	(51) 暫
(52) 斜	(53) 述
(54) 栽	(55) 拘
(56) 潛	(57) 熟
(58) 淑	(59) 垂
(60) 禍	(61) 刺
(62) 鼓	(63) 巡
(64) 腦	(65) 昇
(66) 秩	(67) 央
(68) 臟	(69) 拾
(70) 抵	(71) 緩
(72) 符	

3. 밑줄 그은 漢字語를 漢字로 쓰시오. (73~102)

(73) 吉·凶·禍·福을 운명의 탓으로 돌릴 수만은 없다.

(74) 몽골은 대륙 속에 있는 초원의 나라이다.

(75) 우리의 전통은 우리의 문화와 함께 이어간다.

(76) 무슨 일이든 시작했으면 완성해야 한다.

(77) 산 정상에 도달하자 모두가 기쁜 마음으로 소리쳤다.

(78) 전시회에 진열된 작품 중에서 동양화를 선택하였다.

(79) 급할수록 감정을 억제하고 이성적으로 생각해야 한다.

(80) 우리나라의 造船기술은 세계가 인정한 최고의 수준이다.

(81) 결혼은 이성끼리의 육체적·정신적 결합이다.

(82) 해마다 서화 백일장에서 입상한 작품을 보관한다.

(83) 산삼은 인삼보다 훨씬 더 고가에 거래된다.

(84) 노래·춤·영화·서화·조각 등은 예술분야이다.

(85) 금년에도 벼 생산량 목표달성에 성공했다.

(86) 금년의 해외수출 목표는 작년보다 증가했다.

(87) 매사에 안전하게 일을 하면 재난을 당하지 않는다.

(88) 내가 가고 싶은 대학에 합격해서 기쁘다.

(89) 우리나라 기업들이 중국에 많이 진출해 있다.

(90) 우리나라는 신생아 출산이 감소하기 시작했다.

(91) 비만 때문에 채식을 주로 하는 인구가 증가하고 있다.

(92) 오늘날 어린이를 양육하는데 비용이 많이 든다.

(93) 미술은 미를 추구하는 학문이다.

(94) 국민의 일꾼을 뽑는 선거에 관심을 가져야 한다.

(95) 핸드폰을 통해 조난자의 <u>위치</u>를 파악할 수 있다.

(96) 나의 꿈은 국어<u>교사</u>가 되는 것이다.

(97) 음악시간에 노래부를 때가 즐겁다.

(98) 차를 과속으로 운행하면 <u>벌금</u>을 물게 된다.

(99) 오랫만에 스승과 제자가 만나 <u>사제</u>지간의 정을 나누었다.

(100) 관광안내도에 유적지표시가 <u>세밀</u>하게 표시되었다.

(101) 속담에 '가는 말이 고와야 오는 말이 곱다'란 말이 있다.

(102) 눈이 아파서 <u>안과</u>에서 치료를 받았다.

4. 다음 漢字와 뜻이 反對 또는 相對되는 漢字를 적어 漢字語를 完成하시오. (103~107)

(103) [　　] ↔ 從　　(104) [　　] ↔ 暑

(105) [　　] ↔ 靜　　(106) [　　] ↔ 來

(107) [　　] ↔ 裏

5. 다음 漢字語와 뜻이 反對 또는 相對되는 漢字語를 쓰시오. (108~112)

(108) 物質 ↔ [　　]　　(109) 別居 ↔ [　　]

(110) 溫情 ↔ [　　]　　(111) 君子 ↔ [　　]

(112) 幸福 ↔ [　　]

6. 다음 漢字와 뜻이 같거나 비슷한 漢字를 적어 單語를 完成하시오. (113~122)

(113) 敎 [훈]　　(114) 規 [범]

(115) 逃 [망]　　(116) 到 [달]

(117) 背 [후]　　(118) 微 [세]

(119) 削 [감]　　(120) [간] 隔

(121) 君 [왕]　　(122) [장] 帥

7. 다음 빈 칸에 알맞은 漢字를 써 넣어 四字成語를 完成하시오.. (123~132)

(123) 自 [　] 之亂　　(124) 隱忍自 [　]

(125) 浩 [　] 之氣　　(126) 一日之 [　]

(127) [　] 若觀火　　(128) [　] 亡盛衰

(129) [　] 山之石　　(130) 百 [　] 無策

(131) [　] 出鬼沒　　(132) 七 [　] 之惡

8. 다음 同音異義語의 빈 칸을 메우시오. (長短音 관계없음) (133~137)

(133) 壯觀－長 [　]　　(134) 發展－發 [　]

(135) 拒否－巨 [　]　　(136) 神父－新 [　]

(137) 不貞－不 [　]

9. 다음 漢字의 部首를 쓰시오. (138~141)

(138) 養　　(139) 商　　(140) 以

(141) 豪

10. 다음 漢字語 가운데 첫 音節이 길게 발음되는 것을 골라 그 번호를 쓰시오. (142~144)

(142) [　　] : ①提示 ②縮小 ③奉仕 ④節氣

(143) [　　] : ①溫和 ②暖流 ③暴君 ④希望

(144) [　　] : ①慰安 ②政治 ③笑談 ④郵便

11. 다음 뜻풀이에 알맞은 漢字語를 [例]에서 골라 그 번호를 쓰시오. (145~147)

> [例]　①防犯　②防衛　③憲法　④規則
> 　　　⑤自他　⑥提起　⑦消費　⑧生産
> 　　　⑨再發　⑩取材

(145) 범죄가 일어나지 않도록 막음

(146) 국가통치에 기본이 되는 법

(147) 의견을 내어놓음

12. 다음 漢字의 略字를 쓰시오. (148~150)

(148) 氣　　(149) 齒

(150) 解

국가공인
제4회 한자능력검정시험 3급 Ⅱ 예상문제

1. 다음 漢字語의 讀音을 쓰시오. (1~45)

(1) 啓蒙   (2) 改刊

(3) 帳簿   (4) 藝術

(5) 耕牧   (6) 光彩

(7) 祕密   (8) 懇切

(9) 信賴   (10) 踏襲

(11) 參席   (12) 掃除

(13) 橫財   (14) 許諾

(15) 連載   (16) 畢竟

(17) 森嚴   (18) 肺病

(19) 娘子   (20) 危殆

(21) 加減   (22) 徹底

(23) 鷄鳴   (24) 柔軟

(25) 潤澤   (26) 謙讓

(27) 凡愚   (28) 招待

(29) 悅樂   (30) 恥辱

(31) 特許   (32) 就業

(33) 佳緣   (34) 慧眼

(35) 孤寂   (36) 抗爭

(37) 夢兆   (38) 賤職

(39) 冠帶   (40) 肺胞

(41) 奮鬪   (42) 可恐

(43) 價値   (44) 歸還

(45) 還付

2. 다음 漢字의 訓과 音을 쓰시오. (46~72)

(46) 槪   (47) 愁

(48) 賦   (49) 珠

(50) 裂   (51) 賃

(52) 壽   (53) 磨

(54) 微   (55) 貿

(56) 衰   (57) 紋

(58) 顔   (59) 諾

(60) 徐   (61) 途

(62) 肝   (63) 訟

(64) 盟   (65) 響

(66) 梁   (67) 凉

(68) 兆   (69) 征

(70) 勵   (71) 奴

(72) 幼

3. 다음 글에서 밑줄 친 漢字語를 漢字로 쓰시오.

(73~86)

> 국제[73]間의 교류[74]가 나날이 빈번하고 잦아지는 시점에서 문화 산업[75]에 대한 중요성[76]이 날로 커지고 있다. 문화산업은 고부가 가치를 창조[77]할 수 있으므로 '굴뚝 없는 미래 전략산업'으로서의 가치가 더욱 크다. 최근[78]에 우리나라 가까이에 있는 아시아 인접 국가[79]를 중심으로 '韓流 열풍[80]'이 무섭게 불고 있다. 우리나라의 드라마나 영화, 가요[81]가 다른 나라에서 선풍적인 인기[82]를 끌면서 이들 문화 상품[83]이 높은 가격[84]으로 해외[85]에 수출되고 있는 것이다. 이는 우리나라의 문화 수준[86]이 인접 국가보다 월등히 우월하다는 증거이다.

(73) [   ]   (74) [   ]

(75) [   ]   (76) [   ]

(77) [   ]   (78) [   ]

(79) [   ]   (80) [   ]

(81) [   ]   (82) [   ]

(83) [   ]   (84) [   ]

(85) [   ]   (86) [   ]

4. 다음 밑줄 친 漢字語를 漢字로 쓰시오. (87~102)

(87) 설날 아침 윗어른께 세배를 드렸다.

(88) 히딩크는 유명한 축구 감독이다.

(89) 우리반 담임 선생님은 漢文을 가르치신다.

(90) 전염병 환자에게 접근해서는 안된다.

(91) 차기 올림픽 유치에 각국의 경쟁이 치열하다.

(92) 서화 전시장에 출품된 작품들이 나열되어 있다.

(93) 나는 군 사격장에서 총을 연발로 쏘았었다.

(94) 제주도가 <u>신혼부부</u> 여행지로 적합하다.

(95) 금년 우리나라의 경제 <u>성장률</u>은 낙관적이다.

(96) 고속철도 <u>선로</u> 점검이 정기적으로 실시된다.

(97) 병아리의 암수를 <u>구별</u>하는 일은 감별사가 한다.

(98) 국제간의 기술 <u>경쟁력</u>은 날로 심화되어 간다.

(99) 감기 몸살로 인해 몸 <u>상태</u>가 좋지 않다.

(100) 과학이 <u>발전</u>할수록 인간소외 현상도 커진다.

(101) 망망대해에서는 <u>방향</u>을 모를 때도 있다.

(102) 단체생활에서는 작은 일도 <u>의논</u>해서 한다.

5. 다음 漢字와 뜻이 反對 또는 相對되는 漢字를 써서 단어를 完成하시오. (103～107)

(103) 賞 ↔ [　　] 　　(104) 加 ↔ [　　]

(105) 言 ↔ [　　] 　　(106) 與 ↔ [　　]

(107) 安 ↔ [　　]

6. 다음 漢字語와 뜻이 反對 또는 相對되는 漢字語를 쓰시오. (108～112)

(108) 分擔 ↔ [　　] 　　(109) 發達 ↔ [　　]

(110) 質疑 ↔ [　　] 　　(111) 從屬 ↔ [　　]

(112) 反目 ↔ [　　]

7. 다음 漢字와 뜻이 같거나 비슷한 漢字를 써서 漢字語를 完成하시오. (113～122)

(113) 模 [사] 　　(114) 旋 [회]

(115) 尊 [경] 　　(116) 訣 [별]

(117) 緣 [유] 　　(118) [경] 戒

(119) 征 [벌] 　　(120) [정] 留

(121) 租 [세] 　　(122) [사] 役

8. 빈칸에 알맞은 漢字를 써 넣어 四字成語(漢字語)를 完成하시오. (123～132)

(123) 斷機之[　　] 　　(124) [　　]甲移乙

(125) 姑息之[　　] 　　(126) [　　]身齊家

(127) 高臺廣[　　] 　　(128) [　　]在頃刻

(129) 錦衣玉[　　] 　　(130) 佳[　　]薄命

(131) 抑强扶[　　] 　　(132) 始[　　]一貫

9. 다음 漢字語와 音은 같으나 뜻이 다른 漢字語를 쓰시오. (長短音 관계없음). (133～137)

(133) 防火－[　　] : 일부로 불을 지름

(134) 司會－[　　] : 공동생활을 하는 인간의 집단

(135) 同化－[　　] : 어린이를 위해 쓴 이야기

(136) 開庭－[　　] : 바르게 고침

(137) 假裝－[　　] : 집안 어른

10. 다음 漢字의 部首를 쓰시오. (138～141)

(138) 世 　　　　(139) 省

(140) 去 　　　　(141) 永

11. 다음 漢字語 가운데 첫 音節이 길게 발음되는 것을 골라 그 번호를 쓰시오. (142～144)

(142) [　　] : ①障壁 ②順理 ③歡待 ④誠意

(143) [　　] : ①絶斷 ②敵軍 ③刑罰 ④序頭

(144) [　　] : ①煙氣 ②穀食 ③品目 ④黑板

12. 다음 뜻풀이에 알맞은 漢字語를 [例]에서 골라 그 번호를 쓰시오. (145～147)

[例] ①財物　②高空　③遺産　④人氣
　　　⑤殘金　⑥歡送　⑦雄飛　⑧船首
　　　⑨船窓　⑩英雄

(145) 죽은 사람이 남겨놓은 재산

(146) 남아있는 돈

(147) 좋은 일로 가는 사람을 기쁨으로 보냄

13. 다음 漢字의 略字를 쓰시오. (148～150)

(148) 應 　　　　(149) 鑛

(150) 經

1. 다음 漢字語의 讀音을 쓰시오. (1~45)

(1) 企劃　　　　　(2) 溫柔
(3) 接觸　　　　　(4) 桂墓
(5) 貞淑　　　　　(6) 拓本
(7) 復活　　　　　(8) 樓閣
(9) 栗糖　　　　　(10) 默契
(11) 突然　　　　(12) 微妙
(13) 妻弟　　　　(14) 換拂
(15) 陷落　　　　(16) 哲理
(17) 宇宙　　　　(18) 雜鬼
(19) 著作　　　　(20) 容恕
(21) 追跡　　　　(22) 肥滿
(23) 內需　　　　(24) 沈降
(25) 閑寂　　　　(26) 奇智
(27) 鼓舞　　　　(28) 祭祀
(29) 均衡　　　　(30) 肝腸
(31) 旋風　　　　(32) 貿易
(33) 商魂　　　　(34) 懇談
(35) 殘像　　　　(36) 貯臟
(37) 納涼　　　　(38) 御用
(39) 管掌　　　　(40) 慣例
(41) 拾得　　　　(42) 徵兆
(43) 威嚴　　　　(44) 及落
(45) 勤勉

2. 다음 漢字의 訓과 音을 쓰시오. (46~72)

(46) 虎　　　　　(47) 倫
(48) 慧　　　　　(49) 鋼
(50) 麻　　　　　(51) 累
(52) 辰　　　　　(53) 輪
(54) 隨　　　　　(55) 韻
(56) 悔　　　　　(57) 稿
(58) 郞　　　　　(59) 諸
(60) 齊　　　　　(61) 載
(62) 隔　　　　　(63) 茶
(64) 戀　　　　　(65) 錯
(66) 枝　　　　　(67) 莫
(68) 祿　　　　　(69) 曆
(70) 需　　　　　(71) 刊
(72) 距

3. 다음 訓과 音을 지닌 漢字를 쓰시오.(73~94)

(73) 콩 두　　[　]　(74) 거느릴 통 [　]
(75) 지을 조　[　]　(76) 풍년 풍　[　]
(77) 굳을 확　[　]　(78) 풍속 속　[　]
(79) 며느리 부[　]　(80) 찰 만　　[　]
(81) 가늘 세　[　]　(82) 같을 여　[　]
(83) 그르칠 오[　]　(84) 거리 가　[　]
(85) 검사할 검[　]　(86) 구리 동　[　]
(87) 독 독　　[　]　(88) 일어날 기 [　]
(89) 지킬 수　[　]　(90) 생각할 상 [　]
(91) 새 조　　[　]　(92) 편안할 강 [　]
(93) 베풀 시　[　]　(94) 대 죽　　[　]

4. 다음 각 文章의 밑줄 친 漢字語를 漢字로 쓰시오. (95~102)

㉠ 종교[95]는 영생[96]과 낙원[97]을 주창한다.

㉡ 동물[98]에서 새로운 원료[99]를 재취하여 부작용이 없는 화장품을 만든다.

㉢ 식물[100]은 광합성[101]을 통해 동물의 호흡에 필요한 산소를 제공한다.

㉣ 교통사고는 주의[102]를 소홀히 한데서 발생한다.

(95) [　]　　　(96) [　]
(97) [　]　　　(98) [　]
(99) [　]　　　(100) [　]
(101) [　]　　　(102) [　]

5. 다음 漢字와 뜻이 反對 또는 相對되는 漢字를 써서 漢字語를 完成하시오. (103~107)

(103) [　　] ↔ 衰

(104) 隱 ↔ [　　]

(105) 興 ↔ [　　]

(106) 君 ↔ [　　]

(107) [　　] ↔ 憎

6. 다음 漢字語와 뜻이 反對 또는 相對되는 漢字語를 쓰시오. (108~112)

(108) 危險 ↔ [　　]

(109) 絶望 ↔ [　　]

(110) 被動 ↔ [　　]

(111) 悲劇 ↔ [　　]

(112) 長壽 ↔ [　　]

7. 다음 漢字와 뜻이 같거나 비슷한 漢字를 써서 漢字語를 完成하시오. (113~121)

(113) 到 [착]　　　(114) 群 [중]

(115) 等 [급]　　　(116) 附 [착]

(117) 樹 [림]　　　(118) 恭 [경]

(119) 座 [석]　　　(120) 授 [여]

(121) 憎 [오]

8. 빈칸에 알맞은 漢字를 써 넣어 四字成語(漢字語)를 完成하시오.. (122~131)

(122) [　　]蘭之契

(123) 優柔不[　　]

(124) [　　]爐點雪

(125) 異口同[　　]

(126) [　　]奔西走

(127) 莫逆之[　　]

(128) 皮[　　]相接

(129) [　　]猶不及

(130) 日久[　　]深

(131) [　　]戰苦鬪

9. 다음 漢字語와 音은 같으나 뜻이 다른 漢字語를 쓰시오. (長短音 관계없음). (132~136)

(132) 大腸 - [　　] : 군 장성급의 가장 높은 자리

(133) 在庫 - [　　] : 다시 한 번 생각함

(134) 政黨 - [　　] : 바르고 마땅함

(135) 家名 - [　　] : 거짓 이름

(136) 初代 - [　　] : 남을 청하여 대접함

10. 다음 漢字의 部首를 쓰시오. (137~140)

(137) 恭　　　　　(138) 業

(139) 之　　　　　(140) 載

11. 다음 漢字語 가운데 첫 音節이 길게 발음되는 것을 골라 그 번호를 쓰시오. (141~143)

(141) [　　] : ①配給 ②派黨 ③婚禮 ④脫線

(142) [　　] : ①太陽 ②早期 ③疑心 ④銀行

(143) [　　] : ①離婚 ②評論 ③化學 ④卓子

12. 다음 漢字語의 뜻을 쓰시오. (144~147)

(144) 宿願 :

(145) 虛弱 :

(146) 核心 :

(147) 混血 :

13. 다음 漢字의 略字를 쓰시오. (148~150)

(148) 邊　　　　　(149) 燈

(150) 處

1. 다음 漢字語의 讀音을 쓰시오. (1~45)

(1) 慣習 (2) 筆跡
(3) 履修 (4) 憂慮
(5) 態度 (6) 衰退
(7) 强堅 (8) 祕訣
(9) 築城 (10) 拘留
(11) 貯蓄 (12) 需要
(13) 惜別 (14) 淡墨
(15) 片肉 (16) 浮刻
(17) 慶祝 (18) 淸潔
(19) 吸引 (20) 舞臺
(21) 旋盤 (22) 果敢
(23) 緩晩 (24) 補充
(25) 緊張 (26) 佳境
(27) 斷層 (28) 亞鉛
(29) 超克 (30) 讚歎
(31) 混亂 (32) 敵陣
(33) 緊迫 (34) 因緣
(35) 懸賞 (36) 漸層
(37) 移種 (38) 諸般
(39) 承諾 (40) 採鑛
(41) 阿附 (42) 暫時
(43) 祈願 (44) 辭讓
(45) 名譽

2. 다음 漢字의 訓과 音을 쓰시오. (46~72)

(46) 靈 (47) 媒
(48) 荒 (49) 獲
(50) 昌 (51) 衡
(52) 催 (53) 震
(54) 獄 (55) 伯
(56) 井 (57) 驛
(58) 殿 (59) 譯
(60) 謂 (61) 雅
(62) 吐 (63) 脅
(64) 粧 (65) 妄
(66) 頂 (67) 羽
(68) 弓 (69) 詞
(70) 壬 (71) 透
(72) 紛

3. 밑줄 그은 漢字語를 漢字로 쓰시오. (73~97)

(73) 담배 연기는 피우지 않는 옆사람에게도 해를 끼친다.
(74) 금년 추석에는 사원들의 상여금을 인상했다.
(75) 어려운 사람들을 위해 음지에서 애쓰신 분들이 많다.
(76) 삼팔선은 남과 북을 가로막는 큰 장벽이다.
(77) 사람이 큰 이익을 얻을 때는 도리에 맞는지 생각해야 한다.
(78) 왕권시대 조정회의 때는 문무 백관들이 참석했었다.
(79) 청렴한 사람은 자기 생활에 만족할 줄 안다.
(80) 법에 대한 상식을 법률사무소에 가서 문의하였다.
(81) 우리나라 대통령이 유럽을 방문중이다.
(82) 누구든지 노력하면 성공한다.
(83) 남북이 분단되어 이산가족이 많이 생겼다.
(84) 그녀는 파혼을 당하자 배우자에게 격노하며 반항하였다.
(85) 석유값이 폭등하여 난방비용이 많이 든다.
(86) 공장내 작업장에 여러 가지 구기가 비치되었다.
(87) 대중이 모인 실내 공간에서는 흡연이 금지된다.
(88) 그는 자기 죄에 대해 억울함을 하소연하면서 결백을 주장했다.
(89) 나는 오늘 감기에 걸려 학교에 결석했다.
(90) 선생님 강의 시간에는 정신을 집중해서 들어야 한다.
(91) 우리 민족의 시조는 단군이시다.
(92) 검문소를 통과할 때 신분증을 제시했다.
(93) 건강한 신체를 갖는 자는 정신도 건전하다.
(94) 부모님의 은혜는 하늘보다 더 높고 땅보다 더 넓다.
(95) 좋은 기술만이 좋은 상품을 만든다.

(96) 그는 육군 병사로 제대했다.
(97) 인구의 고령화로 노동자의 수가 줄고 있다.

4. 다음 각 漢字와 意味上 對立되는 漢字를 써서 漢字語를 만드시오. (98~102)
(98) 禍 ↔ [   ]   (99) [   ] ↔ 辱
(100) 敎 ↔ [   ]   (101) [   ] ↔ 失
(102) 虛 ↔ [   ]

5. 다음 漢字語와 뜻이 反對 또는 對立되는 漢字語를 쓰시오. (103~107)
(103) 敵對 ↔ [   ]   (104) 被告 ↔ [   ]
(105) 無形 ↔ [   ]   (106) 直接 ↔ [   ]
(107) 輕減 ↔ [   ]

6. 다음 漢字의 뜻이 같거나 비슷한 漢字(同訓字)를 써서 單語를 完成하시오. (108~112)
(108) 需 [   ]   (109) 旋 [   ]
(110) 慣 [   ]   (111) 鎭 [   ]
(112) [   ] 摘

7. 다음 漢字중에서 (113~117)에서 보인 漢字와 뜻이 비슷한 것을 골라 그 번호를 써 넣으시오. (113~117)

[例] ① 爭 ② 習 ③ 休 ④ 賞 ⑤ 技
    ⑥ 放 ⑦ 監 ⑧ 子 ⑨ 女 ⑩ 常

(113) 恒 - [   ]   (114) 鬪 - [   ]
(115) 練 - [   ]   (116) 種 - [   ]
(117) 釋 - [   ]

8. 다음 빈 곳에 알맞은 漢字를 넣어 四字成語를 完成하시오. (118~127)
(118) 同價[   ]裳   (119) 嚴妻侍[   ]
(120) 千載[   ]遇   (121) 君爲臣[   ]
(122) 衆寡[   ]敵   (123) 森羅[   ]象

(124) 進退維[   ]   (125) 名實[   ]符
(126) [   ]母良妻   (127) [   ]石之交

9. 다음 漢字語의 同音異義語를 쓰되 제시된 뜻에 맞게 쓰시오. (128~132)
(128) 綠陰 - [   ] : 소리를 재생할 수 있도록 기계로 기록하는 일
(129) 動靜 - [   ] : 남의 불행이나 슬픔 따위를 자기 일처럼 생각하여 위로함
(130) 資源 - [   ] : 자기 스스로 하고자 바람
(131) 敎師 - [   ] : 학교의 건물
(132) 强盜 - [   ] : 강한 정도

10. 다음 漢字의 部首를 쓰시오. (133~137)
(133) 啓   (134) 歷
(135) 隔   (136) 單
(137) 半

11. 다음 漢字語 가운데 첫 音節이 길게 발음되는 것을 골라 그 번호를 쓰시오. (138~142)
(138) [   ] : ①訓練 ②博士 ③味覺 ④漁夫
(139) [   ] : ①病院 ②養成 ③終點 ④守備
(140) [   ] : ①通行 ②河川 ③姿態 ④姉妹
(141) [   ] : ①藥局 ②模範 ③護國 ④明朗
(142) [   ] : ①週間 ②曜日 ③花園 ④虛空

12. 다음 漢字語의 뜻을 쓰시오. (143~147)
(143) 補充 -
(144) 持病 -
(145) 移住 -
(146) 格言 -
(147) 過誤 -

13. 다음 漢字의 略字를 쓰시오. (148~150)
(148) 寶   (149) 兒
(150) 廣

국가공인
제7회 한자능력검정시험 3급 Ⅱ 예상문제

1. 다음 漢字語의 讀音을 쓰시오. (1~45)

(1) 活氣 (2) 名劍

(3) 企圖 (4) 梅實

(5) 茶禮 (6) 刊行

(7) 索莫 (8) 肝腸

(9) 謙虛 (10) 雪峯

(11) 空欄 (12) 附近

(13) 心琴 (14) 沒頭

(15) 和睦 (16) 靈界

(17) 距離 (18) 承諾

(19) 腦死 (20) 容貌

(21) 喪失 (22) 農耕

(23) 安寧 (24) 溪谷

(25) 信賴 (26) 碧海

(27) 惡鬼 (28) 鑑定

(29) 森林 (30) 盲腸

(31) 鼓手 (32) 臺本

(33) 保釋 (34) 名詞

(35) 妄言 (36) 彼此

(37) 秩序 (38) 內枝

(39) 耐性 (40) 暴露

(41) 乾達 (42) 用途

(43) 丹青 (44) 破壞

(45) 繁榮

2. 다음 漢字의 訓과 音을 쓰시오. (46~72)

(46) 礎 (47) 沿 (48) 奔

(49) 館 (50) 仰 (51) 滯

(52) 策 (53) 削 (54) 雙

(55) 侍 (56) 恒 (57) 緊

(58) 稚 (59) 陷 (60) 浦

(61) 其 (62) 桃 (63) 株

(64) 漆 (65) 眠 (66) 肺

(67) 肯 (68) 兼 (69) 還

(70) 菜 (71) 岸 (72) 憂

3. 다음 글에서 밑줄 친 漢字語 중 한글로 쓴 것은 漢字로, 漢字로 쓴 것은 한글로 바꾸시오. (73~98)

인간[73]의 본성[74]에는 싸움을 불러일으키는 세 가지의 요소[75]가 있음을 알 수 있다. 첫 번째는 경쟁심이고, 두 번째는 소심[76]함이며, 세 번째는 名譽慾[77]이다. 경쟁심은 인간으로 하여금 이득[78]을 보기 위해, 소심함은 안전[79]을 보장[80]받기 위해, 명예욕은 좋은 評判[81]을 듣기 위해 남을 해치도록 유도한다. 경쟁심은 타인[82]과 그 妻[83], 자식과 家畜[84]을 자기 것으로 만들기 위해, 소심함은 자기 자신을 보호[85]하고 방어하기 위해, 명예욕은 자기 자신을 직접[86]적으로 겨냥하거나, 아니면 자신의 가족, 동료, 민족[87], 직업[88] 또는 이름에 간접적으로 먹칠을 하는 말, 비웃음, 相異[89]한 견해[90] 뿐만 아니라 경멸의 몸짓 등과 같은 하찮은 일에도, 인간으로 하여금 폭력[91]을 사용하도록 만든다. 따라서 강력[92]한 국가가 모든 이에게 두려움의 對象[93]으로 존재[94]하지 않는 狀況[95]에서 살아갈 때 인간은 전쟁[96]이라고 불리는 상태[97]에 놓일 것이 분명[98]하다. (이하 생략)〈고려대 대입논술 제시문〉중에서

(73) 인간 [   ] (74) 본성 [   ]

(75) 요소 [   ] (76) 소심 [   ]

(77) 名譽慾 [   ] (78) 이득 [   ]

(79) 안전 [   ] (80) 보장 [   ]

(81) 評判 [   ] (82) 타인 [   ]

(83) 妻 [   ] (84) 家畜 [   ]

(85) 보호 [   ] (86) 직접 [   ]

(87) 민족 [   ] (88) 직업 [   ]

(89) 相異 [   ] (90) 견해 [   ]

(91) 폭력 [   ] (92) 강력 [   ]

(93) 對象 [   ] (94) 존재 [   ]

(95) 狀況 [   ] (96) 전쟁 [   ]

(97) 상태 [   ] (98) 분명 [   ]

4. 윗줄의 밑줄 친 漢字語 73~89 중에서 첫 소리가 長音으로 소리나는 것을 5개 가려 그 번호를 쓰시오. (순서무관) (99~103)

(99) [   ]   (100) [   ]   (101) [   ]

(102) [   ]   (103) [   ]

5. 다음 漢字와 뜻이 反對 또는 相對되는 漢字를 써서 漢字語를 만드시오. (104~113)

(104) [   ] ↔ 僞   (105) 疏 ↔ [   ]

(106) [   ] ↔ 戈   (107) 豊 ↔ [   ]

(108) [   ] ↔ 陽   (109) 師 ↔ [   ]

(110) [   ] ↔ 武   (111) 始 ↔ [   ]

(112) [   ] ↔ 淺   (113) 正 ↔ [   ]

6. 다음 漢字語와 뜻이 對立되는 漢字語를 쓰시오.
(114~118)

(114) 深夜 ↔ [   ]   (115) [   ] ↔ 寄生

(116) 求心 ↔ [   ]   (117) [   ] ↔ 興起

(118) 就職 ↔ [   ]

7. 다음 漢字와 뜻이 비슷한 漢字를 써서 漢字語를 完成하시오. (119~123)

(119) 道 [로] (120) 音 [성] (121) 盜 [적]

(122) 孤 [독] (123) 純 [결]

8. 다음 빈 곳에 알맞은 漢字를 넣어 四字成語(漢字語)를 完成하시오. (124~133)

(124) 同床 [   ] 夢   (125) 臨 [   ] 應變

(126) 身言 [   ] 判   (127) 巧 [   ] 令色

(128) 轉禍 [   ] 福   (129) [   ] 肉之策

(130) 感之 [   ] 之   (131) 破邪顯 [   ]

(132) 坐不 [   ] 席   (133) 億兆蒼 [   ]

9. 다음 漢字語의 同音異義語를 쓰되 제시된 뜻에 맞게 쓰시오. [長短音 관계없음] (134~138)

(134) 交感－校 [   ] : 교장을 보좌하여 학교 일을 감독하는 직책

(135) 實業－[   ] 業 : 생업을 잃음

(136) 造花－調 [   ] : 서로 잘 어울림. 균형이 잘 잡힘

(137) 消化－消 [   ] : 불을 끔

(138) 異性－[   ] 性 : 사물의 이치를 논리적으로 판단하는 능력

10. 다음 漢字의 部首를 쓰시오. (139~142)

(139) 將   (140) 垂

(141) 興   (142) 其

11. 다음 뜻풀이에 알맞은 漢字語를 [例]에서 골라 그 번호를 쓰시오. (143~147)

[例] ①造作 ②强要 ③限定 ④要求
      ⑤區域 ⑥造船 ⑦師道 ⑧妨害
      ⑨言聲 ⑩師弟

(143) 억지로 요구함

(144) 남의 일에 헤살을 놓아 해를 끼침

(145) 스승과 제자

(146) 갈라놓은 지역이나 범위

(147) 배를 건조함

12. 다음 漢字의 略字를 쓰시오. (148~150)

(148) 假   (149) 當

(150) 參

1. 다음 漢字語의 讀音을 쓰시오. (1~45)

(1) 傳染		(2) 借額	
(3) 功勞		(4) 橋脚	
(5) 痛哭		(6) 讚揚	
(7) 築臺		(8) 閉塞	
(9) 衝擊		(10) 奴婢	
(11) 戲弄		(12) 爆彈	
(13) 筆陣		(14) 觀衆	
(15) 救護		(16) 般若	
(17) 興奮		(18) 色彩	
(19) 已往		(20) 乾達	
(21) 未婚		(22) 劇藥	
(23) 抗訴		(24) 麗水	
(25) 根幹		(26) 占領	
(27) 培養		(28) 激浪	
(29) 怪異		(30) 繁昌	
(31) 疲弊		(32) 溪谷	
(33) 未畢		(34) 鼓吹	
(35) 擊退		(36) 破壞	
(37) 燃料		(38) 張皇	
(39) 腦裏		(40) 獎勵	
(41) 僞裝		(42) 遺蹟	
(43) 投獄		(44) 換錢	
(45) 獻壽			

2. 다음 漢字의 訓과 音을 쓰시오. (46~72)

(46) 弊		(47) 審	
(48) 亦		(49) 蒼	
(50) 簿		(51) 跡	
(52) 娘		(53) 輩	
(54) 笛		(55) 紫	
(56) 洪		(57) 琴	
(58) 奏		(59) 喪	
(60) 僑		(61) 超	
(62) 鎭		(63) 芳	
(64) 桑		(65) 迫	
(66) 繁		(67) 凡	
(68) 踐		(69) 踏	
(70) 泰		(71) 貸	
(72) 硬			

3. 밑줄 그은 漢字語를 漢字로 쓰시오. (73~97)

(73) 선진국일수록 국민 개인소득이 높다.

(74) 좋은 약일지라도 지나치게 많이 먹으면 독약이 된다.

(75) 항상 집안을 깨끗이 청소하면 복이 든다고 했다.

(76) 그는 어릴 때부터 그림 그리는데 소질이 있었다.

(77) 국민이 내는 세금으로 나라살림을 꾸려간다.

(78) 그 사람은 많은 노력 끝에 부자가 됐다.

(79) 횡단보도를 지나는 차량들은 보행자를 우선 살펴야 한다.

(80) 이 곳 주변의 배경이 너무 좋아 내 모습을 사진에 담았다.

(81) 추석 명절이 닥쳐오자 조상의 산소에 벌초를 했다.

(82) 개미 떼들이 줄을 지어 이동하기 시작했다.

(83) 중소기업체에서 인력이 모자라서 구인광고를 자주 낸다.

(84) 자기 의무를 다할 때 권리가 주어진다.

(85) 지구상에서 가장 추운 곳은 남극과 북극이다.

(86) 세계에서 제일 높은 산맥은 히말라야산맥이다.

(87) 목장의 초원에서 소 떼들이 풀을 뜯고 있다.

(88) 대한민국 남성이면 누구나 병역의무를 마쳐야 한다.

(89) 국군이 훈련 중에 군대를 이동하고 있다.

(90) 바지를 입을 때는 혁대를 찬다.

(91) 정부의 편을 들어 그 정책을 지지하는 정당이 여당이다.

(92) 각 기업은 해마다 세운 목표를 달성하기 위해 전력을 다한다.

(93) 생산된 제품에 흠이 있는지 철저한 검사가 필요하다.

(94) 단체 생활에서는 개인 생활이 제한을 받을 때도 있다.

(95) 아프리카 밀림속에는 온갖 동물들이 많다.

(96) 우리 회사 사장은 광통신분야의 박사이다.

(97) 효도와 경로사상은 같은 도리이다.

4. 다음에서 상하좌우로 三音節(세 글자)의 漢字語
가 되도록 □안에 알맞은 漢字를 써 넣으시오.
(98~102)

(98)
必
自□界
  的

(99)
博
戀□談
  者

(100)
協
共□體
  心

(101)
自
請□書
  兵

(102)
聽
新□社
  會

5. 다음 각 漢字와 意味上 對立되는 漢字를 써서 漢
字語를 完成하시오.(103~107)
(103) 旦 ↔ [   ]   (104) 本 ↔ [   ]
(105) 逢 ↔ [   ]   (106) 輕 ↔ [   ]
(107) 姑 ↔ [   ]

6. 다음 漢字語와 뜻이 反對 또는 對立되는 漢字語
를 쓰시오.(108~112)
(108) 我軍 ↔ [   ]   (109) 固定 ↔ [   ]
(110) 落第 ↔ [   ]   (111) 高尙 ↔ [   ]
(112) 原因 ↔ [   ]

7. 다음 漢字와 뜻이 같거나 비슷한 漢字를 써서 單
語를 完成하시오.(113~117)
(113) 探 [구]   (114) [안] 寧
(115) 抑 [압]   (116) [교] 梁
(117) 陳 [열]

8. 다음 漢字와 뜻이 같거나 비슷한 漢字를 [例]에
서 골라 그 기호[㉮~㉺]를 쓰시오.(118~122)

[例] ㉮ 曲 ㉯ 和 ㉰ 直 ㉱ 組 ㉲ 縮
     ㉳ 者 ㉴ 始 ㉵ 次 ㉶ 週 ㉺ 告

(118) 屈 - [   ]   (119) 副 - [   ]
(120) 調 - [   ]   (121) 申 - [   ]
(122) 創 - [   ]

9. 다음 빈 곳에 알맞은 漢字를 넣어 四字成語(漢字
語)를 完成하시오.(123~132)
(123) 錦衣 [   ] 行   (124) [   ] 類相從
(125) 鶴首 [   ] 待   (126) [   ] 曲肝腸
(127) 左衝 [   ] 突   (128) [   ] 片丹心
(129) 離合 [   ] 散   (130) [   ] 上加霜
(131) [   ] 筆揮之   (132) [   ] 羊之歎

10. 다음 漢字語와 音은 같으나 뜻이 다른 漢字語를
쓰시오. (133~137)
(133) 通貨 - [   ] : 전화로 말을 주고 받음
(134) 檢事 - [   ] : 옳고 그름과 좋고 나쁨을
                        검토하거나 조사하여 판정함
(135) 國史 - [   ] : 나라의 중대한 일
(136) 鄕愁 - [   ] : 화장품의 하나
(137) 遺傳 - [   ] : 석유가 나는 곳

11. 다음 漢字의 部首를 쓰시오.(138~141)
(138) 鮮   (139) 巨
(140) 京   (141) 凡

12. 다음 漢字語 가운데 첫 音節이 길게 발음되는
것을 골라 그 번호를 쓰시오.(142~144)
(142) [   ] : ①鐵道 ②全體 ③態度 ④樹木
(143) [   ] : ①憤氣 ②祝福 ③質問 ④呼名
(144) [   ] : ①近世 ②納稅 ③星座 ④師恩

13. 다음 漢字語의 뜻을 쓰시오.(145~147)
(145) 投獄 -
(146) 砲擊 -
(147) 勤勉 -

14. 다음 略字를 正字(기본자)로 고치시오.(148~150)
(148) 虫   (149) 旧
(150) 艺

국가공인
제9회 한자능력검정시험 3급 Ⅱ 예상문제

1. 다음 漢字語의 讀音을 쓰시오. (1~42)

(1) 希願   (2) 雅樂

(3) 枯木   (4) 卓床

(5) 舍廊   (6) 姿勢

(7) 冷淡   (8) 追憶

(9) 韻致   (10) 凡常

(11) 崇尙   (12) 沿革

(13) 戀愛   (14) 絶頂

(15) 指揮   (16) 卽決

(17) 觸媒   (18) 配當

(19) 廣漠   (20) 裝飾

(21) 脫盡   (22) 窮途

(23) 贊成   (24) 典雅

(25) 沿岸   (26) 葬送

(27) 次置   (28) 疏通

(29) 契約   (30) 怨望

(31) 改憲   (32) 檢證

(33) 江湖   (34) 壬辰

(35) 照光   (36) 方丈

(37) 終末   (38) 監察

(39) 催眠   (40) 繁榮

(41) 妙策   (42) 憤痛

2. 다음 漢字의 訓과 音을 쓰시오. (43~69)

(43) 仲   (44) 汗   (45) 恕

(46) 此   (47) 染   (48) 尙

(49) 愚   (50) 臨   (51) 附

(52) 殊   (53) 默   (54) 衝

(55) 詳   (56) 般   (57) 鍊

(58) 服   (59) 耐   (60) 淨

(61) 僧   (62) 慕   (63) 禪

(64) 燕   (65) 拓   (66) 峯

(67) 浸   (68) 銘   (69) 缺

3. 다음 각 文章의 밑줄 친 漢字語를 漢字로 쓰시오. (70~100)

㉠ 선악[70]을 가려 몸을 수양[71]하라. 몸가짐을 닦는 것은 부모에게 효도하고 형제간에 우애[72]하는 것을 근본으로 삼으라.〈다산 정약용전서〉中에서

㉡ 검소[73]한 사람은 스스로 절약[74]을 일삼는 까닭으로 항상 여유[75]가 있어 남을 도와줄 수 있다.

㉢ 무기[76]를 녹여 농기구[77]를 만들고 백성[78]을 잘 사는 세상으로 인도[79]하여 세금[80]을 적게하고 부역을 덜어주니 집집마다 생활이 넉넉하고 백성들이 편히 살고 나라에는 근심이 없어졌다.〈삼국사기〉中에서

㉣ 본래 재능[81]과 덕망[82]이 없는 사람으로 높은 벼슬에 이르러서 늘 두려움을 생각하고 있으므로 화려한 의복[83]을 입는 것을 진정[84] 탐내지 않습니다.〈국조인물고〉中에서

㉤ 전쟁[85]에 군사[86]를 부리는 기술[87]은 비록 사람의 마음을 화합[88]하는 일이 귀중하다고 하지만 지세[89]를 편리하게 활용하는 일도 또한 가벼이 해서는 안된다.〈고려인물지〉中에서

㉥ 인류[90]가 불을 사용[91]할 수 있어서 문명[92] 생활을 지속할 수 있었다.

㉦ 병법[93]에서도 적을 알고 나를 알면 백전백승[94]이라고 했다.

㉧ 체력[95] 훈련[96]을 열심히 해야 우수한 성적[97]을 올릴 수 있다.

㉨ 사진[98]이란 시간을 정지[99]시킨 기록물[100]이다.

(70) [   ]   (71) [   ]   (72) [   ]

(73) [   ]   (74) [   ]   (75) [   ]

(76) [   ]   (77) [   ]   (78) [   ]

(79) [   ]   (80) [   ]   (81) [   ]

(82) [   ]   (83) [   ]   (84) [   ]

(85) [   ]   (86) [   ]   (87) [   ]

(88) [   ]   (89) [   ]   (90) [   ]

(91) [   ]   (92) [   ]   (93) [   ]

(94) [   ]   (95) [   ]   (96) [   ]

(97) [   ]   (98) [   ]   (99) [   ]

(100) [   ]

4. 다음 漢字와 뜻이 反對 또는 對立되는 漢字를 써 넣어 單語를 完成하시오.(101~105)

(101) [　　] ↔ 暗　　(102) [　　] ↔ 賤

(103) [　　] ↔ 果　　(104) [　　] ↔ 複

(105) [　　] ↔ 卑

5. 다음 漢字語와 뜻이 反對 또는 對立되는 漢字語를 쓰시오.(106~110)

(106) 差別 ↔ [　　]　　(107) 靈魂 ↔ [　　]

(108) 被動 ↔ [　　]　　(109) 前生 ↔ [　　]

(110) 祕密 ↔ [　　]

6. 다음 漢字와 뜻이 같거나 비슷한 漢字를 써서 單語를 完成하시오.(111~120)

(111) [모] 髮　　(112) [수] 與

(113) [축] 積　　(114) [가] 謠

(115) [중] 央　　(116) 政 [치]

(117) [연] 絡　　(118) 委 [임]

(119) [은] 惠　　(120) 戀 [애]

7. 빈칸에 알맞은 漢字를 써 넣어 四字成語(漢字語)를 完成하시오.(121~130)

(121) 窮餘 [　　] 策　　(122) 先見之 [　　]

(123) 束手 [　　] 策　　(124) 醉生夢 [　　]

(125) 氣高 [　　] 丈　　(126) 輕擧妄 [　　]

(127) 悠悠 [　　] 適　　(128) 群雄割 [　　]

(129) 犬馬之 [　　]　　(130) 吉凶禍 [　　]

8. 다음 同音異義語의 빈 칸을 메우시오.(長短音 관계없음).(131~135)

(131) 果實－過 [　　] : 잘못이나 허물

(132) 可恐－加 [　　] : 원료나 재료에 손을 더
해 새로 만듦

(133) 自首－自 [　　] : 자기 혼자의 노력이나 힘

(134) 待機－大 [　　] : 지구 둘레를 싸고 있는 공기

(135) 否認－婦 [　　] : 결혼한 여자

9. 다음 漢字의 部首를 쓰시오.(136~140)

(136) 奮　　　　(137) 丈

(138) 步　　　　(139) 帥

(140) 兆

10. 다음 漢字語 가운데 첫 音節이 길게 발음되는 것을 골라 그 번호를 쓰시오.(141~143)

(141) [　　] : ①公衆 ②夏季 ③登山 ④音聲

(142) [　　] : ①傳說 ②儒敎 ③進步 ④天空

(143) [　　] : ①增加 ②意圖 ③雄飛 ④學校

11. 다음 漢字語의 뜻을 쓰시오.(144~146)

(144) 獎學

(145) 監督

(146) 激怒

12. 다음 漢字의 略字를 쓰시오.(147~150)

(147) 師　　　　(148) 黨

(149) 鐵　　　　(150) 濟

1. 다음 漢字語의 讀音을 쓰시오. (1~45)

(1) 隱逸   (2) 盛衰
(3) 傾注   (4) 朝廷
(5) 繼續   (6) 採錄
(7) 適材   (8) 豪傑
(9) 懇請   (10) 鐘塔
(11) 感染   (12) 劇場
(13) 任務   (14) 固執
(15) 折衝   (16) 沙漠
(17) 疏忽   (18) 逸話
(19) 樓閣   (20) 京畿
(21) 旋律   (22) 倫綱
(23) 腐敗   (24) 討伐
(25) 眞影   (26) 黃栗
(27) 端緒   (28) 血盟
(29) 確率   (30) 聯盟
(31) 哀惜   (32) 皇妃
(33) 寬怒   (34) 突破
(35) 消滅   (36) 胸背
(37) 戀慕   (38) 左翼
(39) 森林   (40) 近史
(41) 巧辯   (42) 位置
(43) 抑望   (44) 沒落
(45) 綿絲

2. 다음 漢字의 訓과 音을 쓰시오. (46~72)

(46) 欲   (47) 奮
(48) 徹   (49) 役
(50) 旋   (51) 帥
(52) 譽   (53) 摘
(54) 畢   (55) 偏
(56) 殆   (57) 賀
(58) 償   (59) 稀
(60) 胡   (61) 巖
(62) 肥   (63) 悅
(64) 揚   (65) 炎
(66) 妃   (67) 飾
(68) 柔   (69) 恥
(70) 乘   (71) 慾
(72) 幕

3. 다음 글에서 밑줄 친 漢字語중 한글로 쓴 것은 漢字로, 漢字로 쓴 것은 한글로 바꾸시오. (73~101)

언어[73]는 인간[74]만이 배울 수 있다. 比較[75]적 지능이 발달해 있다는 침팬지 같은 짐승들을 대상[76]으로 언어를 가르치려는 실험[77]을 많이 하였지만 인간이 成就[78]해내는 수준과는 비교가 되지 않는다. 어린이가 언어를 습득[79]하는 과정[80]을 보면 정말로 이해[81]하기 어려울 정도로 神祕[82]하다. 인간이라면 누구든지 만 세 살 정도밖에 안 되는 어린 나이에 전화[83]까지 받을 수 있을 정도로 모어[84]에 유창(流暢)해진다. (중략) 언어는 개방[85]이고 무한[86]한 體系[87]이기 때문에 우리는 언어를 통해서 현실[88]에 존재[89]하는 것만을 이야기하는데 그치지 않고 나아가서는 '희망[90], 불행[91], 평화[92], 危機[93]……'라든가 '疑問[94], 제시[95], 제한[96], 효과[97], 實效性[98]……' 등과 같은 관념[99]적이고 추상적인 槪念[100]까지를 거의 무한에 가깝게 표현[101]할 수가 있다.

(73) [   ]   (74) [   ]   (75) [   ]
(76) [   ]   (77) [   ]   (78) [   ]
(79) [   ]   (80) [   ]   (81) [   ]
(82) [   ]   (83) [   ]   (84) [   ]
(85) [   ]   (86) [   ]   (87) [   ]
(88) [   ]   (89) [   ]   (90) [   ]
(91) [   ]   (92) [   ]   (93) [   ]
(94) [   ]   (95) [   ]   (96) [   ]
(97) [   ]   (98) [   ]   (99) [   ]
(100) [   ]   (101) [   ]

4. 다음 漢字와 뜻이 反對 또는 相對되는 漢字를 써
넣어 單語를 完成하시오.(102~111)

(102) 存 ↔ [　　]　　(103) [　　] ↔ 私

(104) 溫 ↔ [　　]　　(105) 腹 ↔ [　　]

(106) 喜 ↔ [　　]　　(107) [　　] ↔ 妻

(108) 難 ↔ [　　]　　(109) [　　] ↔ 富

(110) 攻 ↔ [　　]　　(111) [　　] ↔ 伏

5. 다음 漢字語와 뜻이 對立(反對) 되는 漢字語를
쓰시오.(112~116)

(112) [　　] ↔ 一元　　(113) [　　] ↔ 野黨

(114) [　　] ↔ 出仕　　(115) [　　] ↔ 辛勝

(116) 贊成 ↔ [　　]

6. 다음 漢字와 뜻이 비슷한 漢字를 써 넣어 單語를
完成하시오.(117~121)

(117) [용] 貌　　(118) 怨 [한]

(119) [기] 贈　　(120) 獲 [득]

(121) [폭] 露

7. 다음 빈 곳에 알맞은 漢字를 넣어 四字成語(漢字
語)를 完成하시오.(122~131)

(122) [　　]唱婦隨

(123) 自[　　]之心

(124) [　　]足之血

(125) 傾[　　]之色

(126) [　　]壤之差

(127) 沙[　　]樓閣

(128) [　　]耻下問

(129) 孤軍奮[　　]

(130) [　　]者解之

(131) 滅私奉[　　]

8. 다음 漢字語와 音은 같으나 뜻이 다른 漢字語를
쓰시오.(長短음 관계없음)(132~136)

(132) 異常-[　　] : 이성으로 생각할 수 있는 사물의
　　　　　　　　　　가장 완전한 상태나 모습

(133) 相互-[　　] : 영업상 간판의 이름

(134) 睡眠-[　　] : 물의 표면

(135) 單式-[　　] : 음식을 먹지 아니함

(136) 家系-[　　] : 집안살림에 쓰는 수입과
　　　　　　　　　　지출 상태

9. 다음 漢字의 部首를 쓰시오.(137~140)

(137) 出　　　　　(138) 承

(139) 幸　　　　　(140) 報

10. 다음 漢字語 가운데 첫 音節이 길게 발음되는
것을 골라 그 번호를 쓰시오.(141~143)

(141) [　　] : ①牧場 ②弱者 ③擔任 ④效能

(142) [　　] : ①誤報 ②適當 ③晝間 ④番地

(143) [　　] : ①營業 ②法律 ③恨歎 ④額面

11. 다음 漢字語의 뜻을 쓰시오.(144~146)

(144) 均等 -

(145) 寒波 -

(146) 助手 -

12. 다음 漢字의 略字를 쓰시오.(147~150)

(147) 價　　　　　(148) 兩

(149) 關　　　　　(150) 續

1. 다음 漢字語의 讀音을 쓰시오. (1~45)

(1) 脈絡   (2) 距離

(3) 顔貌   (4) 頂上

(5) 納稅   (6) 列坐

(7) 加盟   (8) 比較

(9) 翼贊   (10) 威脅

(11) 移越   (12) 基幹

(13) 寂滅   (14) 鄕愁

(15) 稱讚   (16) 需給

(17) 排除   (18) 帳幕

(19) 機船   (20) 亞聖

(21) 紀綱   (22) 代打

(23) 墓碑   (24) 産卵

(25) 拾遺   (26) 懸板

(27) 懷疑   (28) 貢獻

(29) 悲哀   (30) 幼稚

(31) 保護   (32) 困難

(33) 沈潛   (34) 恩惠

(35) 倉庫   (36) 怪理

(37) 山城   (38) 吹入

(39) 越南   (40) 引導

(41) 縱橫   (42) 執筆

(43) 疾病   (44) 縱斷

(45) 踏步

2. 다음 漢字의 訓과 音을 쓰시오. (46~72)

(46) 贊   (47) 劃

(48) 塞   (49) 猛

(50) 倉   (51) 妻

(52) 露   (53) 恐

(54) 芽   (55) 夢

(56) 惜   (57) 坐

(58) 徵   (59) 貞

(60) 哀   (61) 賴

(62) 姑   (63) 械

(64) 腐   (65) 冠

(66) 供   (67) 閣

(68) 何   (69) 幹

(70) 池   (71) 彩

(72) 裏

3. 다음 訓과 音을 가진 漢字를 쓰시오. (73~81)

(73) 화할 협 [   ]   (74) 물결 파 [   ]

(75) 준할 준 [   ]   (76) 곳 처   [   ]

(77) 즈음 제 [   ]   (78) 거둘 수 [   ]

(79) 절 사   [   ]   (80) 형상 상 [   ]

(81) 막을 방 [   ]

4. 밑줄 그은 漢字語를 漢字로 쓰시오. (82~98)

(82) 석유값이 폭등하자 불량 휘발유가 나돌았다.

(83) 전염병으로 인해 농가의 닭들이 집단 폐사했다.

(84) 경쟁에서는 패배한 사람이 있기 마련이다.

(85) 세계에서 가장 작은 나라는 로마市 안에 있다.

(86) 몇 식구 안 되는 가족도 사회속의 작은 집단이다.

(87) 결승에서 승리하여 거액의 상금을 받았다.

(88) 좋은 사회는 남을 봉사하는 사람들이 많다.

(89) 만 20세가 되면 누구든지 성인이 된다.

(90) 잘 사는 나라일수록 위대한 정부가 있다.

(91) 도시 인구는 증가하고 농촌인구는 감소하고 있다.

(92) 좋은 대학에 진학하려는 수험생들의 소망이 뜨겁다.

(93) 금년 추석에도 여전히 고향을 찾는 귀성객들이 많다.

(94) 국민을 위한 정부는 국민을 위한 정치를 한다.

(95) 참된 지식은 행동으로 실천하는 것이다.

(96) 2차 세계대전 때 처음으로 탱크가 등장하였다.

(97) 백두산 경계비는 조선시대의 국경을 정해놓은 중요한 비석이다.

(98) 무슨 일이든 원인과 결과가 있다.

5. 다음 [ ]에 공통된 漢字를 써서 漢字語를 完成하시오. (99~102)

(99) 姑[ ], 夫[ ], 子[ ], [ ]人

(100) [ ]歌, [ ]境, 護[ ], [ ]際

(101) [ ]上, 深[ ], [ ]賊, [ ]軍

(102) [ ]校, [ ]山, [ ]場, [ ]錄

6. 다음 각 漢字와 뜻이 反對 또는 對立되는 漢字를 써서 單語를 完成하시오. (103~107)

(103) 開 ↔ [ ]   (104) 進 ↔ [ ]

(105) 功 ↔ [ ]   (106) 贊 ↔ [ ]

(107) 需 ↔ [ ]

7. 다음 漢字語와 뜻이 反對 또는 對立되는 漢字語를 쓰시오. (108~112)

(108) 稀貴 ↔ [ ]   (109) 複雜 ↔ [ ]

(110) 放心 ↔ [ ]   (111) 增進 ↔ [ ]

(112) 部分 ↔ [ ]

8. 다음 漢字의 유의자(同訓字)를 써서 單語를 完成하시오. (113~117)

(113) [단] 緒   (114) 顔 [면]

(115) [축] 賀   (116) 疾 [병]

(117) [치] 牙

9. 다음 漢字와 뜻이 같거나 비슷한 漢字를 [例]에서 찾아 그 번호를 쓰시오. (118~122)

[例] ① 着 ② 絶 ③ 設 ④ 車 ⑤ 畫
      ⑥ 續 ⑦ 詩 ⑧ 止 ⑨ 書 ⑩ 論

(118) 施 [ ]   (119) 討 [ ]

(120) 繼 [ ]   (121) 圖 [ ]

(122) 停 [ ]

10. 다음 빈 곳에 알맞은 漢字를 넣어 四字成語를 完成하시오. (123~132)

(123) [ ]泰民安   (124) 深山幽[ ]

(125) [ ]學阿世   (126) 危機[ ]髮

(127) [ ]車之書   (128) 甲男乙[ ]

(129) [ ]裏不同   (130) 破竹之[ ]

(131) [ ]父之利   (132) 以卵擊[ ]

11. 다음 漢字와 音은 같으나 뜻이 다른 漢字語를 쓰시오. (長短音 관계없음) (133~137)

(133) 同窓 - [ ] : 동쪽으로 난 창

(134) 拾得 - [ ] : 배워 터득함

(135) 解散 - [ ] : 아이를 낳는 일

(136) 國家 - [ ] : 한 국가를 대표하는 노래

(137) 厚待 - [ ] : 뒷세대

12. 다음 漢字의 部首를 쓰시오. (138~141)

(138) 未   (139) 獄

(140) 丸   (141) 吏

13. 다음 漢字語 가운데 첫 音節이 길게 발음되는 것을 골라 그 번호를 쓰시오. (142~144)

(142) [   ] : ①案內 ②尊敬 ③患者 ④複製

(143) [   ] : ①住所 ②危急 ③或是 ④油價

(144) [   ] : ①程度 ②姓名 ③怨望 ④雜念

14. 다음 漢字語의 뜻을 쓰시오. (145~147)

(145) 刑罰 -

(146) 充足 -

(147) 休暇 -

15. 다음 略字를 正字(기본자)로 고치시오. (148~150)

(148) 状   (149) 当

(150) 仏

1. 다음 漢字語의 讀音을 쓰시오. (1~45)

(1) 淸淨　　　　(2) 陷沒

(3) 割賦　　　　(4) 鬼瓦

(5) 講壇　　　　(6) 勤儉

(7) 特徵　　　　(8) 種菌

(9) 淸溪　　　　(10) 勇猛

(11) 貫徹　　　　(12) 司祭

(13) 抑留　　　　(14) 騎兵

(15) 陳謝　　　　(16) 促進

(17) 輕率　　　　(18) 耐熱

(19) 陶醉　　　　(20) 開催

(21) 探索　　　　(22) 蒼空

(23) 吏讀　　　　(24) 殘額

(25) 缺陷　　　　(26) 音響

(27) 蒸發　　　　(28) 兼任

(29) 精彩　　　　(30) 冠婚

(31) 掌篇　　　　(32) 裁斷

(33) 熟眠　　　　(34) 頭腦

(35) 怪狀　　　　(36) 裁判

(37) 招誘　　　　(38) 緊密

(39) 摘芽　　　　(40) 耐震

(41) 昇華　　　　(42) 演技

(43) 共謀　　　　(44) 悔恨

(45) 顔料

2. 다음 漢字의 訓과 音을 쓰시오. (46~72)

(46) 獸　　　　(47) 付

(48) 曾　　　　(49) 婢

(50) 薄　　　　(51) 訴

(52) 梅　　　　(53) 皇

(54) 浮　　　　(55) 丹

(56) 爐　　　　(57) 編

(58) 假　　　　(59) 浩

(60) 猶　　　　(61) 片

(62) 玄　　　　(63) 索

(64) 碧　　　　(65) 倒

(66) 皮　　　　(67) 契

(68) 淡　　　　(69) 尾

(70) 祀　　　　(71) 懸

(72) 頃

3. 다음 訓과 音을 지닌 漢字를 쓰시오. (73~90)

(73) 글귀 구 [　　] (74) 벌일 라 [　　]

(75) 빌 허 [　　] (76) 끊을 단 [　　]

(77) 인도할 도[　　] (78) 헤아릴 측[　　]

(79) 제사 제 [　　] (80) 정사 정 [　　]

(81) 풀 해 [　　] (82) 대포 포 [　　]

(83) 버금 차 [　　] (84) 베 포 [　　]

(85) 무리 중 [　　] (86) 한도 정 [　　]

(87) 소리 성 [　　] (88) 갈 왕 [　　]

(89) 가난할 빈[　　] (90) 넓을 박 [　　]

4. 밑줄 그은 漢字語를 漢字로 쓰시오. (91~97)

(91) 다수의 결정일지라도 소수의 의사를 외면해서는 안 된다.

(92) 지하철을 이용해서 교통난을 해소한다.

(93) 우리의 소원은 민족통일이다.

(94) 우리 학교의 교훈은 근면·성실이다.

(95) 聖書에 예수가 죽은 지 삼일만에 부활했다고 쓰이다.

(96) 화가 날 때 감정을 억제하지 못하면 후회하게 된다.

(97) 규칙적인 운동은 질병을 예방하는데 큰 도움이 된다.

5. 다음 漢字와 뜻이 反對 또는 相對되는 漢字를 써서 單語를 完成하시오.(98~107)

(98) [　] ↔ 遠　　(99) 是 ↔ [　]

(100) [　] ↔ 逆　　(101) 損 ↔ [　]

(102) [　] ↔ 晩　　(103) 續 ↔ [　]

(104) [　] ↔ 答　　(105) 勞 ↔ [　]

(106) [　] ↔ 海　　(107) 授 ↔ [　]

5. 다음 漢字語와 뜻이 對立(反對) 되는 漢字語를 쓰시오.(108~112)

(108) [　] ↔ 特例　　(109) [　] ↔ 火食

(111) [　] ↔ 遠交　　(111) [　] ↔ 主體

(112) [　] ↔ 旣決

6. 다음 漢字와 뜻이 같거나 비슷한 漢字를 써서 漢字語를 完成하시오.(113~117)

(113) 姿 [태]　　　　(114) 根 [본]

(115) 偉 [대]　　　　(116) 傷 [해]

(117) 區 [별]

7. 다음 빈 칸에 알맞은 漢字를 넣어 四字成語를 完成하시오.(118~127)

(118) 刻骨銘[　]

(119) 左之[　]之

(120) 宿虎衝[　]

(121) 群鷄[　]鶴

(122) 送舊迎[　]

(123) [　]折不屈

(124) 漸入佳[　]

(125) [　]用厚生

(126) 識字憂[　]

(127) [　]高自卑

8. 다음 漢字와 음은 같으나 뜻이 다른 漢字語를 쓰시오.(長短音 관계없이)(128~132)

(128) 同時－[　] : 어린이의 정서를 읊은 시

(129) 假裝－[　] : 집안 어른

(130) 科擧－[　] : 지나간 때

(131) 防衛－[　] : 동서남북의 방향

(132) 士氣－[　] : 역사적인 사실을 적어놓은 책

9. 다음 漢字의 部首를 쓰시오.(133~137)

(133) 卑　　　　　(134) 孟

(135) 反　　　　　(136) 句

(137) 墨

10. 다음 漢字語 중 첫 소리가 長音인 것을 골라 그 번호를 쓰시오.(138~142)

(138) [　] : ①落葉 ②現金 ③約束 ④物件

(139) [　] : ①庭園 ②淸掃 ③勝利 ④破産

(140) [　] : ①婦人 ②洋式 ③救助 ④努力

(141) [　] : ①潮水 ②核心 ③源泉 ④運行

(142) [　] : ①成功 ②碑石 ③存在 ④我軍

11. 다음 漢字語의 뜻을 쓰시오.(143~147)

(143) 溫厚 －

(144) 具備 －

(145) 騎兵 －

(146) 接待 －

(147) 博識 －

12. 다음 漢字의 略字를 쓰시오.(148~150)

(148) 賢　　　(149) 醫

(150) 齒

국가공인
제13회 한자능력검정시험 3급 Ⅱ 예상문제

1. 다음 漢字語의 讀音을 쓰시오. (1~45)

(1) 症狀   (2) 惠鑑

(3) 霜降   (4) 影響

(5) 踏査   (6) 隆盛

(7) 整齊   (8) 再審

(9) 指紋   (10) 役割

(11) 副葬   (12) 超越

(13) 香爐   (14) 肖像

(15) 桂冠   (16) 風琴

(17) 陣痛   (18) 寒菊

(19) 智慧   (20) 應集

(21) 薄氷   (22) 維持

(23) 含蓄   (24) 愼重

(25) 忍耐   (26) 包含

(27) 液體   (28) 胸中

(29) 破裂   (30) 指摘

(31) 潛伏   (32) 中央

(33) 轉籍   (34) 抵抗

(35) 健脚   (36) 決裁

(37) 康寧   (38) 裕福

(39) 恒星   (40) 輸送

(41) 奇怪   (42) 訴狀

(43) 監獄   (44) 裁量

(45) 礎石

2. 다음 漢字의 訓과 音을 쓰시오. (46~72)

(46) 釋   (47) 盲

(48) 蘭   (49) 久

(50) 滅   (51) 啓

(52) 側   (53) 亭

(54) 兎   (55) 逸

(56) 憎   (57) 値

(58) 沙   (59) 淺

(60) 沈   (61) 麥

(62) 鹽   (63) 旬

(64) 洲   (65) 弄

(66) 介   (67) 越

(68) 覆   (69) 蘇

(70) 脚   (71) 債

(72) 縱

3. 다음 文章 안의 밑줄친 漢字語를 漢字로 쓰시오.
(73~97)

㉠ 도덕[73]적인 성품[74]을 존중[75]히 하라. 이런 마음을 충분[76]히 기른 다음에야 사람다운 위대[77]한 근본[78]이 자리잡힌다.

㉡ 남을 책망[79]하는 마음으로써 자기를 책망하고, 자기를 사랑하는 마음으로써 남을 사랑하면, 충실[80]하고 너그러운 도리가 극진[81]할 것이다.

㉢ 큰 일을 의논[82]하거나 크게 의심나는 일을 결단[83]할 때는 반드시 바른 진리[84]에 따라 어긋난 논란[85]이 없도록 하라. 여기서 학문[86]의 힘이 장성[87]될 것이다.

㉣ 성실[88]하고, 신애[89]하고, 청렴하고, 공경하고, 근면[90]하고, 간소[91]하고, 화목[92]하고, 인혜로 와라.

㉤ 인자, 의리[93], 예절[94], 지혜는 사람의 성품이고 효도, 공경, 충성, 신의는 도의적 성품의 마음에서 갖추어지는 도리이다.

㉥ 완전[95]한 사람을 어찌 얻기가 쉬우리요? 인재[96]를 구할 때는 그 단점[97]을 버리고 장점을 취하는 것이 옳다. 이상 〈국조인물고〉 中에서

(73) [   ]   (74) [   ]

(75) [   ]   (76) [   ]

(77) [   ]   (78) [   ]

(79) [   ]   (80) [   ]

(81) [   ]   (82) [   ]

(83) [   ]   (84) [   ]

(85) [   ]   (86) [   ]

(87) [   ]   (88) [   ]

(89) [   ]   (90) [   ]

(91) [   ]   (92) [   ]

(93) [   ]   (94) [   ]

(95) [   ]   (96) [   ]

(97) [   ]

4. 다음 漢字와 뜻이 反對 또는 相對되는 漢字를 써서 漢字語를 完成하시오.(98~107)

(98) [　] ↔ 愚　(99) 曲 ↔ [　]

(100) [　] ↔ 迎　(101) 將 ↔ [　]

(102) [　] ↔ 復　(103) 離 ↔ [　]

(104) [　] ↔ 落　(105) 緩 ↔ [　]

(106) [　] ↔ 活　(107) 吉 ↔ [　]

5. 다음 漢字와 뜻이 같거나 비슷한 漢字를 빈 칸에 써서 漢字語를 完成하시오.(108~112)

[例]　加,　亡,　金,　種,　蓄,
　　　構,　備,　擇,　好,　所

(108) 滅 [　]　　　(109) 貯 [　]

(110) 選 [　]　　　(111) 具 [　]

(112) 處 [　]

6. 다음 漢字와 뜻이 反對 또는 相對되는 漢字語를 쓰시오(113~117)

(113) [　] ↔ 公利　(114) 將帥 ↔ [　]

(115) [　] ↔ 亂調　(116) 閉鎖 ↔ [　]

(117) [　] ↔ 平面

7. 다음 빈 곳에 알맞은 漢字를 넣어 四字成語를 完成하시오.(118~127)

(118) 內柔 [　] 剛　(119) 人 [　] 獸心

(120) 如履薄 [　]　(121) [　] 憂外患

(122) 一刀 [　] 斷　(123) 兼人之 [　]

(124) 酒池肉 [　]　(125) [　] 高馬肥

(126) 立 [　] 揚名　(127) [　] 命之年

8. 다음 同音異義語의 빈 칸을 메우시오.(長短音 관계 없음) (128~132)

(128) 步道 － [　] 道

(129) 聲明 － 姓 [　]

(130) 寒菊 － 韓 [　]

(131) 頂上 － [　] 常

(132) 秀才 － [　] 災

9. 다음 漢字의 部首를 쓰시오.(133~137)

(133) 狀

(134) 失

(135) 栽

(136) 再

(137) 丙

10. 다음 漢字語 가운데 첫 音節이 길게 발음되는 것을 골라 그 번호를 쓰시오.(138~142)

(138) [　　] : ①侵略 ②動物 ③平和 ④宅地

(139) [　　] : ①職位 ②出口 ③接近 ④否定

(140) [　　] : ①海洋 ②初選 ③凶年 ④班長

(141) [　　] : ①災害 ②卒業 ③視力 ④消失

(142) [　　] : ①投票 ②母校 ③疲勞 ④親族

11. 다음 漢字語의 뜻을 쓰시오.(143~147)

(143) 應急 －

(144) 職印 －

(145) 方位 －

(146) 秀麗 －

(147) 報恩 －

12. 다음 漢字의 略字를 쓰시오.(148~150)

(148) 質

(149) 卒

(150) 壓

한자능력검정시험 3급Ⅱ
기출·예상문제(1회~11회)

한자능력검정시험 문제지는
시험 출제기관에서 공식적으로는
공개하지 않고 있으므로
본 기출·예상문제는 한자능력검정시험에
출제되었던 문제를 수험생들에 의해
모아 만든 것입니다.
그러므로 실제 문제의 내용과 번호가
다를 수 있지만 자신의
실제 합격 점수대를 예측하는데
큰 도움이 될 것입니다.

정답은 (126)쪽에 있습니다.

국가공인
제1회 한자능력검정시험 3급Ⅱ 기출·예상문제

(社)한국어문회가 시행한 한자능력검정시험을 수험생들에 의해 재생하였습니다.

1. 다음 漢字語의 讀音을 쓰시오. (1~39)

(1) 衰滅	(2) 忍耐
(3) 柔軟	(4) 莫甚
(5) 默契	(6) 哀惜
(7) 戀慕	(8) 乘降
(9) 緊迫	(10) 侍婢
(11) 著述	(12) 禽獸
(13) 追越	(14) 猛獸
(15) 稀釋	(16) 陷沒
(17) 貫徹	(18) 粧飾
(19) 憂愁	(20) 阿片
(21) 還付	(22) 般若
(23) 縱橫	(24) 獻茶
(25) 彼此	(26) 啓蒙
(27) 戲弄	(28) 催促
(29) 鼓吹	(30) 旬刊
(31) 恥辱	(32) 樓臺
(33) 割腹	(34) 碧溪
(35) 肖像	(36) 沈潛
(37) 栽培	(38) 繁昌
(39) 翼贊	

2. 다음 漢字의 訓과 音을 쓰시오. (40~67)

(40) 恕	(41) 齊
(42) 蒼	(43) 輩
(44) 介	(45) 壞
(46) 漠	(47) 寂
(48) 奴	(49) 綿
(50) 尺	(51) 謝
(52) 隆	(53) 綱
(54) 朗	(55) 脅
(56) 邪	(57) 謂
(58) 勵	(59) 菜
(60) 魂	(61) 幹
(62) 肥	(63) 禽
(64) 洲	(65) 途
(66) 企	(67) 偶

3. 밑줄 그은 漢字語를 漢字로 쓰시오. (68~79)

(68) 동양화는 여백의 아름다움이 있다.

(69) 경주는 삼국을 통일한 신라의 수도였다.

(70) 가난한 사람에게 보시를 하면 하늘의 복을 받는다.

(71) 소비보다는 저축하는 생활습관을 기르자.

(72) 수험생은 감독의 지시에 잘 따라야 한다.

(73) 제주도에서는 말을 방목하여 기른다.

(74) 정성을 다하여 환자를 보살피는 의사는 사회의 존경을 받는다.

(75) 종교는 사람을 착한 길로 인도한다.

(76) 대학은 학문을 연구하는 곳이다.

(77) 태극기는 대한민국의 국기이다.

(78) 순결한 사랑에는 국경이 없다.

(79) 지나친 흡연은 건강에 해롭다.

4. 다음 訓과 音을 지닌 漢字를 쓰시오. (80~91)

(80) 제사 제	[ ]	(81) 편안 강	[ ]
(82) 따뜻할 난	[ ]	(83) 깨우칠 경	[ ]
(84) 지킬 위	[ ]	(85) 더할 익	[ ]
(86) 고울 려	[ ]	(87) 힘쓸 무	[ ]
(88) 재주 예	[ ]	(89) 직분 직	[ ]
(90) 가 변	[ ]	(91) 빌 허	[ ]

5. 다음 漢字語 중 첫 音節이 길게 發音되는 것을 가려 그 번호를 쓰시오. (92~96)

(92) [ ] : ①穀雨 ②小寒 ③霜降 ④淸明

(93) [ ] : ①中央 ②强弱 ③高低 ④左右

(94) [ ] : ①孟春 ②元旦 ③冬至 ④流頭

(95) [ ] : ①復習 ②復位 ③復興 ④復命

(96) [ ] : ①動物 ②同門 ③東海 ④銅鏡

6. 다음 [ ]에 공통된 漢字를 써서 漢字語를 완성하시오. (97~100)

(97) 發[ ], [ ]責, [ ]學, [ ]聞

(98) 善[ ], 好[ ], 罪[ ], [ ]黨

(99) [　]略, 自[　], [　]察, [　]墓
(100) [　]章, [　]水, 聲[　], 音[　]

7. 다음 漢字와 反對 또는 相對되는 漢字를 [　]에 적어 漢字語를 완성하시오.(101～105)

(101) 姑↔[　]　　　(102) 禍↔[　]
(103) 需↔[　]　　　(104) [　]↔危
(105) [　]↔足

8. 다음 漢字語의 反對語(또는 相對語)를 漢字로 쓰시오.(106～110)

(106) 散在↔[　]　　　(107) 革新↔[　]
(108) 紛爭↔[　]　　　(109) 求心↔[　]
(110) 出席↔[　]

9. 다음 漢字와 뜻이 같거나 비슷한 漢字를 [　]에 적어 漢字語를 완성하시오.(111～115)

(111) 扶[　]　　　(112) 歌[　]
(113) [　]木　　　(114) 恭[　]
(115) [　]止

10. 다음 漢字語를 漢字로 쓰시오.(116～119)

(116) 단초:일의 실마리 -------------------- [　]
(117) 변경:나라와 나라의 경계가 되는 변두리 지역
　-- [　]
(118) 이순:나이 예순 살을 이르는 말 [　]
(119) 가친:(남 앞에서) 자기 아버지를 일컫는 말
　-- [　]

11. 다음 同音異義語(長短音 관계없음)의 빈칸을 메우시오.(120～124)

(120) 長壽-[　]帥:군사를 지휘·통솔하는 장군
(121) 印紙-[　]知:어떤 사실을 분명히 인정함
(122) 玄裳-現[　]:현재의 상태
(123) 固辭-庫[　]:창고로 쓰는 집
(124) 史庫-社[　]:회사에서 내는 광고

12. 다음 [　]에 알맞은 漢字를 써서 漢字語를 완성하시오.(125～134)

(125) 一[　]百戒
(126) [　]馬看山
(127) [　]己治人
(128) [　]母良妻
(129) 花[　]月夕
(130) 興盡[　]來
(131) 水[　]之交
(132) 角者無[　]
(133) 身言[　]判
(134) [　]德陽報

13. 다음 뜻풀이에 적합한 漢字語를 [例]에서 찾아 그 번호를 쓰시오.(135～142)

[例]	①風霜	②露骨	③泰斗	④表裏
	⑤納涼	⑥忍待	⑦鼻祖	⑧慈堂
	⑨眞情	⑩鑑賞	⑪先考	⑫感想

(135) 예술작품을 음미하여 이해하고 즐김
(136) 더위를 피하여 시원한 바람을 쐼
(137) 창시자
(138) 겉과 속
(139) 남의 존경과 숭배를 받는 사람
(140) 조금도 숨김없이 드러냄
(141) 남의 어머니에 대한 존칭
(142) 많이 겪은 세상의 고난이나 고통

14. 다음 漢字의 部首를 쓰시오.(143～147)

(143) 俗　　　　　(144) 量
(145) 爲　　　　　(146) 然
(147) 産

15. 다음 漢字의 略字를 쓰시오.(148～150)

(148) 寶　　　　　(149) 處
(150) 總

국가공인
제2회 한자능력검정시험 3급Ⅱ 기출·예상문제

(社)한국어문회가 시행한 한자능력검정시험을 수험생들에 의해 재생하였습니다.

1. 다음 漢字語의 讀音을 쓰시오. (1~45)

(1) 傾角   (2) 愼慮

(3) 勇猛   (4) 貿易

(5) 沙漠   (6) 肖像

(7) 開催   (8) 興奮

(9) 憎惡   (10) 慣例

(11) 昇華   (12) 特徵

(13) 探索   (14) 懸板

(15) 情緒   (16) 汽笛

(17) 栽培   (18) 欄干

(19) 布施   (20) 帳簿

(21) 踏橋   (22) 肝腸

(23) 浮遊   (24) 距離

(25) 誘惑   (26) 喜悅

(27) 陷落   (28) 根幹

(29) 稀微   (30) 呼訴

(31) 監獄   (32) 追憶

(33) 鼓吹   (34) 緊密

(35) 症勢   (36) 橫暴

(37) 壓迫   (38) 痛悔

(39) 克服   (40) 倉庫

(41) 讚揚   (42) 周旋

(43) 筆跡   (44) 週刊

(45) 容恕

2. 다음 漢字의 訓과 音을 쓰시오. (46~72)

(46) 陶   (47) 哭

(48) 尙   (49) 御

(50) 洲   (51) 默

(52) 振   (53) 偶

(54) 碧   (55) 隆

(56) 寡   (57) 含

(58) 換   (59) 忽

(60) 翼   (61) 觸

(62) 拓   (63) 綿

(64) 韻   (65) 廷

(66) 掌   (67) 蘇

(68) 顔   (69) 突

(70) 介   (71) 丙

(72) 盟

3. 다음 글에서 밑줄 친 漢字語 중 한글로 쓴 것은 漢字로, 漢字로 쓴 것은 한글로 바꾸시오.(73~97)

① 어휘 사용에 부주의와 무책임을 犯[73]하는 이가 있다.

② 문인은 언어구사에 있어서 그 언어를 사용[74]하는 一般[75] 국민에 대하여 큰 책임감[76]을 느끼지 않으면 안 될 것이다.

③ 언어는 매우 소중[77]한 것으로서 그것을 잘 사랑하고 보호[78]하여야 할 것이다.

④ 언어는 다만 사람들 사이에 사상[79]이나 감정만을 전달[80]하는 연모가 될 뿐 아니라 그 국민의 정신[81]을 함양하는 재료[82]인 동시에 개인[83]의 인격을 도야하는 재료도 …그 언어를 곧 그 국민 내지 민족의 품성[84]의 선불선을 규정[85]하게 되는 것이다.

⑤ 언어를 이용[86]하여 문학적 작품을 창작[87]하는 문인은 언어에 대하여 가장 嚴肅[88]하고 경건한 태도[89]를 취하지 않으면 안 된다. 사람은 결국[90] 언어 속에 나서 언어 속에서 살다가 마침내 …언어로부터 받는 影響[91]은 莫大[92]한 것이다.〈이희승, 언어와 문학〉

⑥ 뉴턴은 만유인력[93]의 법칙[94]이라는 새로운 과학[95] 이론을 발견[96]해 근대[97] 자연과학의 아버지가 되었다.〈손봉호, 올바른 생각〉

(73) 犯 [   ]   (74) 사용 [   ]

(75) 一般 [   ]   (76) 책임감[   ]

(77) 소중 [   ]   (78) 보호 [   ]

(79) 사상 [   ]   (80) 전달 [   ]

(81) 정신 [   ]   (82) 재료 [   ]

(83) 개인 [   ]   (84) 품성 [   ]

(85) 규정 [   ]   (86) 이용 [   ]

(87) 창작 [   ]   (88) 嚴肅 [   ]

(89) 태도 [   ]   (90) 결국 [   ]

(91) 影響 [   ]   (92) 莫大 [   ]

(93) 만유인력 [   ]   (94) 법칙 [   ]

(95) 과학 [　　] 　　(96) 발견 [　　]

(97) 근대 [　　]

4. 다음 [例]의 漢字語 중에서 첫소리가 長音으로
   소리나는 것을 5개 가려 그 번호를 쓰시오. (98～
   102, 순서무관)

[例]　①寶物　②巧妙　③窮民　④徹底
　　　⑤伯父　⑥負擔　⑦運輸　⑧産室
　　　⑨獲得　⑩敎訓

(98) [　　] 　　　　(99) [　　]

(100) [　　] 　　　(101) [　　]

(102) [　　]

5. 다음 訓과 音에 알맞은 漢字를 쓰시오. (103～112)

(103) 알 인 [　] 　　(104) 막을 장[　]

(105) 한도 정[　] 　(106) 구리 동[　]

(107) 지을 제[　] 　(108) 물결 파[　]

(109) 진 액 [　] 　　(110) 고울 려[　]

(111) 이를 조[　] 　(112) 덜 제 [　]

6. 다음 漢字와 뜻이 비슷한 漢字를 써서 漢字語를
   만드시오.. (113～117)

(113) 慈[　　] 　　　(114) 茂[　　]

(115) 恭[　　] 　　　(116) 減[　　]

(117) 健[　　]

7. 다음 漢字語와 뜻이 反對 또는 相對되는 漢字語
   를 쓰시오. (118～122)

(118) 積極↔[　　] 　(119) 求心↔[　　]

(120) 光明↔[　　] 　(121) 客觀↔[　　]

(122) 複式↔[　　]

8. 다음 빈칸에 알맞은 漢字를 써넣어 四字成語(漢
   字語)를 완성하시오. (123～132)

(123) 草[　]同色 　(124) 同[　]異夢

(125) 緣[　]求魚 　(126) 以卵擊[　]

(127) 殺[　]成仁 　(128) [　]蘭之交

(129) [　]折不屈 　(130) 犬[　]之勞

(131) 獨不[　]軍 　(132) 頂[　]一鍼

9. 다음 뜻풀이에 알맞은 漢字語를 [例]에서 골라
   그 번호를 쓰시오. (133～137)

[例]　①怒氣　②厚意　③防備　④絶勝
　　　⑤全景　⑥敵意　⑦環境　⑧誤解
　　　⑨老境　⑩稱讚

(133) 전체의 경치

(134) 적대시하는 마음

(135) 그릇 해석함. 뜻을 잘못 앎

(136) 늙어가는 판. 늙바탕

(137) 남을 위해 베푸는 두터운 마음씨

10. 다음에서 상하좌우로 三音節(세글자)의 漢字語
    가 되도록 □안에 알맞은 漢字를 써넣으시오.
    (138～142)

(138) 決
　　 不□鳥
　　 　隊

(139) 管
　　 論□的
　　 　者

(140) 修
　　 報□陣
　　 　院

(141) 統
　　 自□國
　　 　權

(142) 民
　　 氏□語
　　 　魂

11. 다음 漢字의 部首를 쓰시오. (143～147)

(143) 拳 　　　　(144) 谷

(145) 首 　　　　(146) 茶

(147) 貢

12. 다음 漢字의 略字를 쓰시오. (148～150)

(148) 燈 　　　　(149) 邊

(150) 處

국가공인
제3회 한자능력검정시험 3급Ⅱ 기출·예상문제

(社)한국어문회가 시행한 한자능력검정시험을 수험생들에 의해 재생하였습니다.

1. 다음 漢字語의 讀音을 쓰시오. (1~45)

(1) 履修   (2) 縮刷
(3) 招誘   (4) 蒙利
(5) 壓迫   (6) 碧眼
(7) 釋尊   (8) 喜悅
(9) 榮譽   (10) 禍根
(11) 蓄財   (12) 面貌
(13) 潛伏   (14) 英傑
(15) 救護   (16) 符籍
(17) 破壞   (18) 忍耐
(19) 被疑   (20) 秩序
(21) 陳謝   (22) 勤勉
(23) 積善   (24) 陶醉
(25) 薄氷   (26) 討伐
(27) 誇張   (28) 承繼
(29) 操縱   (30) 管掌
(31) 殆半   (32) 嚴格
(33) 豪華   (34) 化粧
(35) 選擧   (36) 寡默
(37) 勸獎   (38) 憤激
(39) 懇談   (40) 催促
(41) 謙讓   (42) 疲弊
(43) 拒否   (44) 親睦
(45) 裕福

2. 다음 漢字의 訓과 音을 쓰시오. (46~72)

(46) 抑   (47) 澤
(48) 恕   (49) 帥
(50) 爭   (51) 宇
(52) 寬   (53) 像
(54) 揚   (55) 恒
(56) 悔   (57) 稀
(58) 飾   (59) 越
(60) 剛   (61) 愁
(62) 影   (63) 弓
(64) 柱   (65) 吹
(66) 莫   (67) 郎
(68) 寂   (69) 井
(70) 池   (71) 刊
(72) 亦

3. 다음 文章 안의 밑줄 친 漢字語를 漢字로 쓰시오.
(73~102)

* 기술[73]을 개발하여 특허[74]를 신청[75]합시다.
* 확인[76]절차가 필요[77]한 지 충분[78]히 알아보자.
* 정부[79]와 민간[80] 단체가 공동으로 경비[81]에 나섰다.
* 시내[82] 업계[83]가 도처[84]에서 지원[85]서를 접수[86]하고 있다.
* 공중 전화[87]를 독단[88]으로 사용[89]하지 맙시다.
* 유해[90] 정보[91] 차단에 민·관 공조[92]가 활기[93]를 띠고 있다.
* 도심[94]지의 여러 가로[95]상에서 교통[96]혼잡이 발생[97]하고 있다.
* 국민 저금 증가를 위하여 직원[98]들이 더 많이 봉사[99]해야 한다.
* 이번 사건은 단편적인 차원[100]에서만 진행될 뿐, 깊은 성찰[101]을 결여[102]하고 있다.

(73) [   ]   (74) [   ]   (75) [   ]
(76) [   ]   (77) [   ]   (78) [   ]
(79) [   ]   (80) [   ]   (81) [   ]
(82) [   ]   (83) [   ]   (84) [   ]
(85) [   ]   (86) [   ]   (87) [   ]
(88) [   ]   (89) [   ]   (90) [   ]
(91) [   ]   (92) [   ]   (93) [   ]
(94) [   ]   (95) [   ]   (96) [   ]
(97) [   ]   (98) [   ]   (99) [   ]
(100) [   ]   (101) [   ]   (102) [   ]

4. 다음 漢字語 가운데 첫 音節이 길게 발음되는 것을 골라 그 번호를 쓰시오. (103~107)

　(103) [　　] : ①忠誠 ②處所 ③介在 ④拾得
　(104) [　　] : ①襲擊 ②半價 ③旋回 ④蘇鐵
　(105) [　　] : ①創造 ②審判 ③板本 ④策動
　(106) [　　] : ①皮革 ②唐突 ③貞淑 ④宴會
　(107) [　　] : ①妄言 ②霜降 ③森林 ④扶持

5. 다음 漢字語의 反對語(또는 相對語)를 漢字로 쓰시오. (108~112)

　(108) 權利 ↔ [　　]
　(109) 人爲 ↔ [　　]
　(110) 暗黑 ↔ [　　]
　(111) 精神 ↔ [　　]
　(112) 動機 ↔ [　　]

6. 다음 漢字와 뜻이 反對(또는 相對)되는 漢字를 써 넣어 漢字語를 만드시오. (113~117)

　(113) [　　] ↔ 裏
　(114) [　　] ↔ 淺
　(115) [　　] ↔ 富
　(116) 姑 ↔ [　　]
　(117) [　　] ↔ 危

7. 다음 漢字 중에서(118~122)에서 보인 漢字와 뜻이 비슷한 것을 골라 빈 칸에 써넣으시오.

(118~122)

[例]	終	連	倉	亡	訪
	洪	和	徹	盛	衰
	傑	建	健	愛	敬

　(118) 康 − [　　]　　(119) 恭 − [　　]
　(120) 隆 − [　　]　　(121) 滅 − [　　]
　(122) 貫 − [　　]

8. 다음 漢字語와 音은 같으나 뜻이 다른 漢字語를 쓰시오. (長短音 관계없음) (123~127)

　(123) 競試 : 사람을 얕잡아 봄 ────── [　　]
　(124) 無期 : 전쟁에 쓰이는 온갖 기구 ── [　　]
　(125) 稅收 : 낯을 씻음 ─────────── [　　]
　(126) 古代 : 몹시 기다림 ────────── [　　]
　(127) 丹精 : 얌전하고 바름 ──────── [　　]

9. 다음 빈칸에 알맞는 漢字를 써 넣어 故事成語(熟語)를 完成하시오. (128~137)

　(128) [　　]上加霜
　(129) [　　]綠同色
　(130) 實事[　　]是
　(131) 曲[　　]阿世
　(132) 單刀直[　　]
　(133) 日就[　　]將
　(134) 衆口[　　]防
　(135) 走[　　]看山
　(136) 東奔[　　]走
　(137) 酒池[　　]林

10. 다음 漢字의 部首를 쓰시오. (138~142)

　(138) 尙　　　　(139) 刷
　(140) 眠　　　　(141) 東
　(142) 哀

11. 다음 漢字語의 뜻을 쓰시오. (143~147)

　(143) 招魂 :
　(144) 後續 :
　(145) 列聖 :
　(146) 萬金 :
　(147) 轉換 :

12. 다음 漢字의 略字를 쓰시오. (148~150)

　(148) 傳　　　　(149) 氣
　(150) 舊

국가공인
제4회 한자능력검정시험 3급Ⅱ 기출·예상문제

(社)한국어문회가 시행한 한자능력검정시험을 수험생들에 의해 재생하였습니다.

---

1. 다음 漢字語의 讀音을 쓰시오. (1~45)

(1) 抗訴		(2) 好況	
(3) 確保		(4) 交流	
(5) 支援		(6) 特許	
(7) 肖像		(8) 誘導	
(9) 參拜		(10) 危殆	
(11) 果敢		(12) 恨歎	
(13) 介入		(14) 假髮	
(15) 筆陣		(16) 指揮	
(17) 告由		(18) 適材	
(19) 排雪		(20) 選擇	
(21) 運航		(22) 容恕	
(23) 脅迫		(24) 追越	
(25) 順應		(26) 幽靈	
(27) 希望		(28) 沿革	
(29) 退步		(30) 固執	
(31) 終末		(32) 位置	
(33) 裁量		(34) 祭需	
(35) 評價		(36) 側近	
(37) 後進		(38) 配當	
(39) 要請		(40) 喪失	
(41) 限度		(42) 候補	
(43) 維持		(44) 附屬	
(45) 干拓			

2. 다음 漢字의 訓과 音을 쓰시오. (46~72)

(46) 蘭		(47) 振	
(48) 被		(49) 片	
(50) 沙		(51) 頂	
(52) 泰		(53) 楓	
(54) 烏		(55) 抑	
(56) 誇		(57) 侍	
(58) 愚		(59) 哲	
(60) 皇		(61) 兼	
(62) 森		(63) 尙	
(64) 鑑		(65) 微	
(66) 韻		(67) 昇	
(68) 響		(69) 謂	
(70) 潛		(71) 笛	
(72) 臺			

3. 다음 文章 안의 밑줄 친 漢字語를 漢字로 쓰시오. (73~102)

㉠ 35년 만에 돌아온 병원[73]비가 감동[74]을 주고 있다.

㉡ 이 같은 변화[75] 원리[76]가 극단[77]적인 모습일까?

㉢ 요즘엔 정치[78] 행사가 연예[79]계식 경기[80]성으로 흐르고 있다.

㉣ 시설[81] 규제[82]를 해제[83]하고 주택[84] 건축[85]에 힘쓰고 있다.

㉤ 이 책은 전쟁[86]통에 포로가 되어 산간[87] 수용소로 끌려가 온갖 난관[88]을 이겨낸 이야기를 수기[89] 형식[90]으로 쓴 것이다.

㉥ 일전[91]에 구속되어 서울 지법에서 실질[92] 심사를 받고 있다.

㉦ 이 과정[93]에서 금품[94]을 받았다고 보고 조사[95]를 전개[96]하고 있다.

㉧ 정권 수립[97] 공신[98]인데 집에서 잡혀갔다고 발설[99]했다.

㉨ 협의[100] 위반이라고 산업[101] 계통 법안[102]을 폐기했다.

(73) [　　　]		(74) [　　　]	
(75) [　　　]		(76) [　　　]	
(77) [　　　]		(78) [　　　]	
(79) [　　　]		(80) [　　　]	
(81) [　　　]		(82) [　　　]	
(83) [　　　]		(84) [　　　]	
(85) [　　　]		(86) [　　　]	
(87) [　　　]		(88) [　　　]	
(89) [　　　]		(90) [　　　]	
(91) [　　　]		(92) [　　　]	
(93) [　　　]		(94) [　　　]	
(95) [　　　]		(96) [　　　]	
(97) [　　　]		(98) [　　　]	
(99) [　　　]		(100) [　　　]	
(101) [　　　]		(102) [　　　]	

4. 다음 漢字語 가운데 첫 音節이 길게 발음되는 것을 골라 그 번호를 쓰시오. (103~107)

(103) [　] : ①甚大 ②慾求 ③淨潔 ④陰陽

(104) [　] : ①審査 ②距離 ③恒常 ④夫婦

(105) [　] : ①夜間 ②郎君 ③啓示 ④哀愁

(106) [　] : ①驛舍 ②征伐 ③腹痛 ④我軍

(107) [　] : ①獲得 ②損害 ③稀貴 ④禽獸

5. 다음 漢字語의 反對語(또는 相對語)를 漢字로 쓰시오. (108~112)

(108) 出仕 ↔ [　]

(109) 高雅 ↔ [　]

(110) 私利 ↔ [　]

(111) 溫暖 ↔ [　]

(112) 總角 ↔ [　]

6. 다음 漢字와 뜻이 反對(또는 相對)되는 漢字를 써 넣어 漢字語를 만드시오. (113~117)

(113) 旦 ↔ [　]

(114) [　] ↔ 辱

(115) 禍 ↔ [　]

(116) 師 ↔ [　]

(117) 攻 ↔ [　]

7. 다음 漢字 중에서(118~122)에서 보인 漢字와 뜻이 비슷한 것을 골라 빈 칸에 그 번호를 써 넣으시오. (118~122)

[例]　① 慈　② 圖　③ 版　④ 領　⑤ 悟
　　　⑥ 眼　⑦ 助　⑧ 盛　⑨ 地　⑩ 央

(118) 覺 － [　]　　(119) 仁 － [　]

(120) 中 － [　]　　(121) 興 － [　]

(122) 扶 － [　]

8. 다음 漢字語와 音은 같으나 뜻이 다른 漢字語를 쓰시오. (長短音 관계없음) (123~127)

(123) 全通 : 이어받은 계통 ----------------- [　]

(124) 白放 : 여러 가지 방법 ------------- [　]

(125) 買氣 : 정해진 시기마다 ------------- [　]

(126) 歌舞 : 집안 일 ------------------------- [　]

(127) 義士 : 마음먹은 생각 ---------------- [　]

9. 다음 빈칸에 알맞는 漢字를 써 넣어 故事成語(熟語)를 完成하시오. (128~137)

(128) 孟[　]斷機　　(129) [　]鏡止水

(130) 三旬九[　]　　(131) 燈[　]可親

(132) 結[　]報恩　　(133) 見物生[　]

(134) 奇想[　]外　　(135) [　]盡甘來

(136) 半身[　]隨　　(137) 卓上[　]論

10. 다음 漢字語의 뜻을 쓰시오. (138~142)

(138) 多衆 :

(139) 猛風 :

(140) 尊待 :

(141) 吸血 :

(142) 龍顔 :

11. 다음 漢字의 部首를 쓰시오. (143~147)

(143) 突　　　　(144) 勢

(145) 獨　　　　(146) 票

(147) 界

12. 다음 漢字의 略字를 쓰시오. (148~150)

(148) 區　　　　(149) 佛

(150) 聲

국가공인
제5회 한자능력검정시험 3급Ⅱ 기출·예상문제

(社)한국어문회가 시행한 한자능력검정시험을 수험생들에 의해 재생하였습니다.

---

1. 다음 漢字語의 讀音을 쓰시오. (1~45)

(1) 栽培	(2) 依賴
(3) 忍耐	(4) 貢獻
(5) 印刷	(6) 御座
(7) 腦裡	(8) 宇宙
(9) 裝飾	(10) 微妙
(11) 寂滅	(12) 顔貌
(13) 懸板	(14) 旋風
(15) 血盟	(16) 演戲
(17) 戀慕	(18) 綿絲
(19) 懇請	(20) 再臨
(21) 銀翼	(22) 包含
(23) 貫徹	(24) 肺胞
(25) 追憶	(26) 轉籍
(27) 委任	(28) 踏襲
(29) 謙虛	(30) 幼稚
(31) 履歷	(32) 陷沒
(33) 丹粧	(34) 豪傑
(35) 乾期	(36) 肥料
(37) 帳簿	(38) 吹打
(39) 悔恨	(40) 凡俗
(41) 割引	(42) 誇示
(43) 催眠	(44) 痛哭
(45) 繁榮	

2. 다음 漢字의 訓과 音을 쓰시오. (46~72)

(46) 蒸	(47) 賀
(48) 慣	(49) 魂
(50) 謂	(51) 鼓
(52) 頃	(53) 慈
(54) 獄	(55) 戚
(56) 尙	(57) 琴
(58) 幽	(59) 栗
(60) 妃	(61) 曾
(62) 抵	(63) 契
(64) 裳	(65) 促
(66) 陶	(67) 拓
(68) 旦	(69) 稀
(70) 耕	(71) 塔
(72) 殊	

3. 다음 訓과 音을가진 漢字를 쓰시오. (73~82)

(73) 다 총 [　　]		(74) 거스를 역 [　　]	
(75) 옮길 이 [　　]		(76) 본받을 효 [　　]	
(77) 무리 대 [　　]		(78) 코 비 [　　]	
(79) 길 정 [　　]		(80) 익힐 련 [　　]	
(81) 베풀 시 [　　]		(82) 잎 엽 [　　]	

4. 밑줄 그은 漢字語를 漢字로 쓰시오. (83~97)

(83) 직장에서는 직무에만 충실해야 한다.

(84) 어릴 적부터 讀書에 흥미를 갖도록 지도할
　　필요가 있다.

(85) 그 남자의 음흉한 속셈을 다 알고 있다.

(86) 군인 사회는 전통적으로 규율이 엄격하다.

(87) 앙리 뒤낭이 赤十字社를 창설하였다.

(88) 美國에서는 부통령이 상원의 의장을 맡는다.

(89) 도회지 아파트에서는 난방이 잘 되어 겨울에
　　도 추위를 모른다.

(90) 운동 경기에서 감독이 하는 일은 매우 중요
　　하다.

(91) 밤길 安全을 위해 가로등이 좀더 밝았으면
　　좋겠다.

(92) 一石 李熙昇(이희승) 先生님은 평생을 우리
　　말 연구에 바치셨다.

(93) 우리는 모두 父母에 대한 감사의 마음을 가지고 산다.

(94) 제사 음식은 제기에 담는다.

(95) 경찰관들의 수고가 있어서 사회 질서가 유지된다.

(96) 英國이나 日本 등 입헌 군주국에서는 총리가 정부의 수반이다.

(97) 사진 찍을 때는 흔히 배경에도 신경을 많이 쓴다.

5. 다음 漢字와 뜻이 反對 또는 相對되는 漢字를 써넣어 單語를 完成하시오.(98~107)

(98) [   ] ↔ 續
(99) 增 ↔ [   ]
(100) 賞 ↔ [   ]
(101) 貧 ↔ [   ]
(102) 姑 ↔ [   ]
(103) [   ] ↔ 淺
(104) [   ] ↔ 伏
(105) 受 ↔ [   ]
(106) [   ] ↔ 退
(107) [   ] ↔ 衰

6. 다음 빈칸에 알맞는 漢字를 써 넣어 漢字語를 完成하시오.(108~117)

(108) 骨[   ]相殘   (109) 佳人薄[   ]
(110) 拍掌大[   ]   (111) [   ]折不屈
(112) 虎死[   ]皮   (113) 緣木[   ]魚
(114) [   ]恭非禮   (115) 孤[   ]奮鬪
(116) 明若[   ]火   (117) 隱忍自[   ]

7. 다음 漢字語중 첫소리가 長音인 것을 5개만 가려 그 기호(가~차)를 118~122 답란에 쓰시오.
(118~122)

[例] ㈎蒼空 ㈏愚民 ㈐賢君 ㈑潤澤 ㈒槪說
㈓照射 ㈔徐行 ㈕距離 ㈖想念 ㈗偉大

(118) [   ]   (119) [   ]
(120) [   ]   (121) [   ]
(122) [   ]

8. 다음 漢字의 部首를 쓰시오.(123~127)

(123) 鬼   (124) 閑
(125) 倉   (126) 衛
(127) 恥

9. 다음 漢字와 뜻이 같은 漢字를 써넣어 單語를 완성하시오.(128~137)

(128) 淨 - [   ]   (129) 援 - [   ]
(130) [   ] - 惠   (131) [   ] - 哀
(132) 繼 - [   ]   (133) [   ] - 釋
(134) [   ] - 帥   (135) 獲 - [   ]
(136) [   ] - 髮   (137) 具 - [   ]

10. 다음 漢字語의 뜻을 쓰시오.(138~142)

(138) 積載 :
(139) 衝天 :
(140) 惜敗 :
(141) 殆無 :
(142) 猛獸 :

11. 다음 漢字語와 음은 같으나 뜻이 다른 漢字語를 한 가지씩 쓰시오.(143~147)

(143) 絶世 - [   ]
(144) 機智 - [   ]
(145) 毒酒 - [   ]
(146) 劇團 - [   ]
(147) 鄕儒 - [   ]

12. 다음 漢字의 略字를 쓰시오.(148~150)

(148) 黨   (149) 藝
(150) 壓

국가공인
제6회 한자능력검정시험 3급Ⅱ 기출·예상문제

(社)한국어문회가 시행한 한자능력검정시험을 수험생들에 의해 재생하였습니다.

1. 다음 漢字語의 讀音을 쓰시오. (1~45)

(1) 貫徹		(2) 戀慕	
(3) 衝突		(4) 猛虎	
(5) 陷沒		(6) 獲得	
(7) 誘惑		(8) 詳述	
(9) 妄靈		(10) 縱橫	
(11) 樓閣		(12) 恥辱	
(13) 稀微		(14) 企劃	
(15) 催促		(16) 胡笛	
(17) 冬眠		(18) 官吏	
(19) 還付		(20) 踏襲	
(21) 激勵		(22) 賤待	
(23) 貞淑		(24) 鼓吹	
(25) 彼岸		(26) 追憶	
(27) 戲弄		(28) 祝賀	
(29) 影響		(30) 哀愁	
(31) 緊迫		(32) 鎭壓	
(33) 勤勉		(34) 貢獻	
(35) 浮浪		(36) 役割	
(37) 剛柔		(38) 疏忽	
(39) 禽獸		(40) 換率	
(41) 悠久		(42) 劍術	
(43) 忍耐		(44) 玄米	
(45) 僧舞			

2. 다음 漢字의 訓과 音을 쓰시오. (46~72)

(46) 拘	(47) 振	(48) 懇
(49) 幹	(50) 雅	(51) 丈
(52) 碧	(53) 槪	(54) 浦
(55) 刊	(56) 陵	(57) 悔
(58) 池	(59) 觸	(60) 介
(61) 誇	(62) 頃	(63) 稚
(64) 鑑	(65) 克	(66) 伯
(67) 哭	(68) 訣	(69) 脚
(70) 紋	(71) 寬	(72) 殆

3. 다음 글에서 밑줄 친 漢字語 중 한글로 쓴 것은 漢字로, 漢字로 쓴 것은 한글로 바꾸시오. (73~93)

漢字는 時間과 空間을 超越[73]한 문자로 視覺性[74], 조어력, 縮約[75]력 등이 한글보다 월등하다. 時間과 空間을 超越한 문자라 함은, 가령 父母, 兄弟, 山川草木이란 말은 옛날이나 지금이나 뜻이 같고 韓·中·日·東南亞 등 어디에서나 한자의 정자로 써 놓으면 같은 뜻으로 통용[76]한다는 것이다.

視覺性이라 함은 '수수'를 줄 수[77] 받을 수[78]로 적고, '매매'를 팔 매[79] 살 매[80]로 적으면 '주고받음', '팔고 삼'이란 뜻을 눈으로 빨리 알아차릴 수 있다는 뜻이다.

조어력이란, 말 만드는 힘을 말하는데, 中學校 漢文 教育用 基礎[81] 漢字 900字로 만든 말이 72,229개라는 辭典[82] 통계[83]가 있다.

순우리말에도 얼마간의 준말이 있기는 하나 한 자 한 자에 뜻이 있는 자를 이용해서 簡潔[84]하고 정확[85]한 略語를 만들 수 있는 한자의 縮約력을 당할 수는 없다. "대학에 들어가는 시험"을 '대입시'로 "고려[86] 대학교 亞細亞[87] 문제 연구소[88]"를 '고대아연'으로 줄여도 뜻이 잘 통하는 것이다. 그래서 한자를 한글과 混用[89]하자는 것이요, "한자를 배우라"고 여러분에게 勸[90]하는 것이다. 한글과 한자는 실로 하늘이 우리에게 준 복[91]이다. 國漢混用, 즉 한글과 漢字 混用이야말로 한자만 쓰는 中國이나 가나와 한자를 混用하는 日本에 비해 가장 이상적[92]인 文字 混用을 할 수 있는 與件[93]임을 자랑으로 생각해야 한다.〈한자를 배웁시다. 南廣祐·中學校 韓國語 2-2. p.153〉

(73)	(74)	(75)
(76)	(77)	(78)
(79)	(80)	(81)
(82)	(83)	(84)
(85)	(86)	(87)
(88)	(89)	(90)
(91)	(92)	(93)

4. 다음 밑줄 친 漢字語를 漢字로 쓰시오. (94~97)

(94) 이 음식은 저온 저장을 해야 합니다.

(95) 지금은 경제를 살리는 일이 중요합니다.

(96) 이 곳은 금연 구역입니다.

(97) 건강을 유지하기 위해 아침마다 체조를 합니다.

5. 다음 漢字와 뜻이 反對(또는 相對)되는 漢字를
써 넣어 單語를 完成하시오. (98~102)

(98) 明 ↔ [   ]　　(99) 賞 ↔ [   ]

(100) 得 ↔ [   ]　　(101) 興 ↔ [   ]

(102) [   ] ↔ 卑

6. 다음 漢字語 가운데 첫音節이 길게 발음되는 것
을 골라 그 번호를 쓰시오. (103~107)

(103) [   ] : ①補充 ②奔走 ③船商 ④霜降

(104) [   ] : ①憂國 ②培養 ③親睦 ④土壤

(105) [   ] : ①決死 ②燈臺 ③奮發 ④天倫

(106) [   ] : ①菊花 ②苦行 ③絶頂 ④茂盛

(107) [   ] : ①連絡 ②巡禮 ③呼訴 ④署名

7. 다음 빈칸에 알맞은 漢字를 써넣어 漢字語(故事
成語)를 完成하시오. (108~117)

(108) 群[   ]割據　　(109) 我[   ]引水

(110) 內憂外[   ]　　(111) 立[   ]揚名

(112) 雪上[   ]霜　　(113) 進[   ]維谷

(114) 孤掌[   ]鳴　　(115) 錦衣還[   ]

(116) 深[   ]熟考　　(117) 浩[   ]之氣

8. 다음 漢字語의 反對語(또는 相對語)를 漢字로 쓰
시오. (118~122)

(118) 苦痛 ↔ [   ]　　(119) 複雜 ↔ [   ]

(120) 質疑 ↔ [   ]　　(121) 權利 ↔ [   ]

(122) 破壞 ↔ [   ]

9. 다음 한자의 部首를 쓰시오. (123~127)

(123) 夢　　(124) 尙　　(125) 喪

(126) 乘　　(127) 憂

10. 다음 漢字語와 音은 같으나 뜻이 다른 漢字語를
쓰시오. (長短音 관계없음) (128~132)

(128) 私感 - [   ] : 기숙사에서 기숙생들의 생활을
감독하는 사람

(129) 附圖 - [   ] : 부녀자로서 지켜야 할 도리

(130) 小才 - [   ] : 어떤 것을 만드는 데 바탕이 되
는 재료

(131) 步道 - [   ] : (신문이나 방송으로) 새 소식을
널리 알림

(132) 田園 - [   ] : 전력을 공급하는 원천

11. 다음 漢字의 [例]에서 (133~137)의 뜻과 비슷한
漢字를 골라 그 번호를 써넣으시오. (133~137)

[例] ① 訪 ② 放 ③ 物 ④ 例 ⑤ 慈
　　 ⑥ 列 ⑦ 惠 ⑧ 貨 ⑨ 回 ⑩ 會

(133) 探 - [   ]　　(134) 旋 - [   ]

(135) 恩 - [   ]　　(136) 財 - [   ]

(137) 羅 - [   ]

12. 다음 訓과 音에 알맞은 漢字를 쓰시오.
(138~142)

(138) 칠 벌 [   ]　　(139) 가 변 [   ]

(140) 쓸 소 [   ]　　(141) 쉴 식 [   ]

(142) 지킬 보 [   ]

13. 다음 漢字語의 뜻을 쓰시오. (143~147)

(143) 痛症 :

(144) 醉客 :

(145) 執筆 :

(146) 卽時 :

(147) 超過 :

14. 다음 漢字의 略字를 쓰시오. (148~150)

(148) 處　　(149) 壓　　(150) 擔

(社)한국어문회가 시행한 한자능력검정시험을 수험생들에 의해 재생하였습니다.

1. 다음 漢字語의 讀音을 쓰시오. (1~45)

(1) 詳細   (2) 休息

(3) 是非   (4) 督促

(5) 外戚   (6) 將帥

(7) 否認   (8) 銅錢

(9) 街路   (10) 競爭

(11) 姿態   (12) 御製

(13) 打擊   (14) 釋放

(15) 甚深   (16) 柔軟

(17) 業績   (18) 壁報

(19) 讚揚   (20) 威信

(21) 暗記   (22) 出仕

(23) 仰望   (24) 邪惡

(25) 宿命   (26) 謝過

(27) 亞流   (28) 術數

(29) 監査   (30) 壓迫

(31) 肥滿   (32) 校舍

(33) 看護   (34) 簡素

(35) 眼目   (36) 伐草

(37) 甘受   (38) 昨年

(39) 快擧   (40) 鑑賞

(41) 色盲   (42) 獸醫

(43) 齊唱   (44) 降等

(45) 勇敢

2. 다음 漢字의 訓과 音을 쓰시오. (46~72)

(46) 疏   (47) 幹

(48) 辭   (49) 邑

(50) 奴   (51) 祈

(52) 暇   (53) 普

(54) 氷   (55) 裳

(56) 堂   (57) 黨

(58) 旬   (59) 構

(60) 刻   (61) 徒

(62) 鼻   (63) 差

(64) 飾   (65) 履

(66) 已   (67) 灰

(68) 領   (69) 微

(70) 裏   (71) 鮮

(72) 逢

3. 다음 글에서 밑줄 친 漢字語 중 한글로 쓴 것은 漢字로, 漢字로 쓴 것은 한글로 바꾸시오. (73~102)

㉠ 인류[73]는 지난 한 세기 동안 역사[74]상 가장 많은 과학적 발전[75]을 이룩했고, 인간 삶의 질[76]은 급격히 향상[77]됐다. 과학에 대한 관심[78]과 이해[79]는 물론 실제적인 응용[80]에 진보[81]적인 생각이 필요하다.

㉡ 우리의 미래[82]는 불확실[83]한 시대[84]가 될지 모르겠다.

㉢ 사이비 종교의 출현은 미래에 대한 불안[85] 그리고 이기주의[86]의 부정적 단면[87]을 보여주는 일이다.

㉣ 어쩌면 인간을 괴롭혀 온 걸림돌 중 하나는 과학[88] 과 종교[89]가 함께 공존할 수 없다는 이분법적 사고[90] 일 것이다.

㉤ 그 문제에 대한 답[91]을 찾으려면 보이지 않는 법칙[92]들을 발견해야 한다.

㉥ 자연[93]을 연구하고 설명[94]하는 기초적인 분야[95]를 가르치는 교육은 중대[96]한 계획이 선행되어야 한다.

㉦ 그 길은 산 끝에서 시작[97]되어 마을 어귀까지 연결[98]되어 있다.

㉧ 예술 세계[99]에 접근[100]하는 방법은 순서[101]를 밟아 작은 부분에서 시작하여 전체[102]를 연구하는 것이다.

(73)   (74)   (75)

(76)   (77)   (78)

(79)   (80)   (81)

(82)   (83)   (84)

(85)   (86)   (87)

(88)   (89)   (90)

(91)   (92)   (93)

(94)   (95)   (96)

(97)   (98)   (99)

(100)   (101)   (102)

4. 다음 漢字語 가운데 첫音節이 長音으로 발음되는 것을 골라 그 번호를 쓰시오. (103~107)

(103) [　] : ①老苦 ②同窓 ③甲板 ④莫强

(104) [　] : ①百家 ②毛根 ③量産 ④意見

(105) [　] : ①三光 ②死亡 ③刊行 ④福券

(106) [　] : ①弟子 ②速攻 ③方今 ④角木

(107) [　] : ①名士 ②茶房 ③佳景 ④席卷

5. 다음 漢字와 뜻이 反對(또는 相對)되는 漢字를 써 넣어 單語를 完成하시오. (108~112)

(108) 京 ↔ [　]　　(109) [　] ↔ 果

(110) [　] ↔ 富　　(111) [　] ↔ 民

(112) [　] ↔ 閉

6. 다음 빈칸에 알맞은 漢字를 써넣어 漢字語(故事成語)를 完成하시오. (113~122)

(113) 破竹之[　]

(114) [　]母良妻

(115) [　]口難防

(116) 江湖[　]波

(117) 我田[　]水

(118) 風前[　]火

(119) 千篇一[　]

(120) 喜[　]哀樂

(121) 忠言[　]耳

(122) 縱橫[　]盡

7. 다음 漢字의 部首를 쓰시오. (123~127)

(123) 兩　　　(124) 表　　　(125) 泰

(126) 變　　　(127) 奇

8. 다음 漢字語의 反對語(또는 相對語)를 漢字로 쓰시오. (128~132)

(128) 內容 ↔ [　]　　(129) [　] ↔ 損失

(130) [　] ↔ 散在　　(131) [　] ↔ 怨恨

(132) [　] ↔ 複雜

9. 다음 漢字의 뜻과 비슷한 한자를 [例]에서 골라 그 번호를 써넣으시오. (133~137)

[例]　① 交　② 歌　③ 疾　④ 致　⑤ 談
　　　⑥ 達　⑦ 比　⑧ 給　⑨ 亭　⑩ 停

(133) [　] － 與　　(134) [　] － 話

(135) [　] － 較　　(136) 到 － [　]

(137) [　] － 曲

10. 다음 漢字語의 뜻을 쓰시오. (138~142)

(138) 勤勉 :

(139) 假裝 :

(140) 秀麗 :

(141) 臨戰 :

(142) 礎石 :

11. 다음 漢字語와 音은 같으나 뜻이 다른 漢字語를 쓰시오. (長短音 관계없음) (143~147)

(143) 新古 － [　] :국민이 행정 관청에 일정한 사실을 진술, 보고하는 일

(144) 青山 － [　] :상호간에 채권, 채무관계를 셈하여 깨끗이 정리함

(145) 可恐 － [　] :천연물이나 덜된 물건에 인공을 더함

(146) 援助 － [　] :어떠한 일을 처음 시작한 사람

(147) 綠化 － [　] :비디오테이프에 텔레비전의 상을 기록하는 것

12. 다음 漢字의 略字를 쓰시오. (148~150)

(148) 價　　　(149) 佛

(150) 當

국가공인
제8회 한자능력검정시험 3급Ⅱ 기출·예상문제

(社)한국어문회가 시행한 한자능력검정시험을 수험생들에 의해 재생하였습니다.

1. 다음 漢字語의 讀音을 쓰시오. (1~36)

(1) 健脚		(2) 三綱
(3) 庭園		(4) 評傳
(5) 脫獄		(6) 餘裕
(7) 遺蹟		(8) 愛讀
(9) 委員		(10) 祝賀
(11) 夏季		(12) 空軍
(13) 豫選		(14) 距離
(15) 恭敬		(16) 吉凶
(17) 美貌		(18) 王陵
(19) 普通		(20) 役割
(21) 儒林		(22) 投稿
(23) 陰陽		(24) 生乳
(25) 約束		(26) 窓門
(27) 賃貸		(28) 血盟
(29) 悲劇		(30) 土壤
(31) 架橋		(32) 怨恨
(33) 將帥		(34) 淸掃
(35) 回歸		(36) 醉興

2. 다음 漢字의 訓과 音을 쓰시오. (37~63)

(37) 雪	(38) 婢	(39) 個
(40) 胸	(41) 牙	(42) 梅
(43) 他	(44) 厚	(45) 塔
(46) 霜	(47) 宙	(48) 君
(49) 武	(50) 鳥	(51) 權
(52) 羽	(53) 旦	(54) 泉
(55) 哲	(56) 閑	(57) 習
(58) 慈	(59) 旗	(60) 誤
(61) 示	(62) 笑	(63) 永

3. 다음 글에서 밑줄 친 漢字語 중 한글로 쓴 것은 漢字로, 漢字로 쓴 것은 한글로 바꾸시오. (64~102)

*그 가운데 한 분이 당시의 조선[64] 한문, 요새로 치면 국어 선생[65]이라고 할까요. 민족주의적인 色彩[66]가 농후하신, 일제시대에 영어(圖圖) 생활도 한 분이예요. 역시 민족[67] 감정[68]을 고쳐하는 그런 시조[69] 강의[70]를

하셨어요.
*언어의 오염이라는 것이 작은 문제가 아닙니다. 사실[71] 우리 민족의 정신[72]과도 직결[73]되는 겁니다.
*다행[74]히 작년부터 조금 서광이 보입니다. 그렇게 절망[75]은 아니예요. 지금 한자 교육[76]을 정식[77]으로 하고 있는 곳이 많습니다.
*일본[78]을 이기는 것, 즉 극일은 지력과 倫理[79]로 봅니다. 땅이 넓고 인구[80]가 많아야 강국은 아니거든요. 그 옛날에 영국 같은 섬나라가 세계에 웅비[81]하지 않았어요.
*한글 전용에 관한 법률[82] 제6호는 공용[83]문서를 적는데 적용할 규제[84]인 것이다. 그런데 이것이 잘못 解釋[85]되어 '대한민국의 모든 글은 한글로 쓴다'로 받아들이게 된 것이다. 실로 어처구니 없는 일이 아닐 수 없다.
*우리 한글은 이 지구상에서 다시 찾아볼 수 없는 優秀[86]한 표음문자이다.
*국어교육 과정[87]에서 段階[88]적으로 일정 수[89]의 한자를 가르쳐 익히게 하는 것이 우리 말에 숙달하는 지름길이라는 것이다.
*이 簡單[90]하고도 명백[91]한 문제 때문에 이를 해결하려는 남다른 意慾[92] 때문에, 한 노학자[93]는 한 세대[94]에 걸친 歲月[95]을 '부르짖음'으로 보내었다. 참으로 기막힌 일이 아닐 수 없다.
*지조[96]란 것은 순일[97]한 정신을지키기 위한 불타는 신념[98]이요, 고귀[99]한 투쟁이기까지 하다.
*독립[100] 운동[101]할 때의 혁명가와 정치[102]인은 모두 지사였다.

(64)	(65)	(66)
(67)	(68)	(69)
(70)	(71)	(72)
(73)	(74)	(75)
(76)	(77)	(78)
(79)	(80)	(81)
(82)	(83)	(84)
(85)	(86)	(87)
(88)	(89)	(90)
(91)	(92)	(93)
(94)	(95)	(96)
(97)	(98)	(99)
(100)	(101)	(102)

4. 다음 漢字語의 反對(또는 相對)되는 漢字를 써 넣어 漢字語를 만드시오.(103~107)

(103) 善 ↔ [　　]　　(104) 晝 ↔ [　　]

(105) 祖 ↔ [　　]　　(106) [　　] ↔ 舊

(107) 春 ↔ [　　]

5. 다음 漢字語 가운데 첫音節이 長音으로 발음되는 것을 골라 그 번호를 쓰시오.(108~112)

(108) [　　] : ①鳳仙花 ②當場 ③疲勞 ④看病

(109) [　　] : ①射擊 ②謀議 ③趣味 ④嚴重

(110) [　　] : ①修養 ②速達 ③飮料 ④待遇

(111) [　　] : ①構成 ②猛犬 ③父母 ④呼訴

(112) [　　] : ①壁畫 ②危急 ③凍傷 ④伏兵

6. 다음 빈칸에 알맞은 漢字를 써넣어 漢字語(故事成語)를 完成하시오.(113~122)

(113) 百戰百[　　]　　(114) 金石之[　　]

(115) 無爲徒[　　]　　(116) 女[　　]從夫

(117) 首丘初[　　]　　(118) 四分[　　]裂

(119) [　　]折羊腸　　(120) [　　]貧樂道

(121) 魚頭[　　]尾　　(122) 桑[　　]碧海

7. 다음 漢字의 部首를 쓰시오.(123~127)

(123) 察　　(124) 曜　　(125) 著

(126) 孝　　(127) 勿

8. 다음 漢字語의 反對語(또는 相對語)를 漢字로 쓰시오.(128~132)

(128) 減少 ↔ [　　]　　(129) [　　] ↔ 進步

(130) 成功 ↔ [　　]　　(131) 背恩 ↔ [　　]

(132) 上昇 ↔ [　　]

9. 다음 漢字의 [例]에서 (133~137)의 뜻과 비슷한 漢字를 골라 그 번호를 써 넣으시오.(133~137)

[例]	① 鏡	② 睦	③ 炎	④ 宿
	⑤ 宅	⑥ 郞	⑦ 泰	⑧ 智

(133) [　　] － 火　　(134) [　　] － 慧

(135) [　　] － 男　　(136) 太 － [　　]

(137) [　　] － 戶

10. 다음 漢字語의 뜻을 쓰시오.(138~142)

(138) 完走 :

(139) 忍耐 :

(140) 沙漠 :

(141) 兩親 :

(142) 創造 :

11. 다음 漢字語와 음은 같으나 뜻이 다른 漢字語를 쓰시오.(長短音 관계없음)(143~147)

(143) 私地 : 죽은 땅 ------------------------ [　　]

(144) 科擧 : 지나간 때 -------------------- [　　]

(145) 辭典 : 역사 이전 -------------------- [　　]

(146) 改量 : 고치어 좋게 함-------------- [　　]

(147) 貞婦 : 국가의 통치권을 행사하는 기관 ------------------------------ [　　]

12. 다음 漢字의 略字를 쓰시오.(148~150)

(148) 區　　(149) 萬　　(150) 會

합격점수 : 105점
제한시간 : 60분

(社)한국어문회가 시행한 한자능력검정시험을 수험생들에 의해 재생하였습니다.

[問 1~36] 다음 漢字語의 讀音을 쓰시오.

(1) 滿足　　(2) 假飾　　(3) 壽宴

(4) 總帥　　(5) 旅費　　(6) 恨歎

(7) 冬季　　(8) 擔任　　(9) 慕情

(10) 切除　　(11) 終映　　(12) 沈默

(13) 建設　　(14) 呼吸　　(15) 筆跡

(16) 移住　　(17) 勤勉　　(18) 影響

(19) 吉凶　　(20) 卑俗　　(21) 得票

(22) 妹兄　　(23) 晩鍾　　(24) 鄕愁

(25) 武藝　　(26) 脫皮　　(27) 急增

(28) 推測　　(29) 觀照　　(30) 週期

(31) 稅關　　(32) 借入　　(33) 復活

(34) 老松　　(35) 逆境　　(36) 如此

[問 37~63] 다음 漢字의 訓과 音을 쓰시오.

(37) 雲　　(38) 庭　　(39) 損

(40) 眞　　(41) 快　　(42) 領

(43) 課　　(44) 紛　　(45) 寧

(46) 覺　　(47) 懇　　(48) 優

(49) 幼　　(50) 投　　(51) 督

(52) 秩　　(53) 愼　　(54) 睦

(55) 益　　(56) 章　　(57) 副

(58) 飮　　(59) 孤　　(60) 卓

(61) 演　　(62) 拜　　(63) 悟

[問 64~102] 다음 글에서 밑줄 친 漢字語 중 한글로 쓴 것은 漢字로, 漢字로 쓴 것은 한글로 바꾸시오.

○ 교수(64) 신문이 최근(65) 교수를 대상으로 설문조사를 실시(66)해 발표(67)한 결과(68)에 따르면 2005년 한국의 정치(69)·경제(70)·사회에 適合(71)한 사자성어로 '위에는 불 아래는 못, 서로 등을 돌렸다.'라는 뜻의 '上火下澤(72)'을 선정했다.

이 사자성어는 서로 이반하고 分裂(73)하는 현상을 뜻하는 말로 끊임없는 정쟁, 행정복합도시(74)를 둘러싼 비생산(75)적인 논쟁(76), 지역 및 이념(77) 갈등 등 우리 사회의 소모적인 분열과 갈등 양상을 반영한 것으로 풀이된다.

교수들은 이 와중에 사회 양극(78)화는 더욱 深刻(79)해져 농민(80)들의 삶은 더욱 피폐해지고 비 정규(81)직 노동자(82)는 더욱 확산됐다고 指摘(83)했다. (……)

상대방의 작은 허물을 찾아내 비난(84)한다는 의미(85)의 吹毛覓疵(취모멱자)도 순위(86)에 들었다.

가장 안타까운 일로는 단연(87) '황우석 교수와 PD수첩 사태'를 꼽았고 이어 사회적 貧困(88) 심화, 대책 없는 쌀 개방(89)과 연이은 자살(90) 순이었다. (서울＝연합뉴스, 2005. 12. 20)

○ 휴머니즘은 多樣(91)한 문화에 접촉하여 풍부(92)한 개성(93)을 길러 내는 것을 目標(94)로 삼고, 종교는 통일(95)적 원리에 의하여 개성을 훈련하고 집중(96)하는 것을 목표로 삼는다.(……) 교양은 잡다한 요소(97)가 들어가서 상호 조정함으로 말미암아 도달(98)되는 한 조화(99)적 狀態(100)니, 그것은 외부사회에 대하여선 고원(101)한 식견(102)과 적정한 판단을 가지게 된다. (최재서, 교양의 정신)

(64)　　(65)　　(66)　　(67)

(68)　　(69)　　(70)　　(71)

(72)　　(73)　　(74)　　(75)

(76)　　(77)　　(78)　　(79)

(80)　　(81)　　(82)　　(83)

(84)　　(85)　　(86)　　(87)

(88)　　(89)　　(90)　　(91)

(92)　　(93)　　(94)　　(95)

(96)　　(97)　　(98)　　(99)

(100)　　(101)　　(102)

[問 103~107] 다음 漢字와 反對(또는 相對)되는
　　　　　　漢字를 써 넣어 漢字語를 만드시오.

(103) (　　) ↔ 秋　　　(104) 勝 ↔ (　　)
(105) (　　) ↔ 憎　　　(106) 善 ↔ (　　)
(107) (　　) ↔ 沒

[問 108~112] 다음 漢字語의 反對語(또는 相對語)
　　　　　　를 漢字로 쓰시오.

(108) 內容 ↔ (　　)　　(109) (　　) ↔ 複雜
(110) 物質 ↔ (　　)　　(111) (　　) ↔ 危險
(112) 君子 ↔ (　　)

[問 113~122] 다음 빈칸에 알맞은 漢字를 써 넣어
　　　　　　漢字語(故事成語)를 完成하시오.

(113) 興(　)盛衰　　　(114) 二(　)背反
(115) 立身揚(　)　　　(116) 不(　)其數
(117) 轉禍爲(　)　　　(118) 張三(　)四
(119) 至誠(　)天　　　(120) 束(　)無策
(121) 我(　)引水　　　(122) 說往說(　)

[問 123~127] 다음 漢字語 가운데 첫 音節이 長音
　　　　　　으로 발음되는 것을 골라 그 번호를 쓰시오.

(123) (　　) : ①落差 ②悲哀 ③失業 ④縮尺
(124) (　　) : ①末伏 ②丹靑 ③巨額 ④香料
(125) (　　) : ①官許 ②廣告 ③探訪 ④賢哲
(126) (　　) : ①去就 ②溫泉 ③協約 ④東窓
(127) (　　) : ①裝置 ②沙漠 ③耕作 ④敢行

[問 128~132] 다음 漢字의 部首를 쓰시오.

(128) 寂　　　　(129) 康　　　　(130) 村
(131) 承　　　　(132) 右

[問 133~137] 다음 漢字의 [例]에서 (133~137)의
　　　　　　뜻과 비슷한 漢字를 골라 그 번호를 써 넣으시오.

〈例〉
①久　②辯　③群　④較
⑤曲　⑥戶　⑦美

(133) 比 (　　)　　　(134) 談 (　　)
(135) 佳 (　　)　　　(136) 衆 (　　)
(137) 舍 (　　)

[問 138~142] 다음 漢字語와 音이 같고 다른 뜻을
　　　　　　가진 漢字語를 쓰시오.(長短音과 무관)

(138) 死傷 － (　　) : 생각
(139) 在庫 － (　　) : 다시 생각함
(140) 同時 － (　　) : 어린이의 시
(141) 造船 － (　　) : 이성계가 고려를 멸하고
　　　　　　　　　　　세운 나라
(142) 待機 － (　　) : 큰 그릇

[問 143~145] 다음 漢字의 略字를 쓰시오.

(143) 區　　　　(144) 禮　　　　(145) 應

[問 146~150] 다음 漢字語의 뜻을 쓰시오.

(146) 閑寂 :
(147) 貯蓄 :
(148) 忍耐 :
(149) 聖歌 :
(150) 減少 :

(社)한국어문회가 시행한 한자능력검정시험을 수험생들에 의해 재생하였습니다.

[問 1~45] 다음 漢字語의 讀音을 쓰시오.

(1) 豪雨	(2) 啓蒙	(3) 耕作
(4) 姑婦	(5) 拔群	(6) 旅券
(7) 茶房	(8) 雅淡	(9) 倒産
(10) 憤怒	(11) 繁榮	(12) 淸涼
(13) 弄談	(14) 漏落	(15) 孟浪
(16) 架橋	(17) 時刻	(18) 陵谷
(19) 協贊	(20) 綱領	(21) 止血
(22) 元旦	(23) 黨派	(24) 祭祀
(25) 登錄	(26) 欄干	(27) 高麗
(28) 依賴	(29) 天倫	(30) 勉學
(31) 醉客	(32) 占據	(33) 久遠
(34) 貫徹	(35) 追窮	(36) 壓卷
(37) 獨奏	(38) 慈堂	(39) 逃亡
(40) 羅列	(41) 便覽	(42) 露宿
(43) 龍床	(44) 隆盛	(45) 悲鳴

[問 46~72] 다음 漢字의 訓과 音을 쓰시오.

(46) 沙	(47) 微	(48) 栗
(49) 段	(50) 企	(51) 損
(52) 隨	(53) 抵	(54) 乙
(55) 祕	(56) 慕	(57) 勵
(58) 努	(59) 筋	(60) 衰
(61) 快	(62) 亦	(63) 宇
(64) 步	(65) 麥	(66) 隊
(67) 緊	(68) 克	(69) 讓
(70) 漁	(71) 逸	(72) 異

[問 73~102] 다음 밑줄 친 漢字語를 漢字로 쓰시오.

○ 새내기들의 자신(73)감을 앞세운 신제품에 대한 광고(74)는 열풍(75)처럼 소비자를 설득(76)하여 현상(77) 유지 정도를 당연(78)한 것이라 보았던 회사 임원들의 사고(79)방식을 여지없이 깨뜨렸다.

○ 최근(80)에 발생(81)된 중요(82)한 문제의 해결책은 직관(83)에 의지하여 그 방안(84)을 마련하였다는 점에서 주목(85)을 받았다.

○ 그 논문의 필자(86)가 표면(87)적으로 내세운 이론(88)은 어느 정도(89) 독자의 시선(90)을 인식(91)하여 그들의 의견(92)을 집어넣음으로써 연구(93)의 구색(94)을 맞추려는 데서 나온 결과(95)였다.

○ 제품(96)을 매매(97)하기에 앞서 가격(98)에 대한 조사(99)가 필요하다.

○ 준비(100)된 물건(101)을 식탁(102)에 올려 놓으시오.

(73)	(74)	(75)
(76)	(77)	(78)
(79)	(80)	(81)
(82)	(83)	(84)
(85)	(86)	(87)
(88)	(89)	(90)
(91)	(92)	(93)
(94)	(95)	(96)
(97)	(98)	(99)
(100)	(101)	(102)

[問 103~107] 다음 漢字語 가운데 첫 音節이 長音으로 발음되는 것을 골라 그 번호를 쓰시오.

(103) (　　) : ①趣味 ②斗量 ③交付 ④督促

(104) (　　) : ①空地 ②脅迫 ③委任 ④統一

(105) (　　) : ①伯叔 ②金星 ③敗家 ④堅固

(106) (　　) : ①看板 ②總計 ③覺悟 ④基本

(107) (　　) : ①獄舍 ②軍屬 ③末世 ④厚待

[問 108~112] 다음 漢字와 反對語(또는 相對語)를 漢字로 쓰시오.

(108) (　　) ↔ 死藏　　(109) 分散 ↔ (　　)

(110) 光明 ↔ (　　)　　(111) (　　) ↔ 閉鎖

(112) 全體 ↔ (　　)

[問 113~117] 다음 漢字와 反對(또는 相對)되는 漢字를 써 넣어 漢字語를 만드시오.

(113) (　　) ↔ 假　　(114) (　　) ↔ 負

(115) (　　) ↔ 伏　　(116) 緩 ↔ (　　)

(117) (　　) ↔ 靜

[問 118~122] 다음 漢字의 部首를 쓰시오.

(118) 弓　　　　(119) 頃　　　　(120) 右

(121) 掌　　　　(122) 亞

[問 123~132] 다음 빈칸에 알맞은 漢字를 써 넣어 漢字語(四字成語)를 完成하시오.

(123) 我田(　　)水　　(124) 莫(　　)之友

(125) 利己主(　　)　　(126) 女(　　)從夫

(127) 佳人薄(　　)　　(128) 不知其(　　)

(129) 無(　　)出入　　(130) 大(　　)痛哭

(131) (　　)過遷善　　(132) 加減乘(　　)

[問 133~137] 다음 漢字의 [例]에서 (133~137)의 뜻과 비슷한 漢字를 골라 그 번호를 써 넣으시오.

〈例〉

① 辭　② 減　③ 穀　④ 暴　⑤ 績
⑥ 爆　⑦ 曲　⑧ 歲　⑨ 劃　⑩ 晝

(133) 凶 (　　)　　　　(134) 連 (　　)

(135) 圖 (　　)　　　　(136) 年 (　　)

(137) 歌 (　　)

[問 138~142] 다음 漢字語와 音이 같고 다른 뜻을 가진 漢字語를 쓰시오. (長短音과 무관)

(138) 市政 － (　　) : 그릇된 것을 바로 잡음

(139) 由緒 － (　　) : 같은 종류의 책

(140) 浮上 － (　　) : 자본이 많은 상인

(141) 古典 － (　　) : 몹시 힘든 싸움

(142) 强辯 － (　　) : 강가

[問 143~147] 다음 漢字語의 뜻을 쓰시오.

(143) 積立 :　　　　(144) 危局 :

(145) 嚴父 :　　　　(146) 攻防 :

(147) 激務 :

[問 148~150] 다음 漢字의 略字를 쓰시오.

(148) 卒　　　　(149) 寶

(150) 缺

합격점수 : 105점
제한시간 : 60분

(社)한국어문회가 시행한 한자능력검정시험을 수험생들에 의해 재생하였습니다.

[問 1~45] 다음 漢字語의 讀音을 쓰시오.

(1) 包含	(2) 推測	(3) 臺帳
(4) 衣裳	(5) 朝飯	(6) 技巧
(7) 垂直	(8) 越尺	(9) 鄕愁
(10) 砲煙	(11) 漸增	(12) 詳述
(13) 辯論	(14) 消燈	(15) 康寧
(16) 極甚	(17) 無妨	(18) 紅顔
(19) 追憶	(20) 破裂	(21) 削奪
(22) 配慮	(23) 供給	(24) 總帥
(25) 絶頂	(26) 換錢	(27) 投資
(28) 僞證	(29) 寡慾	(30) 拍掌
(31) 覺悟	(32) 散華	(33) 特徵
(34) 後悔	(35) 憤敗	(36) 貯蓄
(37) 誘引	(38) 幹枝	(39) 秀麗
(40) 保管	(41) 監督	(42) 貧困
(43) 廢鑛	(44) 踏査	(45) 縱橫

[問 46~72] 다음 漢字의 訓과 音을 쓰시오.

(46) 營	(47) 項	(48) 組
(49) 拂	(50) 訣	(51) 絡
(52) 謀	(53) 讓	(54) 審
(55) 弊	(56) 慧	(57) 殆
(58) 系	(59) 附	(60) 輪
(61) 晚	(62) 壬	(63) 仲
(64) 被	(65) 梁	(66) 納
(67) 促	(68) 憲	(69) 殊
(70) 睦	(71) 構	(72) 悠

[問 73~102] 다음 글에서 밑줄 친 單語를 漢字로 고쳐 쓰시오.

○ 직업(73)은 단순(74)히 먹고 살기 위한 수단이 아니라 사회적인 지위(75)를 대표(76)하는 척도였기 때문에 법률(77) 가나 장교(78)같은 직업인이 되고자 했다. (이지은)

○ 멘델스존은 낭만주의(79) 시대를 꽃 피운 그의 음악 작품 만큼이나 그림에서도 천재(80)성을 보였다. 유럽의 대학에서는 멘델스존의 학습(81) 능력과 예술(82)적 천재성에 대한 연구가 쏟아져 나올 정도(83)다. (김호형)

○ 국제 구호(84) 단체(85)의 구호 팀장으로서 말한다면 세계 시민이란 세계를 내 무대, 세상 사람들을 공동 운명(86)체이자 친구라고 여기며 세계 문제를 함께 고민하고 합의하여 해결(87)하려고 노력하는 사람이다. (한비야)

○ 자연(88)과의 어울림을 중요(89)시 했던 우리의 건축(90)에서 한옥은 자연의 공간(91)에 놓여 있는 가구(92)같은 존재이다. (유홍준)

○ 최선(93)을 다 해라, 열정(94)을 바쳐 노력해라. 그러면 보답(95)을 받을 것이다. (공병호)

○ 사람을 한계(96)에 가두는 생각을 버리면 인간의 참된 웅대(97)함을 모든 창조(98)적인 분야(99)에서 경험하게 될 것이다. (론다 번)

○ 신문(100)은 읽을수록 사고(101) 활동을 자극하고 독해력과 정보를 선별(102)하는 능력을 높여 준다. (좋은 생각)

(73)	(74)	(75)
(76)	(77)	(78)
(79)	(80)	(81)
(82)	(83)	(84)
(85)	(86)	(87)
(88)	(89)	(90)
(91)	(92)	(93)
(94)	(95)	(96)
(97)	(98)	(99)
(100)	(101)	(102)

[問 103~107] 다음 漢字語 가운데 첫 音節이 長音
으로 발음되는 것을 골라 그 번호를 쓰시오.

(103) (　　) : ①幼兒 ②協奏 ③伐採 ④減速
(104) (　　) : ①申請 ②微妙 ③簡易 ④錯雜
(105) (　　) : ①變化 ②遊戱 ③執念 ④編曲
(106) (　　) : ①缺如 ②步調 ③約婚 ④秩序
(107) (　　) : ①波及 ②炎症 ③萬感 ④慣性

[問 108~112] 다음 漢字와 反對(또는 相對)되는
漢字를 써 넣어 漢字語를 만드시오.

(108) 姑 ↔ (　　)　　(109) (　　) ↔ 賤
(110) 進 ↔ (　　)　　(111) (　　) ↔ 失
(112) (　　) ↔ 免

[問 113~117] 다음 漢字語의 反對語(또는 相對語)
를 漢字로 쓰시오.

(113) 異端 ↔ (　　)　　(114) 原理 ↔ (　　)
(115) 支出 ↔ (　　)　　(116) 苦痛 ↔ (　　)
(117) 向上 ↔ (　　)

[問 118~127] 다음 빈칸에 알맞은 漢字를 써 넣어
漢字語(四字成語)를 完成하시오.

(118) 克(　　)復禮 : 욕심을 누르고 예의범절을
따름.
(119) 日久月(　　) : 세월이 흐를수록 더함.
(120) 虎死(　　)皮 : 호랑이는 죽어서 가죽을 남
기나니...
(121) 立(　　)揚名 : 출세하여 이름을 세상에 떨침.
(122) 彼此(　　)般 : 서로 매한가지.
(123) 虛張聲(　　) : 실속은 없음.
(124) (　　)盡悲來 : 세상일은 순환되는 것.
(125) 愚公(　　)山 : 티끌모아 태산이요, 지성이
면 감천이라.
(126) 莫(　　)之友 : 아주 친한 친구.
(127) (　　)攻不落 : 쉽사리 함락되지 아니함.

[問 128~132] 다음 漢字의 部首를 쓰시오.
(128) 平　　　(129) 與　　　(130) 處
(131) 卑　　　(132) 憂

[問 133~137] 다음 漢字의 [例]에서 (133~137)의
뜻과 비슷한 漢字를 골라 그 번호를 써 넣으시오.

〈例〉
①勉　　②磨　　③浩
④援　　⑤損　　⑥歡　　⑦改

(133) 硏 (　　)　　　(134) 更 (　　)
(135) 除 (　　)　　　(136) 普 (　　)
(137) 勵 (　　)

[問 138~142] 다음 漢字語와 音은 같으나 뜻이 다
른 漢字語를 쓰시오. (長短音과 무관)

(138) 舊緣 - (　　) : 동화를 여러 사람 앞에
서 재미있게 이야기 함.
(139) 勇氣 - (　　) : 물건을 담는 그릇
(140) 隨想 - (　　) : 상을 받음.
(141) 至道 - (　　) : 가르치어 이끎.
(142) 童話 - (　　) : 구리 또는 구리의 합금
으로 만든 돈

[問 143~147] 다음 漢字語의 뜻을 쓰시오.

(143) 師弟 :
(144) 碧眼 :
(145) 夫妻 :
(146) 冬眠 :
(147) 宿食 :

[問 148~150] 다음 漢字의 略字를 쓰시오.

(148) 壓　　　　　(149) 黨
(150) 關

예상문제 정답

3급 Ⅱ 제1회 예상문제

1.길몽 2.돌연 3.이면 4.이두 5.미상 6.관서 7.가금 8.석별 9.겸직 10.봉착 11.막연 12.연락 13.막대 14.공물 15.숭상 16.배양 17.기타 18.공경 19.분실 20.홍분 21.공급 22.급제 23.노비 24.맹랑 25.당시 26.신랑 27.몽고 28.재롱 29.극복 30.모사 31.소멸 32.유랑 33.비만 34.비굴 35.봉인 36.병종 37.사막 38.구속 39.종루 40.막사 41.체증 42.공룡 43.간곡 44.각본 45.초고 46.감출 장 47.바꿀 환 48.장사지낼 장 49.가슴 흉 50.빌릴 차 51.전염병 역 52.이지러질 결 53.심할 심 54.기울 보 55.낮을 비 56.조세 조 57.모양 상 58.자취 적 59.폐할 폐 60.지름길 경 61.어금니 아 62.하늘 건 63.얼 동 64.갑자기 홀 65.난간 란 66.좇을 추 67.묵을 진 68.당나라 당 69.나 아 70.엄습할 습 71.칼 검 72.얽을 라 73.消費 74.競爭 75.現代 76.個人 77.物質 78.精神 79.욕구 80.滿足 81.市場 82.經濟 83.양식 84.國家 85.계층 86.所得 87.격차 88.基本 89.權利 90.保障 91.상상 92.經驗 93.世代 94.享有 95.原則 96.영역 97.隊列 98.知識 99.情報 100.習得 101.조직 102.努力 103.⑭ 104.⑮ 105.⑯ 106.⑳ 107.㉑ 108.呼 109.集 110.功 111.任 112.畫 113.失權 114.歡待 115.支出 116.確信 117.同議 118.王 119.爭 120.革 121.士, 卒 122.聞 123.秋 124.畫 125.事 126.坐 127.權 128.士 129.單 130.三 131.北 132.面 133.初代 134.後事 135.好戰 136.天才 137.思想 138.行 139.戈 140.力 141.干 142.止 143.① 144.⑤ 145.⑥ 146.⑨ 147.⑩ 148.担 149.声 150.賢

3급 Ⅱ 제2회 예상문제

1.보시 2.모공 3.영위 4.미소 5.가장 6.유도 7.맹신 8.묵념 9.기호 10.항상 11.후진 12.억양 13.순례 14.화근 15.맥반 16.편승 17.자매 18.운수 19.노숙 20.호흡 21.호화 22.원조 23.세균 24.촉각 25.선릉 26.비평 27.동태 28.사념 29.정읍 30.희열 31.쇄항 32.표지 33.재배 34.임종 35.야수 36.하역 37.결석 38.흉상 39.무성 40.영접 41.관정 42.질서 43.구조 44.어제 45.보통 46.어두울 몽 47.참을 인 48.젖을 습 49.봉할 봉 50.치마 상 51.거느릴 어 52.못 택 53.멜 하 54.벼리 강 55.집 주 56.떨칠 진 57.흙 양 58.삼가할 신 59.그윽할 유 60.사양할 양 61.조정 정 62.간사할 사 63.밝을 철 64.밥통 위 65.까마귀 오 66.친척 척 67.아침 단 68.항목 항 69.언덕 아 70.점점 점 71.천할 천 72.불을 윤 73.流出 74.被害 75.事例 76.空間 77.問題 78.特性 79.人口 80.增加 81.調和 82.協力 83.性別 84.禁止 85.敎育 86.學習者 87.態度 88.能動 89.民主 90.國民 91.政治 92.積極 93.參與 94.成長 95.學校 96.社會 97.敎會 98.老, 長 99.支 100.好 101.異, 他 102.京 103.早 104.苦 105.逆 106.向 107.淸 108.暖流 109.厚待 110.生家 111.順行 112.密接 113.比 114.界 115.觀 116.量 117.海 118.其 119.波 120.婦 121.笑 122.水 123.發 124.克 125.夢 126.易 127.日 128.原告 129.年下 130.人事 131.洗手 132.無期 133.一 134.木 135.罒(网) 136.田 137.干 138.④ 139.③ 140.③ 141.② 142.④ 143.② 144.⑤ 145.⑥ 146.⑦ 147.⑩ 148.圧 149.党 150.栄

3급 Ⅱ 제3회 예상문제

1.부조 2.분주 3.당부 4.제사 5.임종 6.융기 7.풍란 8.부력 9.맹약 10.두

서 11.권총 12.동면 13.간부 14.통솔 15.단도 16.고소 17.왕비 18.비명 19.긴장 20.국화 21.청계 22.배제 23.개각 24.백부 25.선배 26.보강 27.답사 28.관장 29.노련 30.평범 31.괴력 32.이수 33.연가 34.서행 35.관련 36.배양 37.가경 38.생률 39.화로 40.영동 41.왕릉 42.왕궁 43.복안 44.계교 45.통곡 46.빌 기 47.눈깜짝할 순 48.손바닥 장 49.끓을 탕 50.간절할 간 51.잠간 잠 52.비낄 사 53.펼 술 54.심을 재 55.잠을 구 56.잠길 잠 57.익을 숙 58.맑을 숙 59.드리울 수 60.재앙 화 61.찌를 자, 찌를 척 62.북 고 63.돌 순 64.뇌수 뇌 65.오를 승 66.차례 질 67.가운데 앙 68.오장 장 69.열 십, 주을 습 70.막을 저 71.느릴 완 72.부호 부 73.運命 74.大陸 75.傳統 76.完成 77.到達 78.作品 79.理性 80.認定 81.異性 82.書畫 83.高價 84.藝術 85.達成 86.目標 87.災難 88.合格 89.進出 90.減少 91.增加 92.養育 93.美術 94.選擧 95.位置 96.敎師 97.音樂 98.罰金 99.師弟 100.細密 101.俗談 102.眼科 103.主 104.寒 105.動 106.去, 往 107.表 108.精神 109.同居 110.冷情 111.小人 112.不幸 113.訓 114.則, 律, 範 115.亡 116.着, 達 117.後 118.細 119.減 120.間 121.王 122.將 123.中 124.重 125.然 126.長 127.明 128.興 129.他 130.計 131.神 132.去 133.官 134.電 135.富 136.婦 137.正 138.食 139.口 140.人 141.豕 142.③ 143.② 144.③ 145.① 146.③ 147.⑥ 148.気 149.歯 150.解

3급 Ⅱ 제4회 예상문제

1.계몽 2.개간 3.장부 4.예술 5.경목 6.광채 7.비밀 8.간절 9.신뢰 10.답습 11.참석 12.소제 13.횡재 14.허락 15.연재 16.필경 17.삼엄 18.폐병 19.낭자 20.위태 21.가감 22.철저 23.계명 24.유연 25.윤택 26.겸양 27.범우 28.초대 29.열락 30.치욕 31.특허 32.취업 33.가연 34.혜안 35.고적 36.항쟁 37.몽조 38.천직 39.관대 40.폐포 41.분투 42.가공 43.가치 44.귀환 45.환부 46.대개 개 47.근심 수 48.부세 부 49.구슬 주 50.젖을 렬 51.품삯 임, 세닐 임 52.목숨 수 53.갈 마 54.작을 미 55.무역할 무 56.쇠할 쇠 57.무늬 문 58.낮 안 59.허락할 낙 60.천천할 서 61.길 도 62.간 간 63.송사할 송 64.맹세할 맹 65.울릴 향 66.들보 량 67.서늘할 량 68.억조 조 69.칠 정 70.힘쓸 려 71.종 노 72.어릴 유 73.國際 74.交流 75.産業 76.重要性 77.創造 78.最近 79.國家 80.熱風 81.歌謠 82.人氣 83.商品 84.價格 85.海外 86.水準 87.歲拜 88.監督 89.擔任 90.接近 91.次期 92.羅列 93.連發 94.夫婦 95.成長 96.線路 97.區別 98.競爭 99.狀態 100.發展 101.方向 102.議論 103.罰 104.減 105.行 106.野 107.危 108.全擔 109.退步 110.應答 111.獨立 112.和睦 113.寫, 範 114.回 115.敬 116.別 117.由 118.警 119.伐 120.停 121.稅 122.使 123.戒, 敎 124.怒 125.計 126.修 127.室 128.命 129.食 130.人 131.弱 132.終 133.放火 134.社會 135.童話 136.改正 137.家長 138.一 139.目 140.厶 141.水 142.② 143.④ 144.③ 145.③ 146.⑤ 147.⑥ 148.応 149.鉱 150.経

3급 Ⅱ 제5회 예상문제

1.기획 2.온유 3.접촉 4.계묘 5.정숙 6.탁본 7.부활 8.누각 9.율당 10.묵계 11.돌연 12.미묘 13.처제 14.환불 15.함락 16.철리 17.우주 18.잡귀 19.저작 20.용서 21.추적 22.비만 23.내수 24.침강 25.한적 26.기지 27.고무

28.제사 29.균형 30.간장 31.선풍 32.무역 33.상혼 34.간담 35.잔상 36.저장 37.납량 38.어용 39.관장 40.관례 41.습득 42.징조 43.위엄 44.급락 45.근면 46.범 호 47.인륜 륜 48.슬기로울 혜 49.강철 강 50.삼 마 51.여러 루 52.별 진 53.보낼 수 54.따를 수 55.운 운 56.뉘우칠 회 57.원고 고 58.신랑 랑 59.모든 제 60.가지런할 제 61.실을 재 62.사이들 격 63.차다(차) 64.그리워할 련 65.어긋날 착 66.가지 지 67.없을 막 68.녹 록 69.책력 력 70.쓸 수 71.새길 간 72.상거할 거 73.豆 74.統 75.造 76.豐 77.確 78.俗 79.婦 80.滿 81.細 82.如 83.誤 84.街 85.檢 86.銅 87.毒 88.起 89.守 90.想 91.鳥 92.康 93.施 94.竹 95.宗敎 96.永生 97.樂園 98.動物 99.原料 100.植物 101.光合成 102.注意 103.盛 104.現 105.亡 106.臣 107.愛 108.安全 109.希望 110.能動 111.喜劇 112.短命 113.達, 着 114.衆, 徒 115.級 116.着, 屬 117.木, 林 118.敬 119.席 120.與 121.惡 122.金 123.斷 124.紅 125.聲 126.東 127.友 128.骨 129.過 130.月 131.惡 132.大將 133.再考 134.正當 135.假名 136.招待 137.心 138.木 139./ 140.車 141.① 142.② 143.① 144.오래도록 지녀온 소원 145.힘이나 기운이 약함 146.사물의 가장 중심이 되는 부분 147.다른 종족과 결혼하여 생긴 혈통 148.辺, 边 149.灯 150.処

3급 Ⅱ 제6회 예상문제

1.관습 2.필적 3.이수 4.우려 5.태도 6.쇠퇴 7.강건 8.비결 9.축성 10.구류 11.저축 12.수요 13.석별 14.담목 15.편유 16.부각 17.경축 18.청결 19.흡인 20.무대 21.선반 22.과감 23.완만 24.보충 25.긴장 26.가경 27.단층 28.아연 29.초극 30.찬탄 31.혼란 32.적진 33.긴박 34.인연 35.현상 36.점층 37.이종 38.제반 39.승낙 40.채광 41.아부 42.잠시 43.기원 44.사양 45.명예 46.신령 령 47.중매할 매 48.거칠 황 49.얻을 획 50.창성할 창 51.저울대 형 52.재촉할 최 53.우레 진 54.옥(감옥) 옥 55.맏 백 56.우물 정 57.역 역 58.전각 전 59.번역할 역 60.이를 위 61.맑을 아 62.토할 토 63.위협할 협 64.단장할 장 65.망녕될 망 66.정수리 정 67.깃 우 68.활 궁 69.말씀 사 70.북방 임 71.통할 투 72.어지러울 분 73.煙氣 74.社員 75.陰地 76.障壁 77.利益 78.文武 79.滿足 80.法律 81.訪問 82.努力 83.分斷 84.激怒 85.暖(煖)房 86.具器 87.大衆 88.潔白 89.缺席 90.講義 91.檀君 92.通過 93.身體 94.恩惠 95.技術 96.兵士 97.勞動者 98.福 99.榮 100.學 101.得 102.實 103.好意 104.原告 105.有形 106.間接 107.加重 108.要 109.回 110.習 111.壓 112.指 113.⑩ 114.① 115.② 116.⑧ 117.⑥ 118.紅 119.下 120.一 121.綱 122.不 123.萬 124.谷 125.相 126.賢 127.金 128.錄音 129.同情 130.自願 131.校舍 132.强度 133.口 134.止 135.阝(阜) 136.口 137.十 138.① 139.② 140.③ 141.③ 142.② 143.모자라는 것을 보태어 채움 144.오래동안 낫지 않는 병 145.집을 옮겨 삶 146.교훈이 될만한 짧은 글 147.과실, 잘못 148.宝 149.児 150.広

3급 Ⅱ 제7회 예상문제

1.활기 2.명검 3.기도 4.매실 5.다례 6.간행 7.삭막 8.간장 9.겸허 10.설봉 11.공란 12.부근 13.심금 14.몰두 15.화목 16.영계 17.거리 18.승낙 19.뇌사 20.용모 21.상실 22.농경 23.안녕 24.계곡 25.신뢰 26.벽해 27.악귀 28.감정 29.삼림 30.맹장 31.고수 32.대본 33.보석 34.명사 35.망언 36.피차 37.질서 38.내지 39.내성 40.폭로 41.건달 42.용도 43.단정 44.파괴 45.번영 46.주춧돌 초 47.물따라내려갈 연 48.달릴 분 49.집 관 50.우러를 앙 51.막힐 체 52.꾀 책 53.깎을 삭 54.쌍 쌍 55.모실 시 56.항상 항 57.

급할 긴 58.어릴 치 59.빠질 함 60.개 포 61.그 기 62.복숭아 도 63.그릇 주 64.옻 칠 65.잠잘 면 66.허파 폐 67.닭을 초 68.겸할 겸 69.돌아올 환 70.나물 채 71.언덕 안 72.근심 우 73.人間 74.本性 75.要素 76.小心 77.명예욕 78.利得 79.安全 80.保障 81.평판 82.他人 83.처 84.가축 85.保護 86.直接 87.民族 88.職業 89.상이 90.見解 91.暴力 92.强力 93.대상 94.存在 95.상황 96.戰爭 97.狀態 98.分明 99.⑮ 100.⑯ 101.⑱ 102.⑳ 103.㉕ 104.眞 105.密 106.干 107.凶 108.陰 109.弟 110.文 111.終, 末 112.深 113.誤 114.白晝 115.共生 116.遠心 117.滅亡 118.退職 119.路, 理 120.樂, 聲 121.賊 122.獨 123.潔 124.異 125.機 126.書 127.言 128.爲 129.苦 130.德 131.正 132.安 133.生 134.監 135.失 136.和 137.火 138.理 139.寸 140.土 141.臼 142.八 143.② 144.⑧ 145.⑩ 146.⑤ 147.⑥ 148.仮 149.当 150.参

3급 Ⅱ 제8회 예상문제

1.전염 2.차액 3.공로 4.교각 5.통곡 6.찬양 7.축대 8.폐색 9.충격 10.노비 11.희롱 12.폭탄 13.필진 14.관중 15.구호 16.반야 17.홍분 18.색채 19.이왕 20.건달 21.미혼 22.극약 23.항소 24.여수 25.근간 26.점령 27.배양 28.격랑 29.괴이 30.번창 31.피폐 32.계곡 33.미필 34.고취 35.격퇴 36.파괴 37.연료 38.장황 39.뇌리 40.장려 41.위장 42.유적 43.투옥 44.환전 45.헌수 46.폐단 폐 47.살필 심 48.또 역 49.푸를 창 50.문서 부 51.발자취 적 52.계집 낭 53.무리 배 54.피리 적 55.자주빛 자 56.넓을 홍 57.거문고 금 58.아뢸 주 59.잃을 상 60.거짓 위 61.뛰어넘을 초 62.진압할 진 63.꽃다울 방 64.뽕나무 상 65.핍박할 박 66.번성할 번 67.무릇 범 68.밟을 천 69.밟을 답 70.클 태 71.빌릴 대 72.군을 경 73.所得 74.毒藥 75.淸掃 76.素質 77.稅金 78.富者 79.步行者 80.背景 81.伐草 82.移動 83.求人 84.權利 85.北極 86.山脈 87.牧場 88.義務 89.軍隊 90.革帶 91.與黨 92.達成 93.檢査 94.個人 95.密林 96.博士 97.敬老 98.然 99.愛 100.同 101.願 102.聞 103.夕 104.末 105.別 106.重 107.婦 108.敵軍 109.流動 110.及第 111.低俗 112.結果 113.究 114.安 115.壓 116.橋 117.列 118.㉬ 119.㉧ 120.㉮ 121.㉭ 122.㉳ 123.夜 124.類 125.苦 126.九 127.右 128.一 129.集 130.雪 131.一 132.亡 133.通話 134.檢査 135.國事 136.香水 137.油田 138.魚 139.工 140.亠 141.几 142.③ 143.① 144.① 145.옥에 가둠 146.대포를 쏨 147.매우 부지런함 148.蟲 149.舊 150.藝

3급 Ⅱ 제9회 예상문제

1.희원 2.아악 3.고목 4.탁상 5.사랑 6.자세 7.냉담 8.추억 9.운치 10.범상 11.숭상 12.연혁 13.연애 14.절정 15.지휘 16.즉결 17.촉매 18.배당 19.광막 20.장식 21.탈진 22.궁도 23.찬성 24.전아 25.연안 26.장송 27.차치 28.소통 29.계약 30.원망 31.개헌 32.검증 33.강호 34.임진 35.조광 36.방장 37.종말 38.감찰 39.최면 40.번영 41.묘책 42.분통 43.버금 중 44.땀 한 45.용서할 서 46.이 차 47.물들 염 48.오히려 상 49.어리석을 우 50.임할 림 51.붙을 부 52.다를 수 53.잠잠할 묵 54.찌를 충 55.자세할 상 56.가지반 57.쇠불릴 련 58.옷 복 59.견딜 내 60.깨끗할 정 61.중 승 62.그리워할 모 63.선 선 64.제비 연 65.넓힐 척, 박을 탁 66.산봉우리 봉 67.잠길 침 68.새길 명 69.이지러질 결 70.善惡 71.修養 72.友愛 73.儉素 74.節約 75.餘有 76.武器 77.農器具 78.百姓 79.引導 80.稅金 81.才能 82.德望 83.衣服 84.眞情 85.戰爭 86.軍士 87.技術 88.和合 89.地勢 90.人類 91.使用 92.文明 93.兵法 94.百勝 95.體力 96.訓練 97.成績 98.寫眞 99.停止 100.記錄物 101.明 102.貴 103.因 104.單 105.尊 106.平等 107.肉身, 肉

體 108.能動 109.來生 110.公開 111.毛 112.給, 授 113.蓄 114.歌 115.中 116.治 117.連 118.任 119.恩 120.愛 121.之 122.明 123.無 124.死 125.萬 126.動 127.自 128.據 129.勞 130.福 131.失 132.工 133.手 134.氣 135.人 136.大 137.一 138.止 139.巾 140.儿 141.② 142.③ 143.② 144.학문을 장려함 145.보살펴 단속함 146.몹시 화를 냄 147.師 148.党 149.鉄 150.済

3급 Ⅱ 제10회 예상문제

1.은일 2.성쇠 3.경주 4.조정 5.계속 6.채록 7.적재 8.호걸 9.간청 10.종탑 11.감염 12.극장 13.임무 14.고집 15.절충 16.사막 17.소홀 18.일화 19.누각 20.경기 21.선율 22.윤강 23.부패 24.토벌 25.진영 26.황률 27.단서 28.혈맹 29.확률 30.연맹 31.애석 32.황비 33.간노 34.돌파 35.소멸 36.흉배 37.연모 38.좌익 39.삼림 40.근사 41.교변 42.위치 43.억망 44.몰락 45.면사 46.하고자할 욕 47.떨칠 분 48.통할 철 49.부릴 역 50.돌 선 51.장수 수 52.기릴 예 53.딸 적 54.마칠 필 55.치우칠 편 56.거의 태 57.하례할 하 58.갚을 상 59.드물 희 60.오랑캐 호 61.바위 암 62.살찔 비 63.기쁠 열 64.날릴 양 65.불꽃 염 66.왕비 비 67.꾸밀 식 68.부드러울 유 69.부끄러울 치 70.탈 승 71.욕심 욕 72.장막 막 73.言語 74.人間 75.비교 76.對象 77.實驗 78.성취 79.習得 80.過程 81.理解 82.신비 83.電話 84.母語 85.開放 86.無限 87.체계 88.現實 89.存在 90.希望 91.不幸 92.平和 93.위기 94.의문 95.提示 96.制限 97.效果 98.실효성 99.觀念 100.개념 101.表現 102.亡 103.公 104.冷 105.背 106.悲 107.夫 108.易 109.貧 110.防, 守 111.起 112.多元 113.與黨 114.落鄕 115.樂勝 116.反對 117.容,面 118.望,恨 119.寄 120.得 121.暴 122.夫 123.激 124.鳥 125.國 126.天 127.上 128.不 129.鬪 130.結 131.公 132.理想 133.商號 134.水面 135.斷食 136.家計 137.凵 138.手 139.干 140.土 141.④ 142.① 143.③ 144.차별없이 고르고 가지런 함 145.기온이 떨어져 몹시 추워지는 현상 146.일을 보조하는 사람 147.価 148.面 149.関 150.統

3급 Ⅱ 제11회 예상문제

1.맥락 2.거리 3.안모 4.정상 5.납세 6.열좌 7.가맹 8.비교 9.익찬 10.위협 11.이월 12.기간 13.적멸 14.향수 15.칭찬 16.수급 17.배제 18.장막 19.기선 20.아성 21.기강 22.대타 23.묘비 24.산란 25.습유 26.현판 27.회의 28.공헌 29.비애 30.유치 31.보호 32.곤란 33.침잠 34.은혜 35.창고 36.괴리 37.산성 38.취입 39.남녀 40.인도 41.종횡 42.집필 43.질병 44.종단 45.답보 46.도울 찬 47.그을 획 48.변방 새, 막힐 색 49.사나울 맹 50.곳집 창 51.아내 처 52.이슬 로 53.두려울 공 54.싹 아 55.꿈 몽 56.아낄 석 57.앉을 좌 58.부를 징 59.곧을 정 60.슬플 애 61.의뢰할 뢰 62.시어미 고 63.기계 계 64.썩을 부 65.갓 관 66.이바지할 공 67.누각 각 68.어찌 하 69.줄기 간 70.못 지 71.채색 채 72.속 리 73.協 74.波 75.準 76.處 77.際 78.收 79.寺 80.狀 81.防 82.不良 83.農家 84.敗北 85.世界 86.集團 87.勝利 88.奉仕 89.成人 90.政府 91.都市 92.進學 93.歸省客 94.政治 95.知識 96.登場 97.國境 98.結果 99.婦 100.國 101.海 102.登 103.閉 104.退 105.過 106.反 107.給 108.許多 109.單純 110.操心 111.減退 112.全體 113.端 114.面 115.祝 116.病 117.齒 118.③ 119.⑩ 120.⑥ 121.⑤ 122.⑧ 123.國 124.谷 125.曲 126.一 127.五 128.女 129.表 130.勢 131.漁 132.石 133.東窓 134.習得 135.解産 136.國歌 137.後代 138.木 139.犬 140.丶 141.口 142.① 143.① 144.② 145.죄 지은 사람에게 국가가 내리는 벌 146.충분하게 채움 147.학업 또는 근무를 일정기간 쉬는 일 148.狀 149.當 150.佛

3급 Ⅱ 제12회 예상문제

1.청정 2.함몰 3.할부 4.귀와 5.강단 6.근검 7.특징 8.종균 9.청계 10.용맹 11.관철 12.사제 13.억류 14.기병 15.진사 16.촉진 17.경솔 18.내열 19.도취 20.개최 21.탐색 22.창공 23.이두 24.잔액 25.결함 26.음향 27.증발 28.겸임 29.정채 30.관혼 31.장편 32.재단 33.숙면 34.두뇌 35.괴상 36.재판 37.초유 38.긴밀 39.적아 40.내진 41.승화 42.연기 43.공모 44.회한 45.안료 46.짐승 수 47.부칠 부 48.일찍 증 49.계집종 비 50.엷을 박 51.하소연할 소 52.매화 매 53.임금 황 54.뜰 부 55.붉을 단 56.화로 로 57.엮을 편 58.거짓 가 59.넓을 호 60.오히려 유 61.조각 편 62.검을 현 63.찾을 색 64.푸를 벽 65.넘어질 도 66.가죽 피 67.맺을 계 68.맑을 담 69.꼬리 미 70.제사 사 71.달 현 72.잠깐 경 73.句 74.羅 75.虛 76.斷 77.導 78.測 79.祭 80.政 81.解 82.砲 83.次 84.布 85.衆 86.程 87.聲 88.往 89.貧 90.博 91.外面 92.地下鐵 93.所願 94.校訓 95.復活 96.感情 97.運動 98.近 99.非 100.順,忠 101.益 102.早 103.切, 絶, 斷 104.問 105.使 106.陸 107.受 108.常例 109.生食 110.近攻 111.客體 112.未決 113.態, 114.本 115.大 116.害 117.分, 別 118.心 119.右 120.鼻 121.一 122.新 123.百 124.境 125.利 126.患 127.登 128.童詩 129.家長 130.過去 131.方位 132.史記 133.十 134.子 135.又 136.口 137.土 138.② 139.④ 140.③ 141.① 142.④ 143.성질이 부드럽고 후덕함 144.빠짐없이 갖춤 145.말을 타고 싸우는 군사 146.손님을 맞아 대접함 147.학식이 많음 148.賢 149.医 150.齒

3급 Ⅱ 제13회 예상문제

1.증상 2.혜감 3.상강 4.영향 5.답사 6.융성 7.정제 8.재심 9.지문 10.역할 11.부장 12.초월 13.향로 14.초상 15.계관 16.풍금 17.진통 18.한국 19.지혜 20.응집 21.박빙 22.유지 23.함축 24.신중 25.인내 26.포함 27.액체 28.흉중 29.파열 30.지적 31.잠복 32.중앙 33.전적 34.저항 35.건각 36.결재 37.강녕 38.위복 39.항성 40.수송 41.기기 42.소장 43.감옥 44.재량 45.초석 46.풀 석 47.소경 맹 48.난초 란 49.오랜 구 50.꺼질 멸 51.열 계 52.곁 측 53.정자 정 54.토끼 토 55.편안할 일 56.미워할 증 57.값 치 58.모래 사 59.얕을 천 60.잠길 침, 성 심 61.보리 맥 62.소금 염 63.열흘 순 64.물가 주 65.희롱할 롱 66.낄 개 67.넘을 월 68.덮을 부, 엎어질 복 69.되살아날 소 70.다리 각 71.빗질 채 72.세로 종 73.道德 74.性品 75.尊重 76.充分 77.偉大 78.根本 79.責望 80.充實 81.極盡 82.議論 83.決斷 84.眞理 85.論難 86.學文 87.長成 88.誠實 89.信愛 90.勤勉 91.簡素 92.和睦 93.義理 94.禮節 95.完全 96.人材 97.短點 98.賢 99.直 100.送 101.卒, 兵 102.往 103.合 104.當 105.急 106.死 107.凶 108.亡 109.蓄 110.擇 111.備 112.所 113.私利 114.卒兵 115.好調 116.開放 117.立體 118.外 119.面 120.水 121.內 122.兩 123.勇 124.林 125.天 126.身 127.知 128.報 129.名 130.國 131.正 132.水 133.犬 134.大 135.木 136.冂 137.一 138.② 139.④ 140.① 141.③ 142.② 143.급한 것에 응하여 우선 처리함 144.공무원이나 직원이 직무상 쓰는 도장 145.방향 146.빼어나게 아름다움 147.은혜에 보답함 148.質 149.卆 150.圧

3급 Ⅱ 제1회 기출·예상문제

1.쇠멸 2.인내 3.유연 4.막심 5.묵계 6.애석 7.연모 8.승강 9.긴박 10.시비 11.저술 12.금수 13.추월 14.맹수 15.희석 16.함몰 17.관철 18.장식 19.우수 20.아편 21.환부 22.반야 23.종횡 24.헌다(차) 25.피차 26.계몽 27.희롱 28.최촉 29.고취 30.순간 31.치욕 32.누대 33.할복 34.벽계 35.초상 36.침잠 37.재배 38.번창 39.익찬 40.용서할 서 41.가지런할 제 42.푸를 창 43.무리 배 44.낄 개 45.무너질 괴 46.넓을 막 47.고요할 적 48.사내 종 노 49.솜 면 50.자 척 51.사례할 사 52.높을 륭 53.벼리 강 54.밝을 랑 55.위협할 협 56.간사할 사 57.이를 위 58.힘쓸 려 59.나물 채 60.넋 혼 61.줄기 간 62.살찔 비 63.새 금 64.물가 주 65.길 도 66.꾀할 기 67.짝 우 68.餘白 69.首都 70.布施, 普施 71.貯蓄 72.監督 73.放牧 74.精誠 75.引導 76.硏究 77.太極旗 78.純潔 79.吸煙 80.祭 81.康 82.暖 83.警 84.衛 85.益 86.麗 87.務 88.藝 89.職 90.邊 91.虛 92.② 93.④ 94.① 95.③ 96.① 97.見 98.惡 99.省 100.樂 101.婦 102.福 103.給 104.安 105.手 106.密集 107.保守 108.和解 109.遠心 110.缺陷 111.助 112.謠 113.樹 114.敬 115.停 116.端初 117.邊境 118.耳順 119.家親 120.將 121.認 122.狀 123.舍 124.告 125.罰 126.走 127.修 128.賢 129.朝 130.悲 131.魚 132.齒 133.書 134.陰 135.⑩ 136.⑤ 137.⑦ 138.④ 139.③ 140.② 141.⑧ 142.① 143.亻 144.里 145.爪 146.火 147.生 148.宝 149.処 150.総

3급 Ⅱ 제2회 기출·예상문제

1.경각 2.신려 3.용맹 4.무역 5.사막 6.초상 7.개최 8.흥분 9.증오 10.관례 11.승화 12.특징 13.탐색 14.현판 15.정서 16.기적 17.재배 18.난간 19.보시 20.장부 21.답교 22.간장 23.부유 24.거리 25.유혹 26.희열 27.함락 28.근간 29.희미 30.호소 31.감옥 32.추억 33.고취 34.긴밀 35.증세 36.횡포 37.압박 38.통화 39.극복 40.창고 41.찬양 42.주선 43.필적 44.주간 45.용서 46.질그릇 도 47.울 곡 48.오히려 상 49.거느릴 어 50.물가 주 51.잠잠할 묵 52.떨칠 진 53.짝 우 54.푸를 벽 55.높을 륭 56.적을 과 57.머금을 함 58.바꿀 환 59.갑자기 홀 60.날개 익 61.닿을 촉 62.넓힐 척, 박을 탁 63.솜 면 64.운 운 65.조정 정 66.손바닥 장 67.되살아날 소 68.얼굴 안 69.갑자기 돌 70.낄 개 71.남녘 병, 세째천간 병 72.맹세 맹 73.범 74.使用 75.일반 76.責任感 77.所重 78.保護 79.思想 80.傳達 81.精神 82.材料 83.個人 84.品性 85.規定 86.利用 87.創作 88.엄숙 89.態度 90.結局 91.영향 92.막대 93.萬有引力 94.法則 95.科學 96.發見 97.近代 98.① 99.⑥ 100.⑦ 101.⑧ 102.⑩ 103.認 104.障 105.程 106.銅 107.製 108.波 109.液 110.麗 111.早 112.除 113.愛 114.盛 115.敬 116.損 117.康 118.消極 119.遠心 120.暗黑 121.主觀 122.單式 123.綠 124.床, 牀 125.木 126.石 127.身 128.金 129.百 130.馬 131.將 132.門 133.⑤ 134.⑥ 135.⑧ 136.⑨ 137.② 138.死 139.理 140.道 141.治 142.族 143.手 144.谷 145.首 146.艸 147.貝 148.灯 149.辺 150.処

3급 Ⅱ 제3회 기출·예상문제

1.이수 2.축쇄 3.초유 4.몽리 5.압박 6.벽안 7.석존 8.회열 9.영예 10.화근 11.축재 12.면모 13.잠복 14.영결 15.구호 16.부적 17.파괴 18.인내 19.피의 20.질서 21.진사 22.근면 23.적선 24.도취 25.박빙 26.토벌 27.과장 28.승계 29.조종 30.관장 31.태반 32.엄격 33.호화 34.화장 35.선거 36.과묵 37.권장 38.분격 39.간담 40.최촉 41.겸양 42.피폐 43.거부 44.친목 45.유복 46.누를 억 47.못 택 48.용서할 서 49.장수 수 50.다툴 쟁 51.집 우 52.너그러울 관 53.모양 상 54.날릴 양 55.항상 항 56.뉘우칠 회 57.드물 희 58.꾸밀 식 59.넘을 월 60.군셀 강 61.근심 수 62.그림자 영 63.활 궁 64.기둥 주 65.불 취 66.없을 막 67.사내 랑 68.고요할 적 69.우물 정 70.못 지 71.새길 간 72.또 역 73.技術 74.特許 75.申請 76.確認 77.必要 78.充分 79.政府 80.民間 81.警備 82.市內 83.業界 84.到處 85.志願 86.接受 87.電話 88.獨斷 89.使用 90.有害 91.情報 92.共助 93.活氣 94.都心 95.街路 96.交通 97.發生 98.職員 99.奉仕 100.次元 101.省察 102.缺如 103.② 104.② 105.① 106.④ 107.① 108.義務 109.自然 110.光明 111.物質 112.結果 113.表 114.深 115.貧 116.婦 117.安 118.健 119.敬 120.盛 121.亡 122.徹 123.輕視 124.武器 125.洗手 126.苦待 127.端正 128.雪 129.草 130.求 131.學 132.入 133.月 134.難 135.馬 136.西 137.肉 138.小 139.刀 140.目 141.木 142.口 143.혼을 불러들임 144.뒤를 이음 145.대대(代代)의 임금 146.매우 많은 돈 147.현재까지 이어온 상태가 다르게 바뀜 148.伝 149.気 150.日

3급 Ⅱ 제4회 기출·예상문제

1.항소 2.호황 3.확보 4.교류 5.지원 6.특허 7.초상 8.유도 9.참배 10.위태 11.과감 12.한탄 13.개입 14.가발 15.필진 16.지휘 17.고유 18.적재 19.배설 20.선택 21.수향 22.용서 23.협박 24.추월 25.순응 26.유령 27.희망 28.연혁 29.퇴보 30.고집 31.종말 32.위치 33.재량 34.제수 35.평가 36.측근 37.후진 38.배당 39.요청 40.상실 41.한도 42.후보 43.유지 44.부속 45.간척 46.난초 란 47.떨칠 진 48.입을 피 49.조각 편 50.모래 사 51.정수리 정 52.클 태 53.단풍 풍 54.까마귀 오 55.누를 억 56.자랑할 과 57.모실 시 58.어리석을 우 59.밝을 철 60.임금 황 61.겸할 겸 62.수풀 삼 63.오히려 상 64.거울 감 65.작을 미 66.운 운 67.오를 승 68.울릴 향 69.이를 위 70.잠길 잠 71.피리 적 72.대 대 73.病院 74.感動 75.變化 76.原理 77.極端 78.政治 79.演藝 80.競技 81.施設 82.規制 83.解除 84.住宅 85.建築 86.戰爭 87.山間 88.難關 89.手記 90.形式 91.日前 92.實質 93.過程 94.金品 95.調査 96.展開 97.樹立 98.功臣 99.發說 100.協議 101.産業 102.法案 103.① 104.② 105.① 106.④ 107.② 108.落鄕, 隱退 109.低俗, 卑俗 110.公益 111.寒冷 112.處女 113.夕 114.榮 115.福 116.弟 117.防, 守 118.⑤ 119.① 120.⑩ 121.⑧ 122.⑦ 123.傳統 124.百方 125.每期 126.家務 127.意思 128.母 129.明 130.食 131.火 132.草 133.心 134.天 135.苦 136.不 137.空 138.많은 사람 139.세차게 부는 바람 140.받들어 대접함 141.피를 빨아들임 142.임금의 얼굴 143.穴 144.力 145.犬 146.示 147.田 148.区 149.仏 150.声

3급 Ⅱ 제5회 기출·예상문제

1.재배 2.의뢰 3.인내 4.공헌 5.인쇄 6.어좌 7.뇌리 8.우주 9.장식 10.미

묘 11.적멸 12.안모 13.현관 14.선풍 15.혈맹 16.연희 17.연모 18.면사 19.간청 20.재림 21.은익 22.포함 23.관철 24.폐포 25.추억 26.전적 27.위임 28.답습 29.겸허 30.유치 31.이력 32.함몰 33.단장 34.호걸 35.건기 36.비료 37.장부 38.취타 39.회한 40.범속 41.할인 42.과시 43.최면 44.통곡 45.번영 46.절 증 47.하례할 하 48.버릇 관 49.넋 혼 50.이를 위 51.북 고 52.잠깐 경 53.사랑할 자 54.옥 옥 55.친척 척 56.오히려 상 57.거문고 금 58.그윽할 유 59.밤 률 60.왕비 비 61.일찍 증 62.막을 저 63.맺을 계 64.치마 상 65.재촉할 촉 66.질그릇 도 67.넓힐 척, 박을 탁 68.아침 단 69.드물 희 70.밭갈 경 71.탑 탑 72.다를 수 73.總 74.逆 75.移 76.效 77.隊 78.鼻 79.程 80.練 81.施 82.葉 83.職務 84.興味 85.陰凶 86.規律 87.創設 88.副統領 89.暖房, 煖房 90.監督 91.街路燈 92.研究 93.感謝 94.祭器 95.警察官 96.政府 97.背景 98.斷 99.減 100.罰 101.富 102.婦 103.深 104.起 105.授, 給 106.進 107.盛 108.肉 109.命 110.笑 111.百 112.留 113.求 114.過 115.軍 116.觀 117.重 118.~122.(가), (나), (다), (라), (바), (아), (차) (중 5개 선택) 123.鬼 124.門 125.人 126.行 127.心 128.潔 129.助 130.恩 131.悲 132.續 133.解 134.將 135.得 136.毛 137.備 138.짐을 실음 139.높이 솟아오름 140.아깝게 짐 141.거의 없음 142.사나운 짐승 143.折稅, 節稅 144.基地, 奇智 145.獨走 146.極端 147.香油 148.党 149.芸 150.圧

3급 Ⅱ 제6회 기출·예상문제

1.관철 2.연모 3.충돌 4.맹호 5.함몰 6.획득 7.유혹 8.상술 9.망령 10.종횡 11.누각 12.치욕 13.희미 14.기획 15.최촉 16.호적 17.동면 18.관리 19.환부 20.답습 21.격려 22.천대 23.정숙 24.고취 25.피안 26.추억 27.희롱 28.축하 29.영향 30.애수 31.긴박 32.진압 33.근면 34.공헌 35.부랑 36.역할 37.강유 38.소홀 39.금수 40.환률 41.유구 42.검술 43.인내 44.현미 45.승무 46.잡을 구 47.떨친 진 48.간절할 간 49.줄기 간 50.맑을 아 51.어른 장 52.푸를 벽 53.대개 개 54.개 포 55.새길 간 56.언덕 릉 57.뉘우칠 회 58.연못 지 59.닿을 촉 60.길 개 61.자랑할 과 62.잠깐 경 63.어릴 치 64.거울 감 65.이길 극 66.만 백 67.울 곡 68.이별할 결 69.다리 각 70.무늬 문 71.너그러울 관 72.위태할 태, 거의 태 73.초월 74.시각 성 75.축약 76.通用 77.授 78.受 79.賣 80.買 81.기초 82.사전 83.統計 84.간결 85.正確 86.高麗 87.아세아 88.研究所 89.혼용 90.권 91.福 92.理想的 93.여건 94.低溫 95.經濟 96.禁煙 97.健康 98.暗 99.罰 100.失 101.亡 102.尊 103.① 104.② 105.③ 106.④ 107.④ 108.雄 109.田 110.患 111.身 112.加 113.退 114.難 115.鄕 116.思 117.然 118.快樂 119.單純 120.應答 121.義務 122.建設 123.夕 124.小 125.口 126.丿 127.心 128.舍監 129.婦道 130.素材 131.報道 132.電源 133.① 134.⑨ 135.⑦ 136.③ 137.⑥ 138.伐 139.邊 140.掃 141.息 142.保 143.아픈 증세 144.술에 취한 사람 145.붓을 잡음, 직접 글을 씀 146.바로 그 때 147.일정한 수나 한도 따위를 넘음 148.處 149.圧 150.担

3급 Ⅱ 제7회 기출·예상문제

1.상세 2.휴식 3.시비 4.독촉 5.외척 6.장수 7.부인 8.동전 9.가로 10.경쟁 11.자태 12.어제 13.타격 14.석방 15.심심 16.유연 17.업적 18.벽보 19.찬양 20.위신 21.암기 22.출사 23.앙망 24.사악 25.숙명 26.사과 27.아류 28.술수 29.감사 30.압박 31.비만 32.교사 33.간호 34.간소 35.안목 36.벌초 37.감수 38.작년 39.쾌거 40.감상 41.색맹 42.수의 43.제창 44.강등 45.

용감 46.소통할 소 47.줄기 간 48.사양할 사 49.고을 읍 50.종 노 51.빌기 52.틈 가, 겨를 가 53.넓을 보 54.얼음 빙 55.치마 상 56.집 당 57.무리 당 58.열흘 순 59.얽을 구 60.새길 각 61.무리 도 62.코 비 63.다를 차 64.꾸밀 식 65.밟을 리 66.이미 이 67.재 회 68.거느릴 령 69.작을 미 70.속 리 71.고울 선 72.만날 봉 73.人類 74.歷史 75.發展 76.質 77.向上 78.關心 79.理解 80.應用 81.進步 82.未來 83.不確實 84.時代 85.不安 86.主義 87.短面 88.科學 89.宗敎 90.思考 91.答 92.法則 93.自然 94.說明 95.分野 96.重大 97.始作 98.連結 99.世界 100.接近 101.順序 102.全體 103.① 104.④ 105.② 106.① 107.③ 108.鄕 109.因 110.貧 111.官 112.開 113.勢 114.賢 115.衆 116.煙 117.引 118.燈 119.律 120.怒 121.逆 122.無 123.入 124.衣 125.水 126.言 127.大 128.形式 129.利益 130.密集 131.恩惠 132.單純 133.⑧ 134.⑤ 135.⑦ 136.⑥ 137.② 138.부지런히 힘씀 139.거짓으로 꾸밈 140.빼어나게 아름다움 141.전쟁에 나아감 142.주춧돌, 머릿돌 143.申告 144.淸算 145.加工 146.元祖 147.錄畫 148.価 149.仏 150.当

3급 Ⅱ 제8회 기출·예상문제

1.건각 2.삼강 3.정원 4.평전 5.탈옥 6.여유 7.유적 8.애독 9.위원 10.축하 11.하계 12.공군 13.예선 14.거리 15.공경 16.길흉 17.미모 18.왕릉 19.보통 20.역할 21.유림 22.투고 23.음양 24.생유 25.약속 26.창문 27.임대 28.혈맹 29.비극 30.토양 31.가교 32.원한 33.장수 34.청소 35.회귀 36.취흥 37.눈 설 38.계집종 비 39.날 개 40.가슴 흉 41.어금니 아 42.매화 매 43.다를 타, 남 타 44.두터울 후 45.탑 탑 46.서리 상 47.집 주 48.임금 군 49.호반 무, 군셀 무 50.새 조 51.권세 권 52.깃 우 53.아침 단 54.샘 천 55.밝을 철 56.한가할 한 57.익힐 습 58.사랑할 자 59.기 기 60.그릇 될 오 61.보일 시 62.웃음 소 63.길 영 64.朝鮮 65.先生 66.색채 67.民族 68.感情 69.時調 70.講義 71.事實 72.精神 73.直結 74.多幸 75.絶望 76.敎育 77.正式 78.日本 79.윤리 80.人口 81.雄飛 82.法律 83.公用 84.規制 85.해석 86.우수 87.過程 88.단계 89.數 90.간단 91.明白 92.의욕 93.老學者 94.世代 95.세월 96.志操 97.純一 98.信念 99.高貴 100.獨立 101.運動 102.政治 103.惡 104.夜 105.孫 106.新 107.秋 108.① 109.③ 110.④ 111.② 112.③ 113.勝 114.約 115.食 116.必 117.心 118.五 119.九 120.安 121.肉 122.田 123.宀 124.日 125.艹(艸) 126.耂(老) 127.勹 128.增加 129.退步 130.失敗 131.報恩 132.下降 133.③ 134.⑧ 135.⑥ 136.⑦ 137.⑤ 138.목표한 마지막 지점까지 달림 139.참고 견딤 140.모래나 자갈로 뒤덮힌 식물이 살 수 없고 물이 거의 없는 넓은 벌판 141.아버지와 어머니, 부모 142.새로운 것을 고안하여 만듬 143.死地 144.過去 145.史前 146.改良 147.政府 148.區 149.万 150.会

3급 Ⅱ 제9회 기출·예상문제

1.만족 2.가식 3.수연 4.총수 5.여비 6.한탄 7.동계 8.담임 9.모정 10.절제 11.종영 12.침묵 13.건설 14.호흡 15.필적 16.이주 17.근면 18.영향 19.길흉 20.비속 21.득표 22.매형 23.만종 24.향수 25.무예 26.탈피 27.급증 28.추측 29.관조 30.주기 31.세관 32.차입 33.부활 34.노송 35.역경 36.여차 37.구름 운 38.뜰 정 39.덜 손 40.참 진 41.쾌할 쾌 42.거느릴 령 43.공부할 과 44.어지러울 분 45.편안할 녕 46.깨달을 각 47.간절할 간 48.넉넉할 우 49.어릴 유 50.던질 투 51.감독할 독, 살필 독 52.차례 질 53.삼가할 신 54.화목할 목 55.더할 익 56.글월 장 57.버금 부 58.마실 음 59.외로울 고 60.높을 탁 61.펼 연 62.절할 배 63.깨달을 오 64.敎授

65.最近 66.實施 67.發表 68.結果 69.政治 70.經濟 71.적합 72.상화하택 73.분열 74.都市 75.生産 76.論爭 77.理念 78.兩極 79.심각 80.農民 81.定規 82.勞動者 83.지적 84.非難 85.意味 86.順位 87.斷然 88.빈곤 89.開放 90.自殺 91.다양 92.豊富 93.個性 94.목표 95.統一 96.集中 97.要素 98.到達 99.造和 100.상태 101.高遠 102.識見 103.春 104.負, 敗 105.愛 106.惡 107.浮 108.形式 109.單純 110.精神 111.安全 112.小人 113.亡 114.律 115.名 116.知 117.福 118.李 119.感 120.手 121.田 122.來 123.② 124.③ 125.② 126.① 127.④ 128.宀 129.广 130.木 131.手 132.口 133.④ 134.② 135.⑦ 136.③ 137.⑥ 138.思想 139.再考 140.童詩 141.朝鮮 142.大器 143.区 144.礼 145.応 146.한가롭고 고요함 147.돈을 한푼 두푼 모음 148.참고 견딤 149.성스러운(거룩한) 노래 150.덜어서 적게 함

3급 Ⅱ 제10회 기출·예상문제

1.호우 2.계몽 3.경작 4.고부 5.발군 6.여권 7.다방 8.아담 9.도산 10.분노 11.번영 12.청량 13.농담 14.누락 15.맹랑 16.가교 17.시각 18.능곡 19.협찬 20.강령 21.지혈 22.원단 23.당파 24.제사 25.등록 26.난간 27.고려 28.의뢰 29.천륜 30.면학 31.취객 32.점거 33.구원 34.관철 35.추궁 36.압권 37.독주 38.자당 39.도망 40.나열 41.편람 42.노숙 43.용상 44.융성 45.비명 46.모래 사 47.작을 미 48.밤 률 49.층계 단 50.꾀할 기 51.덜 손 52.따를 수 53.막을 저 54.새 을 55.숨길 비 56.사모할 모 57.힘쓸 려 58.힘쓸 노 59.힘줄 근 60.쇠할 쇠 61.쾌할 쾌 62.또 역 63.집 우 64.걸을 보 65.보리 맥 66.무리(떼) 대 67.급할 긴 68.이길 극 69.사양할 양 70.고기잡을 어 71.편안할 일 72.다를 이 73.自身 74.廣告 75.熱風 76.說得 77.現狀 78.當然 79.思考 80.最近 81.發生 82.重要 83.直觀 84.方案 85.注目 86.筆者 87.表面 88.理論 89.程度 90.視線 91.認識 92.意見 93.研究 94.具色 95.結果 96.製品 97.賣買 98.價格 99.調査 100.準備 101.物件 102.食卓 103.① 104.④ 105.③ 106.② 107.④ 108.活用 109.集中 110.暗黑 111.開放 112.一部 113.眞 114.勝 115.起 116.急, 速 117.動 118.弓 119.頁 120.口 121.手 122.二 123.引 124.逆 125.義 126.必 127.命 128.數 129.斷 130.聲 131.改 132.除 133.④ 134.⑤ 135.⑩ 136.⑧ 137.⑦ 138.是正 139.類書 140.富商 141.苦戰 142.江邊 143.모아서 쌓아 둠 144.위태로운 시국이나 판국 145.엄한 아버지 146.공격과 방어 147.너무 과격한 업무 148.卆 149.宝 150.欠

3급 Ⅱ 제11회 기출·예상문제

1.포함 2.추측 3.대장 4.의상 5.조반 6.기교 7.수직 8.월척 9.향수 10.포연 11.점증 12.상술 13.변론 14.소등 15.강녕 16.극심 17.무방 18.홍안 19.추억 20.파열 21.삭탈 22.배려 23.공급 24.총수 25.절정 26.환전 27.투자 28.위증 29.과욕 30.박장 31.각오 32.산화 33.특징 34.후회 35.분패 36.저축 37.유인 38.간지 39.수려 40.보관 41.감독 42.빈곤 43.폐광 44.답사 45.종횡 46.경영할 영 47.항목 항 48.짤 조 49.떨칠 불 50.이별할 결 51.이을, 얽을 락 52.꾀 모 53.사양할 양 54.살필 심 55.폐단, 해질 폐 56.슬기로울 혜 57.거의 태 58.이어맬 계 59.붙을 부 60.바퀴 륜 61.늦을 만 62.북방 임 63.버금 중 64.입을 피 65.들보, 돌다리 량 66.들입 납 67.재촉할 촉 68.법 헌 69.다를 수 70.화목할 목 71.얽을 구 72.멀 유 73.職業 74.單純 75.地位 76.代表 77.法律 78.將校 79.主義 80.天才 81.學習 82.藝術 83.程度 84.救護 85.團體 86.運命 87.解決 88.自然 89.重要 90.建築 91.空間 92.家具 93.最善 94.熱情 95.報答 96.限界 97.雄大 98.創造 99.分野 100.新聞 101.思考 102.選別 103.④減速 104.③簡易 105.①變化 106.②步調

사단법인 한국어문회·한국한자능력검정회

수험번호 □□□□ - □□ - □□□□   성 명 □□□□□

주민등록번호 □□□□□□ - □□□□□□□

※ 유성 사인펜, 연필, 붉은색 필기구 사용 불가.

※ 답안지는 컴퓨터로 처리되므로 구기거나 더럽히지 마시고, 정답 칸 안에만 쓰십시오.
  글씨가 채점란으로 들어오면 오답처리가 됩니다.

전국한자능력검정시험 3급 Ⅱ 모의고사 답안지 (1)

번호	정답	1검	2검	번호	정답	1검	2검	번호	정답	1검	2검
1				24				47			
2				25				48			
3				26				49			
4				27				50			
5				28				51			
6				29				52			
7				30				53			
8				31				54			
9				32				55			
10				33				56			
11				34				57			
12				35				58			
13				36				59			
14				37				60			
15				38				61			
16				39				62			
17				40				63			
18				41				64			
19				42				65			
20				43				66			
21				44				67			
22				45				68			
23				46				69			

감 독 위 원	채 점 위 원 (1)		채 점 위 원 (2)		채 점 위 원 (3)	
(서명)	(득점)	(서명)	(득점)	(서명)	(득점)	(서명)

※ 뒷면으로 이어짐 ↓

※ 답안지는 컴퓨터로 처리되므로 구기거나 더럽히지 않도록 조심하시고 글씨를 칸 안에 정확히 쓰세요.

전국한자능력검정시험 3급 Ⅱ 모의고사 답안지 (2)

번호	답안란 정답	채점란 1검	2검	번호	답안란 정답	채점란 1검	2검	번호	답안란 정답	채점란 1검	2검
70				97				124			
71				98				125			
72				99				126			
73				100				127			
74				101				128			
75				102				129			
76				103				130			
77				104				131			
78				105				132			
79				106				133			
80				107				134			
81				108				135			
82				109				136			
83				110				137			
84				111				138			
85				112				139			
86				113				140			
87				114				141			
88				115				142			
89				116				143			
90				117				144			
91				118				145			
92				119				146			
93				120				147			
94				121				148			
95				122				149			
96				123				150			

■ 사단법인 한국어문회·한국한자능력검정회

□□□ ■

수험번호 □□□□ － □□ － □□□□ 　 성 명 □□□□□

주민등록번호 □□□□□□ － □□□□□□□

※ 유성 사인펜, 연필, 붉은색 필기구 사용 불가.

※ 답안지는 컴퓨터로 처리되므로 구기거나 더럽히지 마시고, 정답 칸 안에만 쓰십시오.
　글씨가 채점란으로 들어오면 오답처리가 됩니다.

전국한자능력검정시험 3급 II 모의고사 답안지(1)

번호	답안란 정답	채점란 1검	2검	번호	답안란 정답	채점란 1검	2검	번호	답안란 정답	채점란 1검	2검
1				24				47			
2				25				48			
3				26				49			
4				27				50			
5				28				51			
6				29				52			
7				30				53			
8				31				54			
9				32				55			
10				33				56			
11				34				57			
12				35				58			
13				36				59			
14				37				60			
15				38				61			
16				39				62			
17				40				63			
18				41				64			
19				42				65			
20				43				66			
21				44				67			
22				45				68			
23				46				69			

감 독 위 원	채 점 위 원 (1)		채 점 위 원 (2)		채 점 위 원 (3)	
(서명)	(득점)	(서명)	(득점)	(서명)	(득점)	(서명)

※ 뒷면으로 이어짐 ↓

※ 답안지는 컴퓨터로 처리되므로 구기거나 더럽히지 않도록 조심하시고 글씨를 칸 안에 정확히 쓰세요.

전국한자능력검정시험 3급 II 모의고사 답안지 (2)

번호	답안란 정답	채점란 1검	2검	번호	답안란 정답	채점란 1검	2검	번호	답안란 정답	채점란 1검	2검
70				97				124			
71				98				125			
72				99				126			
73				100				127			
74				101				128			
75				102				129			
76				103				130			
77				104				131			
78				105				132			
79				106				133			
80				107				134			
81				108				135			
82				109				136			
83				110				137			
84				111				138			
85				112				139			
86				113				140			
87				114				141			
88				115				142			
89				116				143			
90				117				144			
91				118				145			
92				119				146			
93				120				147			
94				121				148			
95				122				149			
96				123				150			

사단법인 한국어문회·한국한자능력검정회

☐☐☐

수험번호 ☐☐☐☐ - ☐☐ - ☐☐☐☐ 　　성 명 ☐☐☐☐☐

주민등록번호 ☐☐☐☐☐☐ - ☐☐☐☐☐☐☐

※ 유성 사인펜, 연필, 붉은색 필기구 사용 불가.

※ 답안지는 컴퓨터로 처리되므로 구기거나 더럽히지 마시고, 정답 칸 안에만 쓰십시오.
　글씨가 채점란으로 들어오면 오답처리가 됩니다.

전국한자능력검정시험 3급 II 모의고사 답안지 (1)

번호	정답	1검	2검	번호	정답	1검	2검	번호	정답	1검	2검
1				24				47			
2				25				48			
3				26				49			
4				27				50			
5				28				51			
6				29				52			
7				30				53			
8				31				54			
9				32				55			
10				33				56			
11				34				57			
12				35				58			
13				36				59			
14				37				60			
15				38				61			
16				39				62			
17				40				63			
18				41				64			
19				42				65			
20				43				66			
21				44				67			
22				45				68			
23				46				69			

감 독 위 원	채 점 위 원 (1)		채 점 위 원 (2)		채 점 위 원 (3)	
(서명)	(득점)	(서명)	(득점)	(서명)	(득점)	(서명)

※ 뒷면으로 이어짐 ↓

※ 답안지는 컴퓨터로 처리되므로 구기거나 더럽히지 않도록 조심하시고 글씨를 칸 안에 정확히 쓰세요.

전국한자능력검정시험 3급 Ⅱ 모의고사 답안지 (2)

번호	정 답	1검	2검	번호	정 답	1검	2검	번호	정 답	1검	2검
70				97				124			
71				98				125			
72				99				126			
73				100				127			
74				101				128			
75				102				129			
76				103				130			
77				104				131			
78				105				132			
79				106				133			
80				107				134			
81				108				135			
82				109				136			
83				110				137			
84				111				138			
85				112				139			
86				113				140			
87				114				141			
88				115				142			
89				116				143			
90				117				144			
91				118				145			
92				119				146			
93				120				147			
94				121				148			
95				122				149			
96				123				150			

■ 사단법인 한국어문회·한국한자능력검정회

수험번호 □□□□ - □□ - □□□□　　　성 명 □□□□□

주민등록번호 □□□□□□ - □□□□□□□

※ 유성 사인펜, 연필, 붉은색 필기구 사용 불가.

※ 답안지는 컴퓨터로 처리되므로 구기거나 더럽히지 마시고, 정답 칸 안에만 쓰십시오.
　글씨가 채점란으로 들어오면 오답처리가 됩니다.

전국한자능력검정시험 3급 Ⅱ 모의고사 답안지(1)

번호	답안란 정답	채점란 1검	채점란 2검	번호	답안란 정답	채점란 1검	채점란 2검	번호	답안란 정답	채점란 1검	채점란 2검
1				24				47			
2				25				48			
3				26				49			
4				27				50			
5				28				51			
6				29				52			
7				30				53			
8				31				54			
9				32				55			
10				33				56			
11				34				57			
12				35				58			
13				36				59			
14				37				60			
15				38				61			
16				39				62			
17				40				63			
18				41				64			
19				42				65			
20				43				66			
21				44				67			
22				45				68			
23				46				69			

감 독 위 원	채 점 위 원 (1)		채 점 위 원 (2)		채 점 위 원 (3)	
(서명)	(득점)	(서명)	(득점)	(서명)	(득점)	(서명)

※ 뒷면으로 이어짐 ↓

※ 답안지는 컴퓨터로 처리되므로 구기거나 더럽히지 않도록 조심하시고 글씨를 칸 안에 정확히 쓰세요.

전국한자능력검정시험 3급 Ⅱ 모의고사 답안지 (2)

번호	정 답	1검	2검	번호	정 답	1검	2검	번호	정 답	1검	2검
70				97				124			
71				98				125			
72				99				126			
73				100				127			
74				101				128			
75				102				129			
76				103				130			
77				104				131			
78				105				132			
79				106				133			
80				107				134			
81				108				135			
82				109				136			
83				110				137			
84				111				138			
85				112				139			
86				113				140			
87				114				141			
88				115				142			
89				116				143			
90				117				144			
91				118				145			
92				119				146			
93				120				147			
94				121				148			
95				122				149			
96				123				150			

■ 사단법인 한국어문회·한국한자능력검정회

□□□　■

수험번호 □□□□－□□－□□□□　　　　성 명 □□□□□

주민등록번호 □□□□□□－□□□□□□□

※ 유성 사인펜, 연필, 붉은색 필기구 사용 불가.

※ 답안지는 컴퓨터로 처리되므로 구기거나 더럽히지 마시고, 정답 칸 안에만 쓰십시오.
　글씨가 채점란으로 들어오면 오답처리가 됩니다.

전국한자능력검정시험 3급 Ⅱ 모의고사 답안지 (1)

번호	정답	1검	2검	번호	정답	1검	2검	번호	정답	1검	2검
	답안란	채점란			답안란	채점란			답안란	채점란	
1				24				47			
2				25				48			
3				26				49			
4				27				50			
5				28				51			
6				29				52			
7				30				53			
8				31				54			
9				32				55			
10				33				56			
11				34				57			
12				35				58			
13				36				59			
14				37				60			
15				38				61			
16				39				62			
17				40				63			
18				41				64			
19				42				65			
20				43				66			
21				44				67			
22				45				68			
23				46				69			

감 독 위 원	채 점 위 원 (1)		채 점 위 원 (2)		채 점 위 원 (3)	
(서명)	(득점)	(서명)	(득점)	(서명)	(득점)	(서명)

※ 뒷면으로 이어짐 ↓

※ 답안지는 컴퓨터로 처리되므로 구기거나 더럽히지 않도록 조심하시고 글씨를 칸 안에 정확히 쓰세요.

전국한자능력검정시험 3급 Ⅱ 모의고사 답안지 (2)

번호	답안란 정답	채점란 1검	2검	번호	답안란 정답	채점란 1검	2검	번호	답안란 정답	채점란 1검	2검
70				97				124			
71				98				125			
72				99				126			
73				100				127			
74				101				128			
75				102				129			
76				103				130			
77				104				131			
78				105				132			
79				106				133			
80				107				134			
81				108				135			
82				109				136			
83				110				137			
84				111				138			
85				112				139			
86				113				140			
87				114				141			
88				115				142			
89				116				143			
90				117				144			
91				118				145			
92				119				146			
93				120				147			
94				121				148			
95				122				149			
96				123				150			

■ 사단법인 한국어문회·한국한자능력검정회 　□□□ ■

수험번호 □□□□ － □□ － □□□□　　　　성 명 □□□□□

주민등록번호 □□□□□□ － □□□□□□□　　※ 유성 사인펜, 연필, 붉은색 필기구 사용 불가.

※ 답안지는 컴퓨터로 처리되므로 구기거나 더럽히지 마시고, 정답 칸 안에만 쓰십시오.
　글씨가 채점란으로 들어오면 오답처리가 됩니다.

전국한자능력검정시험 3급 II 모의고사 답안지 (1)

번호	정답	1검	2검	번호	정답	1검	2검	번호	정답	1검	2검
1				24				47			
2				25				48			
3				26				49			
4				27				50			
5				28				51			
6				29				52			
7				30				53			
8				31				54			
9				32				55			
10				33				56			
11				34				57			
12				35				58			
13				36				59			
14				37				60			
15				38				61			
16				39				62			
17				40				63			
18				41				64			
19				42				65			
20				43				66			
21				44				67			
22				45				68			
23				46				69			

감 독 위 원	채 점 위 원 (1)		채 점 위 원 (2)		채 점 위 원 (3)	
(서명)	(득점)	(서명)	(득점)	(서명)	(득점)	(서명)

※ 답안지는 컴퓨터로 처리되므로 구기거나 더럽히지 않도록 조심하시고 글씨를 칸 안에 정확히 쓰세요.

전국한자능력검정시험 3급 Ⅱ 모의고사 답안지 (2)

번호	정답	1검	2검	번호	정답	1검	2검	번호	정답	1검	2검
70				97				124			
71				98				125			
72				99				126			
73				100				127			
74				101				128			
75				102				129			
76				103				130			
77				104				131			
78				105				132			
79				106				133			
80				107				134			
81				108				135			
82				109				136			
83				110				137			
84				111				138			
85				112				139			
86				113				140			
87				114				141			
88				115				142			
89				116				143			
90				117				144			
91				118				145			
92				119				146			
93				120				147			
94				121				148			
95				122				149			
96				123				150			

한자능력 검정시험 ③Ⅱ

특허 : **제10-0636034호**
발명의명칭 : **한자학습교재**
발명특허권자 : **백 상 빈**

초판발행 2005년 10월 10일
2판 발행 2010년 6월 3일
3판 발행 2014년 1월 1일
4판 발행 2016년 1월 3일
5판 발행 2023년 1월 1일

엮은이 능률원 출판사
발행인 능률원 출판사

주소 | 서울특별시 영등포구 도림동 283-5번지
전화 | (02) 843-1246
등록 | 제 05-04-0211

도서
출판 **능 률 원**